教学关键问题解析丛书

# 基于核心素养的
# 高中历史教学关键问题解析

Jiyu Hexin Suyang de
Gaozhong Lishi Jiaoxue Guanjian Wenti Jiexi

主编 陈立英

高等教育出版社·北京

内容提要

本书依据《普通高中历史课程标准（2017年版2020年修订）》，紧密围绕学生核心素养培养编写。全书共分3个单元，梳理了27个高中历史教学关键问题，并对这些问题进行了分析，提出了可操作性的解决途径和教学案例。每个教学案例都配有相应的数字资源，读者可以扫描二维码观看。本书及配套的数字资源全方位地呈现了基于核心素养的高中历史教学关键问题的课堂实践和教学指导，有助于提升教师教学能力，发展教师专业素养，从而促进学生历史学科核心素养的培养。

本书为高中历史教师培训教材，供高中历史教学研修使用。本书可作为高中历史教师资格考试的参考书，也可作为高等院校相关专业师范生的学习参考书，还可供历史教学研究者参考使用。

## 图书在版编目（CIP）数据

基于核心素养的高中历史教学关键问题解析／陈立英主编． --北京：高等教育出版社，2023.3
 ISBN 978-7-04-058362-5

Ⅰ.①基… Ⅱ.①陈… Ⅲ.①中学历史课-教学研究-高中 Ⅳ.①G633.512

中国版本图书馆 CIP 数据核字（2022）第 038740 号

| 策划编辑 | 傅雪林 | 责任编辑 | 傅雪林 | 封面设计 | 王 鹏 | 版式设计 | 马 云 |
| 责任绘图 | 李沛蓉 | 责任校对 | 高 歌 | 责任印制 | 田 甜 | | |

| 出版发行 | 高等教育出版社 | 网　　址 | http://www.hep.edu.cn |
|---|---|---|---|
| 社　　址 | 北京市西城区德外大街4号 | | http://www.hep.com.cn |
| 邮政编码 | 100120 | 网上订购 | http://www.hepmall.com.cn |
| 印　　刷 | 北京市白帆印务有限公司 | | http://www.hepmall.com |
| 开　　本 | 787 mm×1092 mm 1/16 | | http://www.hepmall.cn |
| 印　　张 | 15.25 | | |
| 字　　数 | 310 千字 | 版　　次 | 2023年3月第1版 |
| 购书热线 | 010-58581118 | 印　　次 | 2023年3月第1次印刷 |
| 咨询电话 | 400-810-0598 | 定　　价 | 45.00元 |

本书如有缺页、倒页、脱页等质量问题，请到所购图书销售部门联系调换
版权所有　侵权必究
物　料　号　58362-00

# 编委会名单

主　编：陈立英

编委会：吴　波　陈长锁　廖成林　李春香　彭　博

　　　　王　良　吴丹丹　李园园　陈彦宾　杨　欢

　　　　黄天庆　丁　玲　文东明　王惠梅　李　淼

　　　　于　洋　张馨月　梁月婵　盛宏意　郑丽萍

　　　　朱致瑛　贺志敏　李　静　徐海滨

# 序

构建高质量育人体系，培育优秀人才，是国家落实立德树人根本任务的要求，是每个学生生命成长的需求，也是每位教师的责任。在这个日新月异、不断变化的时代，跨界和创新无处不在。教师要在传道、授业和解惑的基础上，主动提升自己的育人能力，做学生成长的引导者、支持者和陪伴者。教师要让学科教学承载更多的素养功能，在学科知识和技能的基础上，促进学生在学习中获得价值观念、沟通能力、合作能力、共情能力、坚毅品质和多角度思维等的发展；要重视学生创新能力的形成，用具有挑战性的学习任务、担当责任的社会活动，激发学生的好奇心、想象力和创新思维，鼓励学生勤于实践，善于合作，敢于质疑，勇于创新，帮助学生形成未来发展需要的正确价值观、必备品格和关键能力。

进入21世纪后，本轮基础教育课程改革已经走过二十余年。随着高中课程改革的深入推进，育人为本的理念深入人心，教师的教学理念发生了显著变化，理论水平和教学实践能力均获提升，教师在教学中积累了丰富的经验，取得了丰硕的成果。2017年底新版普通高中课程标准颁布，2019年启用新教材，面对促进学科核心素养发展的新要求，基于学生学科核心素养的发展来观察课堂教学现状，还普遍存在一些困难。教师还难以很好地解决"为什么教""教什么""怎样教""教得怎么样"等教学基本问题，具体表现为：一是难以把握本学科的育人价值，对学科本质和核心素养理解不深；二是在进行教学设计时，难以精准确定教学目标，难以合理选择情境素材，将素材加工成挑战性任务的能力不足；三是在教学组织过程中，引导学生思考的深度不够，教学结构化水平不高，难以设计出高水平、结构合理的作业，难以命制核心素养导向的试题；等等。此外，部分教师还存在教学实施与设计思路相脱离、教学理念与行为相脱节的情况，还存在部分教学改革实践仍停留在理念层面，课堂教学主要凭经验而行之的现象。

为有效解决上述问题，帮助教师有能力、有信心迎接挑战，开展基于课程标准的教学，2018年，在"初中学科教学关键问题实践研究"项目的基础上，教师教育资源联盟（以下简称"联盟"）各成员单位相继开展了核心素养导向的高中新课程、新教材实施的研究及实践，启动了"高中学科教学关键问题提炼与解决"项目。围绕着新课程标准、新教材、新高考方案的要求，教研团队聚焦学生核心素养的发展，遵循高中教师日常教学工作的逻辑，找到影响教学设计与实施质量的关键因素，开展了系统的理论研究和实践探索。特别是开展了一系列案例研究和教学实践，探寻解决问题的思路和策略，并对成果进行了系统梳理，将其转化为教师教育资源。

在过去的四年里，联盟的部分成员单位组建了高中语文、数学、英语、物理、化学、生物学、政治、历史和地理共九个学科团队。在各成员单位的组织和支持下，每个学科团队都由本区域学科教研员牵头形成核心团队，成员为当地学科骨干教师和学科专家。本着坚持课标导向、素养导向、问题导向、实践导向、需求导向的原则，各个团队在研究的基础上，走进学校、深入课堂，以具体的课例研究为载体推进项目。联盟秘书处定期组织学科团队开展专题研讨，分享地区和学科经验，解决实际问题，并邀请专家以专题讲座的方式进行高位引领，以保障统筹协调各学科团队按照项目计划有序推进各项工作。

促进核心素养发展的学科教学关键问题是决定课程实施质量的核心问题。本着努力为一线教师提供教学改革方向引领、提供教学改革专业指导、提供教学资源支持的出发点，针对教师学科教学能力发展的障碍点、关键点和生长点，涵盖教学设计与实施的重要环节，指向教师专业能力提升，各团队从三个维度提炼核心素养导向的教学关键问题：一是课程标准，包括学科核心素养、课程结构、内容要求、学业要求、学业质量等；二是单元教学设计与实施的核心要素，包括确定素养导向的学习目标、凝练引领性学习主题、设计挑战性学习任务和持续性学习评价；三是教师教学专业知识，包括课程知识、教学知识、学科知识、学生知识和评价知识。

为进一步总结和推广基于核心素养的高中学科教学关键问题项目的成果，促进资源内容更具科学性、系统性和适用性，让资源利用价值实现最大化，在联盟成员单位和高等教育出版社的大力支持下，各学科团队开始进行书稿撰写及配套视频资源整理。

"教学关键问题解析丛书"依据普通高中学科课程标准（2017年版2020年修订），聚焦学生核心素养发展，呈现高中学科教学关键问题及解决方案。各册书对每一个教学关键问题进行问题表现及成因的深入分析，引导教师从现象思考本质。结合典型教学案例呈现教学关键问题的解决过程，提炼教学设计与实施的要点和策略，为教师提供具有可操作性的教学途径。

教育大计，教师为本。教师提升学科教学能力的关键在于学习，向专家和学者学习，向经验丰富的教师学习，向本校和其他学校的优秀教师学习。此外，基于自己和同伴教学实践的反思，有针对性地进行教学改进，是一条重要且有效的道路。本套丛书的出版回应了高中新课程新教材实施过程中教师的实践要求，丛书及配套资源全方位呈现了基于核心素养的高中学科教学关键问题的课堂实践和教学指导，为教师提供教学改进的专业支撑，为各地区教研、培训提供资源支持。本套丛书可用作高中教师的培训教材，供相关教研部门使用，也可作为高中教师资格考试的参考书和高等院校相关专业师范生的学习参考用书，还可供学科教学研究者参考使用。

我相信，这套具有"开放空间"的丛书，一定能帮助各学科一线教师打开一扇学生核心素养培养与发展的"门"，探索出一套学科核心素养培养的方法和策略，最终收获更加美好的未来！

让我们共同期待！

北京市海淀区教师进修学校校长　罗滨<br>
2022年8月23日

# 前言

近年来，党和国家颁布了《中国教育现代化2035》《深化新时代教育评价改革总体方案》《关于新时代推进普通高中育人方式改革的指导意见》等一系列重要文件，全面勾画了普通高中教育改革的远景目标、改革路径、政策要求，突出强调了加强各学科课程建设，提升课程思想性、科学性、时代性、整体性，促进学生全面而有个性的发展，为学生适应社会生活、高等教育和职业发展做准备，为学生终身发展奠定基础的任务要求。

2017年，教育部颁布《普通高中历史课程标准（2017年版）》。与以往相比，新课程标准突出的创新之处，一是提出了凝练了历史学科核心素养体系；二是以核心素养为纲，形成了基于核心素养的学业质量标准。历史学科核心素养是高中历史课程育人目标的集中体现，学业质量标准是核心素养达成水平的外在关键表现，两者共同构建了高中历史课程教学评一体化实施体系，标志着高中历史教育从学科本位、知识本位到育人本位、学生素养发展本位的重大转型。此外，在课程内容选择与编排方面，新课程标准在原有课程基础上更新了学习内容，以学科大概念为核心，通过必修、选择性必修和选修三个模块，以学习主题形式展现人类优秀文明成果和历史发展大势，注重学生获得更多的历史启示；在课程实施上，新课程标准明确提出进一步改进教学方式，促进学生的自主学习、合作学习和探究学习，提高实践能力，培养创新精神；在课程评价方面，新课程标准要求以学生历史学科核心素养的整体发展为着眼点，将评价贯穿于历史学习的整个过程，推动教、学、评一体化。

课程改革的核心在于课堂改革，课堂改革的核心和关键在于教师的专业发展。为深入了解一线教师在新课程实施过程中的真实情况，我们于2020年在北京市丰台区高中历史教师中开展了"基于核心素养的高中历史学科课堂教学现状"调研。统计显示，新课程改革以来，高中历史教师们的学科教育理念与实践能力普遍有了显著提升，体现在对学科核心素养的理解不断加深，核心素养培养的路径、方法有了一定积累，对新教材的把握也有了显著进步。尤其重要的是，高中教师的学习意识进一步提升，对学科教育前沿学术成果的关注度有了较大提升。但是，教师们也反映当前在推进新课程中依然面临着方方面面的困难与困惑。例如，在新教材内容较多背景下如何处理落实知识与培养学科核心素养之间的关系；在部分学生初中没有选学历史学科背景下如何开展分层教学；在学业质量水平框架内如何准确把握不同学段教学的深度广度；在教学评一体化视阈下如何将评价全面嵌入教学过程；在现有教材体系下如何开展单元教学；在现有高中课程体系下如何开展实践活动，提升学生解决实际问题的能力；学校各学科、各部门如何协同促进学生核心素养发展……从这些问题可以看出，如何改进教学方式，提升课堂教育质量，落实核心素养培养，是当前广大一线教师关注的焦点，也是一线教师普遍的痛点。在此背景下，全国教育资源联盟牵头开展了基于核心素养的高中历史教学关键问题课题研究。

所谓"关键"，是一种价值评定，指在结构或系列中的地位和作用，是事物中的主要矛盾或起决定性作用的要素。高中历史教学关键问题，是高中课程改革所要求的需要加以关注的问题，也是高中教学实践中亟须解决的问题。这些问题是聚焦于高中阶段在落实立德树人、培养学生历史学科核心素养各环节中要解决的重点问题、核心问题，包括理念性问题、原则性问题、方式方法性问题和程序性问题。高中历史教学关键问题具有以下特点：

教学关键问题是具有一定普适性、可迁移的问题。所谓普适性和可迁移性，是指问题在不同教学模式、不同课堂类型、不同教学内容、不同阶段的教学实践中具有共性。学科教学关键问题不是教学领域的具体方法策略问题，也不是某一个具体教学案例和经验的问题，而是具有一般意义的历史教学的大概念问题，是学科教学的结构性问题。教学关键问题既有学科教育领域永恒的问题，也有当前迫切需要解决的阻碍教育改革的现实问题。

教学关键问题不是学科关键问题。在理解教学关键问题时，要区分教学关键问题与学科关键问题概念。对于学科关键问题，新课程标准指出："教师要结合教科书对学习专题的内容进行梳理，明确该专题所涉及的范围及重要史事；在此基础上，概括和确定该专题中的关键问题，并将这些关键问题的解决与历史学科核心素养的发展建立起联系。"由此可见，历史学科关键问题是以历史学科课程内容为本位，在历史专题中具有突出地位的问题；而教学关键问题则是学科教学论和教学法领域的概念，是对实现高中历史课程目标具有决定性影响的问题。

按照上述理解，北京市、上海市、天津市、重庆市、江苏省等地教研力量开展了基于核心素养的高中历史教学关键问题体系的梳理，经过反复研讨，最终形成了高中历史教学关键问题体系，包含三个方面七个类别二十七个关键问题，并对梳理出的二十七个高中历史教学关键问题进行了全面深入的解析，提出了具有可操作性的解决途径和教学案例，最终形成了《基于核心素养的高中历史教学关键问题解析》一书。

本书内容包括历史学科核心素养理解、基于历史学科核心素养的教学实践、高考改革方向把握三个单元。历史学科核心素养理解单元通过具体素养的解析、历史学科核心素养整体解析，以及历史学科核心素养与学生发展核心素养关联解析三个层面，从整体把握和具体理解两个维度对高中历史学科核心素养的内涵、实质及要求进行了全面、深入、系统的解析，力图增进教师对核心素养体系的整体理解，从而为全面落实新课程理念奠定理论基础。基于历史学科核心素养的教学实践单元从科学设定教学目标、整合优化教学内容、有效设计教学过程、多维评价教学效果等维度对广大教师在新课程实施过程中遇到的重点、难点、痛点问题进行梳理和解析，通过教学视频、教学设计、教学课件、专家文献等丰富的参考资料为教师提供立体的问题解决方案。高考改革方向把握单元从教、学、评一致性角度，围绕高考改革精神以及学业质量标准的理解与把握，如何在高考改革精神和学业质量标准指引下开展教学评价和命题实践进行深入剖析，力图在教学评价领域为广大教师提供理念、方法、策略指引。

  本书的编写过程中，我们得到了北京市海淀区、朝阳区、丰台区，重庆市北碚区，江苏省常州市教研部门和骨干教师的大力支持，北京师范大学郑林教授对关键问题梳理和提炼进行了指导，在此表示衷心的感谢。

  鉴于当前新课程改革启动未久，许多理论和实践尚需进一步沉淀，同时由于我们的水平有限，可能存在一些不足之处，恳请学科专家学者和广大教师不吝指教，以便我们进一步学习和进步。

陈立英<br>2022 年 11 月

# 目录

## 单元 1　历史学科核心素养理解　/　1

教学关键问题 1-1　如何从整体上理解和把握历史学科核心素养　/　3

教学关键问题 1-2　如何理解历史学科核心素养与学生发展核心素养的关系　/　11

教学关键问题 1-3　如何理解唯物史观是诸素养达成的理论保证　/　20

教学关键问题 1-4　如何理解时空观念是诸素养中学科本质的体现　/　28

教学关键问题 1-5　如何理解史料实证是诸素养得以达成的必要途径　/　37

教学关键问题 1-6　如何理解历史解释是诸素养中对历史思维与表达能力的要求　/　44

教学关键问题 1-7　如何理解家国情怀是诸素养中价值追求的目标　/　52

## 单元 2　基于历史学科核心素养的教学实践　/　61

教学关键问题 2-1　如何开展高中历史课程教学背景分析　/　63

教学关键问题 2-2　如何确立及合理表述指向历史学科核心素养培养的教学目标　/　72

教学关键问题 2-3　如何确定与教学目标相一致的评价目标　/　80

教学关键问题 2-4　如何提炼高中历史学习专题中的关键问题　/　88

教学关键问题 2-5　如何确定教学内容中的重点　/　96

教学关键问题 2-6　如何规划课堂教学结构　/　104

教学关键问题 2-7　如何开发与利用教学资源　/　112

教学关键问题 2-8　如何创设历史情境　/　120

教学关键问题 2-9　如何引导学生开展学习探究活动　/　127

教学关键问题 2-10　如何利用信息技术手段优化高中历史教学　/　137

教学关键问题 2-11　如何引导学生运用唯物史观的基本观点认识和解决历史问题　/　145

教学关键问题 2-12　如何引导学生在特定时空框架中观察和分析历史事物　/　152

教学关键问题 2-13　如何培养学生运用史料进行实证的能力和意识　/　**162**

教学关键问题 2-14　如何培养学生的历史解释能力　/　**169**

教学关键问题 2-15　如何在高中历史教学中渗透国家认同和国际理解教育　/　**177**

教学关键问题 2-16　如何设计贯穿课堂教学过程的评价工具　/　**185**

教学关键问题 2-17　如何通过多维度学习评价优化课堂学习　/　**194**

## 单元 3　高考改革方向把握　/　201

教学关键问题 3-1　如何理解和把握新高考改革发展方向　/　**203**

教学关键问题 3-2　如何基于高中历史学业质量标准开展教、学、评一体化设计　/　**212**

教学关键问题 3-3　如何依据高考改革精神和学业水平要求命制试题　/　**221**

# 单元 1　历史学科核心素养理解

## 教学关键问题 1-1　如何从整体上理解和把握历史学科核心素养

新一轮高中历史课程改革强调培养学生的历史学科核心素养。历史学科核心素养包括唯物史观、时空观念、史料实证、历史解释和家国情怀。《普通高中历史课程标准（2017年版2020年修订）》（以下简称新版课程标准）指出："教师要完整把握历史学科核心素养的内涵及其具体表现，要认识到历史学科核心素养的五个方面是一个相互联系的整体"。[1] 在历史教学中，要达成培养核心素养的目标，需要从整体上理解和把握历史学科核心素养。

### 一、问题分析

#### （一）历史学科核心素养内容解析

历史学科核心素养包括三个维度的总体内容与五个方面的具体要素。

##### 1. 三个维度的总体内容

在总体方面，历史学科核心素养包括学生通过历史课程学习逐步形成的具有历史学科特征的正确价值观、必备品格和关键能力三个维度目标。其中，正确价值观指的是社会主义核心价值观。倡导富强、民主、文明、和谐，倡导自由、平等、公正、法治，倡导爱国、敬业、诚信、友善，是社会主义核心价值观的基本内容。必备品格包含政治思想品质、道德人格和史学品格三方面。政治思想品质指的是学生在政治思想上必须认同伟大祖国，认同中华民族，认同中华优秀文化，认同中国共产党的领导，认同中国特色社会主义；道德人格指的是让学生学会做人做事的道德准则，健全人格；史学品格包含史学中的求真精神、贯通意识和批判思维。关键能力指的是学生运用科学的史学理论和方法来认识和解释历史的能力，包括运用唯物史观的基本观点认识并说明历史事物的能力；准确掌握历史时序，将历史事物置于特定历史环境下进行分析的能力；收集、辨析并能运用史料的能力；解释历史的能力，包括能运用归纳、概括、比较等思维方法分析历史事物的能力；科学解释历史事物，认识事物本质的能力；全面、客观评价历史人物、历史事件以及历史现象的能力；发现和论证历史问题，独立提出观点的能力。[2]

##### 2. 五个方面的具体要素

具体来说，历史学科核心素养包括唯物史观、时空观念、史料实证、历史解释和

---

[1] 中华人民共和国教育部. 普通高中历史课程标准：2017年版2020年修订[M]. 北京：人民教育出版社，2020：45.

[2] 朱汉国. 历史学科核心素养释义[J]. 历史教学（上半月刊），2018（3）：3-9.

家国情怀五个要素。

新版课程标准对于唯物史观素养提出的具体要求是：了解唯物史观的基本观点和方法，包括人类社会形态从低级到高级的发展、生产力和生产关系之间的辩证关系、经济基础和上层建筑之间的相互作用、人民群众在社会发展中的重要作用等，理解唯物史观是科学的历史观；能够正确认识人类历史发展的总趋势；能够将唯物史观运用于历史的学习与探究中，并将唯物史观作为认识和解决现实问题的指导思想。我们可以从"知道"和"做到"两个方面对上述要求加以把握。从"知道"的角度讲，学生通过历史学习，要掌握唯物史观的基本观点和方法，包括要知道人类社会发展的趋势和人类社会发展的原因。其中，人类社会发展的趋势指的是人类社会形态从低级到高级的发展，人类社会发展的原因包括生产力和生产关系之间的辩证关系、经济基础和上层建筑之间的相互作用、人民群众在社会发展中的重要作用等内容。从"做到"的角度讲，学生通过历史学习，能够运用唯物史观的观点和方法解决问题，包括历史学习中的问题和现实生活中的问题。

新版课程标准对于时空观念素养提出的具体要求是：知道特定的史事是与特定的时间和空间相联系的；知道划分历史时间与空间的多种方式，并能够运用这些方式叙述过去；能够按照时间顺序和空间要素，建构历史事件、历史人物、历史现象之间的相互关联；能够在不同的时空框架下对史事作出合理解释；在认识现实社会时，能够将认识的对象置于具体的时空条件下进行考察。我们同样可以从"知道"和"做到"两个方面对上述要求加以把握。从"知道"的角度讲，学生通过历史学习，要知道史事的时空特性，以及时间和空间的划分方式，掌握将史事置于特定时空条件下考察的观点和方法。从"做到"的角度讲，学生通过历史学习，能够运用正确的时空观念建构历史史实、解释历史和现实问题。

新版课程标准对于史料实证素养提出的具体要求是：知道史料是通向历史认识的桥梁，了解史料的多种类型，掌握搜集史料的途径与方法；能够通过对史料的辨析和对史料作者意图的认知，判断史料的真伪和价值，并在此过程中增强实证意识；能够从史料中提取有效信息，作为历史叙述的可靠证据，并据此提出自己的历史认识；能够以实证精神对待历史与现实问题。我们仍旧可以从"知道"和"做到"两个方面对上述要求加以把握。从"知道"的角度讲，学生通过历史学习，要知道史料的桥梁作用、史料的类型和史料研习的方法。从"做到"的角度讲，学生通过历史学习，能够辨析史料、提取信息、用实证精神解释历史和现实问题。

新版课程标准对于历史解释素养提出的具体要求是：区分历史叙述中的史实与解释，知道对同一历史事物会有不同解释，并能对各种历史解释加以辨析和价值判断；能够客观论述历史事件、历史人物和历史现象，有理有据地表达自己的看法；能够认识历史解释的重要性，学会从历史表象中发现问题，对历史事物之间的因果关系作出解释；能够客观评判现实社会生活中的问题。我们依然可以从"知道"和"做到"两个方面对上述要求加以把握。从"知道"的角度讲，学生通过历史学习，要知道史实与解释的区别，知道解释的多样性和解释在历史学习中具有重要地位。从"做到"的角度讲，学生通过历史学习，能够评析历史观点，对历史问题发表看法，评判现实问题。

新版课程标准对于家国情怀素养提出的具体要求是：在树立正确历史观基础上，从历史的角度认识中国的国情，形成对祖国的认同感和正确的国家观；能够认识中华民族多元一体的历史发展趋势，形成对中华民族的认同感和正确的民族观，具有民族自信心和自豪感；了解并认同中华优秀传统文化、革命文化、社会主义先进文化，了解中国各个历史时期的英雄人物，传承民族气节、崇尚英雄气概，认识中华文明的历史价值和现实意义；了解世界历史发展的多样性，理解和尊重世界各国、各民族的文化传统，具有广阔的国际视野，树立正确的文化观；认同社会主义核心价值观，认同走中国特色社会主义道路是历史的必然，树立中国特色社会主义道路自信、理论自信、制度自信和文化自信；能够确立积极进取的人生态度，塑造健全的人格，树立正确的世界观、人生观和价值观。朱汉国教授将家国情怀素养概括为五个方面：第一，树立正确的国家观，增强对伟大祖国的认同。第二，树立正确的民族观，增强对中华民族的认同，养成民族自信心和自豪感。第三，树立正确的文化观，增强对中华优秀传统文化、革命文化和社会主义先进文化的认同，理解和尊重世界各国、各民族的文化传统。第四，增强对社会主义核心价值观的认同，树立对中国特色社会主义的道路自信、理论自信、制度自信和文化自信。第五，确立积极进取的人生态度，塑造健全的人格，树立正确的世界观、人生观和价值观。[①] 我们可以将课程标准的要求分为三类认识：一是历史认识，包括爱国主义和国际视野。二是现实认识，指的是以社会主义核心价值观为核心的中国社会的主流观念。三是自身认识，包括积极进取的人生态度和正确的价值观。

总之，历史学科核心素养内涵中的三个维度的总体目标和五个方面的具体目标是核心素养的综述与分述，它们之间是总体与具体的关系。历史学科核心素养的三个维度目标是高中学生学习历史课程后所形成的、具有历史学科特征的关键成就；五个具体目标是对历史学科核心素养的凝练，是培养学生历史学科核心素养的方法、途径、目标的具体化和细化。[②] 通过历史学科核心素养五个方面的培养，学生最终形成具有历史学科特征的正确价值观、必备品格和关键能力。

(二) 整体理解和把握历史学科核心素养的原因分析

从整体上理解和把握历史学科核心素养这一观点，是基于历史学科的特点、历史教学的本质、当前历史教学的实际情况提出的。

1. 基于历史学科特点

历史学是研究人类社会发展状况及其规律的一门学科，历史学的研究对象和本质特征，即是在一定历史观的指导下对人类历史进程及其规律的叙述和阐释。研究和学习历史，一定要坚持正确的历史观，即唯物史观。唯物史观是科学的历史观和方法论，其主张的人类社会形态从低级到高级的发展、生产力和生产关系之间的辩证关系、经

---

① 朱汉国. 历史学科核心素养释义 [J]. 历史教学（上半月刊），2018（3）：3-9.
② 朱汉国. 历史学科核心素养释义 [J]. 历史教学（上半月刊），2018（3）：3-9.

济基础和上层建筑之间的相互作用、人民群众在社会发展中的重要作用等观点，是指导历史研究和学习的正确观念和方法。

历史学科具有多维度的时空意识、历史过程的过去性（一度性）、史与论的高度统一性、学科知识的综合性和复杂性、科学性与人文性的统一等特点。历史学区别于其他学科最主要的一个特点，就是其突出的时空意识，在一定意义上可以说是一门有关历史时空性的科学。[①] 因此，多维度时空意识的特点要求研究和学习历史必须具备时空观念素养。

历史学科研究的对象是过去发生的事情，不可能再现和重演，所以研究历史需要借助于各种类型的史料，通过对史料的研究，尽可能接近历史真相，揭示历史发展规律。因此，历史过程的过去性（一度性）要求研究和学习历史具备史料实证素养。

史与论的高度统一性是历史学区别于其他学科的重要特点。研究历史既要弄清史实，形成结论和观点，又要从纷繁复杂的史料中理清历史发展的线索，还要从各种错综复杂的历史事物中理清内在逻辑关系，形成合理的观点和结论。因此，史与论的高度统一性、学科知识的综合性和复杂性要求研究和学习历史必须具备史料实证和历史解释素养。

科学性与人文性的统一是历史学的显著特点之一。科学性要求研究和学习历史应该"求真"，必须坚持科学的世界观和方法论（包括唯物史观、时空观念、史料实证），对历史形成合理的解释，人文性要求研究和学习历史必须具有人文情怀，独立的人格意志，丰富的想象力和创造性，健全的判断能力和价值取向，高尚的趣味和情操，良好的修养和同情心，对个人、家庭、国家、天下有一种责任感，对人类的命运有一种担待。因此，科学性与人文性的统一要求研究和学习历史必须具备唯物史观、时空观念、史料实证、历史解释和家国情怀等核心素养。

综上所述，历史学科的特点是由历史学科本质派生出来的，是一个统一的整体，历史学科本质和特点的整体性决定了在历史教学中需要整体理解和把握历史学科核心素养。

2. 基于历史教学的本质

朱汉国、郑林教授认为，历史教学的本质是引导学生形成对历史的认识。[②] 于友西先生认为，历史学习的重要意义在于对历史的认识。[③] 可见，通过引导学生形成历史认识是历史教学的本质和目的。

历史认识是有层次的。庞卓恒教授等学者认为历史认识的第一层次是通过史料辨析获得的对历史事实的认识，即事实判断；第二层次可以称为因果关系或规律性的认识，它是在已经确认的事实基础上对各个事实之间的相互关系或联系的认识，即成因判断；第三个层次可以称为评价性认识，它是在认识前两个层次的基础上对历史上出

---

[①] 徐蓝，朱汉国. 普通高中历史课程标准（2017年版2020年修订）解读 [M]. 北京：高等教育出版社，2020：36.

[②] 朱汉国，郑林. 新编历史教学论 [M]. 上海：华东师范大学出版社，2008：63.

[③] 于友西. 中学历史教学法 [M]. 3版. 北京：高等教育出版社，2009：248.

现的事件、人物、制度和过程等进行是非善恶或利弊得失的评价以资鉴于现实的认识，即价值判断。①

三个层次的判断需要具备不同方面的历史学科核心素养。事实判断建立在史料的基础之上，依据史料，按照时空关系建构史实，需要具备史料实证和时空观念素养；成因判断是在正确史观的指导之下，依据史料和史实，将历史事物置于特定的时空条件下考察，解释历史事物之间的因果关系，得出规律性认识，需要具备唯物史观、时空观念、史料实证和历史解释素养；价值判断是在正确的史观指导下，以史实为基础，在不同的时空框架下（主要是过去与现在，中国与世界）对历史事物的价值进行合理解释，从而加深对历史的理解，形成正确的价值观，需要具备唯物史观、时空观念、史料实证、历史解释和家国情怀素养。

在三个层次的判断中，事实判断是基础，成因判断是关键，价值判断是目的和归宿，三个层次的判断组合起来形成一个完整的历史认识，或者说，一个完整的历史认识应该包含三个层次的判断，而三个层次的判断需要具备完整的历史学科素养。② 因此，教师在历史教学中需要从整体上理解和把握历史学科核心素养。

### 3. 基于当前历史教学的实际情况

目前，一些高中历史教师在制定教学目标时，按照五大核心素养的分类方式表述教学目标，有些教师将教学目标表述为集中培养某一个或某几个（不是全部）核心素养。③在教学过程中，有些教师按照学科核心素养要素分别开展教学活动。上述状况的共同问题是将历史学科核心素养割裂，这不利于历史学科核心素养的综合培养。

新版课程标准在实施建议中指出，制定教学目标要以问题解决的水平程度作为教学目标的核心内容，避免将核心素养的五个方面机械地分离。陈志刚教授指出，在教学目标的陈述上，教师不能机械地按照核心素养五个维度来陈述，应从整体上来思考学习目标。④ 徐蓝教授指出，教师要全面理解历史学科核心素养的内涵及其具体表现，认识核心素养五个方面是一个相互联系的整体，既要注重对某一核心素养的培养，更要注重对学生核心素养的综合培养。⑤ 可见，综合培养学生的历史学科核心素养是当前历史学科课程改革的要求。

基于当前历史教学中存在的问题、课程标准的要求和专家的建议，我们要从整体上理解和把握历史学科核心素养。

## 二、解决策略

从整体上理解和把握历史学科核心素养，需要理解诸素养的本质和作用，理清诸素养之间的内在联系，明了在教学中培养诸素养的逻辑顺序。

---

① 庞卓恒，李学智，吴英. 史学概论 [M]. 北京：高等教育出版社，2006：362-363.
② 庞卓恒，李学智，吴英. 史学概论 [M]. 北京：高等教育出版社，2006：368.
③ 陈志刚. 教学目标不应机械按核心素养五个方面进行表述 [J]. 中学历史教学，2020（4）：3-5.
④ 陈志刚. 教学目标不应机械按核心素养五个方面进行表述 [J]. 中学历史教学，2020（4）：3-5.
⑤ 徐蓝. 基于历史学科核心素养的课程结构与内容设计 [J]. 人民教育，2018（8）：44-52.

### (一) 理解诸素养的本质和作用

徐蓝教授指出，唯物史观是诸素养的灵魂和得以达成的理论保证；时空观念是诸素养中学科本质的体现；史料实证是诸素养得以达成的必要途径；历史解释是诸素养中对历史思维与表达能力的要求；家国情怀则体现了诸素养中价值追求的目标。[1]

唯物史观是揭示人类社会历史客观基础及发展规律的科学历史观和方法论，只有运用唯物史观的立场、观点和方法，才能对历史有全面、客观的认识。因此，唯物史观的本质是科学的思想方法，在学生的历史学习中居于指导地位，只有用唯物史观的观点作为理论指导，才能对所学历史进行科学的解释。

时空观念是在特定的时间联系和空间联系中对事物进行观察、分析的意识和思维方式，任何历史事物都是在特定的、具体的时间和空间条件下发生的，只有在特定的时空框架当中，才可能对史事有准确的理解。因此，时空观念的本质是将史事置于特定的时空环境下考察的历史意识，这是历史学科区别于其他学科特有的思维方式。学生在历史学习中应进行具体分析，探寻特定时空环境下事物之间的关系，只有这样才能对所要认识的历史事物有准确的理解和把握，形成正确的历史解释。

史料实证是指对获取的史料进行辨析，并运用可信的史料努力重现历史真实的态度与方法。要形成对史事正确、客观的认识，必须重视史料的搜集、整理和辨析，去伪存真。因此，史料实证的本质是证据意识，体现了历史学科的根本特点，也反映了史学的品格。学生在历史学习中只有坚持正确的证据意识，才能对所学历史形成科学、合理、真实的解释和认识。

历史解释是指以史料为依据，对历史事物进行理性分析和客观评判的态度、能力与方法。学会历史解释，是历史学习的一个较高要求，是检验学生是否具有历史学科核心素养的关键。因此，历史解释的本质是历史学科的核心能力，要求学生能够科学、合理地解释历史事物。学生在历史学习中只有具备历史解释素养，才能对历史具有深刻的理解和认识。

家国情怀是学习和探究历史应具有的人文追求，体现了对国家富强、人民幸福的情感，以及对国家的高度认同感、归属感、责任感和使命感。因此，家国情怀的本质是人文情怀，集中体现了历史教育立德树人的理念和宗旨。学生在历史学习中只有具备家国情怀素养，才能在更高层次上理解所学历史，才能树立正确的世界观、人生观和价值观。

### (二) 理清诸素养之间的内在联系

在历史学科核心素养中，家国情怀是学习和认识历史在思想、观念、情感、态度等方面的重要体现，是实现历史教育育人功能的重要标志，是历史课程中历史价值观教育的根本归宿，是历史学科育人价值的集中体现，体现了学习、研究历史的最终价值。家国情怀是最高层次的历史学科核心素养，其他核心素养的培育应该以家国情怀素养的达成为目标。家国情怀素养的培养引领着历史教学和历史学习中史料的选用、

---

[1] 徐蓝. 基于历史学科核心素养的课程结构与内容设计 [J]. 人民教育, 2018 (8): 44-52.

活动的组织和认识的生成。家国情怀素养在历史学科核心素养中具有最高层次的位置，是历史教学和历史学习的出发点和归宿。

与家国情怀素养相关的情感、态度、价值观建立在人们理解历史的基础上。历史理解包含在历史解释素养之中。只有科学合理地进行历史解释，加深历史理解，才能培养正确、深厚的家国情怀。徐蓝教授认为，历史解释是在形成历史理解和认识的基础上叙述历史的能力，是检验学生的历史观和历史知识、能力、方法等方面发展水平的主要指标，是历史学科的核心能力。因此，历史解释素养在历史学科核心素养中居于核心地位。

新版课程标准在阐释历史解释时指出，人们通过多种不同的方式描述和解释过去，通过对史料的搜集、整理和辨析，辩证、客观地理解历史事物，不仅要将其描述出来，还要揭示其表现背后的深层因果关系。可以看出，历史解释素养是以史料实证素养作为支撑的。此外，在进行历史解释时，需要按照时空关系叙述史实，并且将史事置于特定的时空条件下进行考察，同时还要以唯物史观的观点和方法为指导进行相关解释。因此，历史解释素养的培养是以史料实证、时空观念和唯物史观等素养为基础和支撑的。

基于以上分析，我们可以用图1-1-1说明历史学科诸素养之间的关系。在该示意图中，家国情怀素养居于最高层次，是历史课程中历史价值观教育的根本归宿；历史解释素养居于核心和关键位置，是影响学生形成历史看法的关键因素，是家国情怀素养形成的重要途径；唯物史观、时空观念和史料实证素养是根基，为历史解释素养的形成提供支撑和基础。这一示意图可以分为两部分，以唯物史观、时空观念和史料实证素养为基础进行历史解释，体现了历史学科的科学性；在历史解释的基础上形成家国情怀，体现了历史学科的人文性。由于科学性与人文性的统一是历史学科的重要特点，因此，图1-1-1显示了历史学科核心素养的整体性。

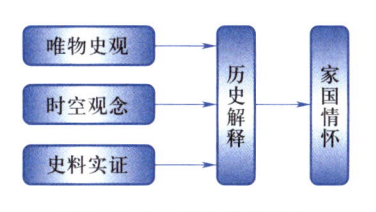

图1-1-1　历史学科核心素养的整体性

### （三）明了培养诸素养的逻辑顺序

家国情怀素养的培育是建立在历史解释基础之上的。新版课程标准在阐释历史解释时指出，人们通过多种不同的方式描述和解释过去，通过对史料的搜集、整理和辨析，辩证、客观地理解历史事物，不仅要将其描述出来，还要揭示其表现背后的深层因果关系。因此，教师在教学中引导学生进行历史解释主要包括描述史实和解释史实。

在进行"描述史实"教学时，首先要引导学生通过搜集、整理和辨析史料，选用可靠和适用的史料，作为要描述的材料；然后从所选用的史料中获取有效信息，提炼关键内容，作为描述的要点；最后按照时间顺序和空间要素将要点组织起来，形成对相关史实的描述。因此，在"描述史实"的过程中蕴含了史料实证和时空观念素养的培养。

"解释史实"是要揭示史实背后的深层因果关系。完成了"描述史实"的任务之后，在进行"解释史实"教学时，首先要引导学生将史实置于特定的时空环境下进行考察，因为任何历史事物都是在特定的、具体的时间和空间条件下发生的，只有在特定的时空框架当中，才可能对史事有准确的理解。这一环节蕴含了时空观念素养的培育。其次要引导学生探寻所学史实与特定时空环境下其他史实之间的内在联系，在探寻内在联系时，要以确凿的史实为依据，用史料说话。这一环节蕴含了史料实证素养的培育。此外，在探寻所学史实与特定时空环境下其他史实之间的内在联系时，需要引导学生运用唯物史观的观点进行分析，这一环节蕴含了唯物史观素养的培育。

基于以上分析，我们可以用图1-1-2说明在教学中培养历史学科核心素养的逻辑顺序。图1-1-2与图1-1-1在本质上是一致的，均反映了历史学科核心素养的逻辑关系。图1-1-2从教学各环节如何培养学生的历史学科核心素养的角度出发，展示了基于核心素养培养的历史教学顺序，有助于从整体上理解和把握历史学科核心素养。

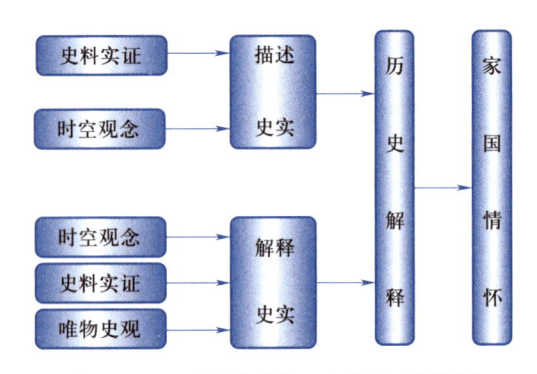

图1-1-2　历史学科核心素养的逻辑顺序

总之，从整体上理解和把握历史学科核心素养，需要理解历史学科核心素养的含义、本质、地位、作用，以及诸素养之间的内在联系和整体结构，还要考虑如何在教学中整体培养学生的历史学科核心素养。只有从整体上理解和把握历史学科核心素养，才能在历史教学中落实核心素养培养目标，推进历史学科课程改革的深入。

## 教学关键问题 1-2　如何理解历史学科核心素养与学生发展核心素养的关系

新一轮课程改革把学生的核心素养分成了"综合核心素养"和"学科核心素养"两部分，综合核心素养即学生发展核心素养。当前，在高中历史教学中培养学生的历史学科核心素养已经成为广大历史教师的共识，但对于学生发展核心素养的培养存在不同程度的忽视。新版课程标准指出，普通高中的培养目标是进一步提升学生综合素质，着力发展核心素养，使学生具有理想信念和生活责任感，具有科学文化素质和终身学习的能力，具有自主发展能力和沟通合作能力。这实际上是针对学生发展核心素养提出的培养要求。因此，理解历史学科核心素养与学生发展核心素养的关系，以便在教学中将历史学科核心素养的培养与学生发展核心素养的培养统筹起来，是当前历史教学需要解决的问题。

### 一、问题分析

#### （一）中国学生发展核心素养内容解析

2016年9月，中国学生发展核心素养总体框架正式发布（图1-2-1），这一框架的核心是"全面发展的人"，分为文化基础、自主发展、社会参与三个方面，文化基础包括人文底蕴和科学精神，自主发展包括学会学习和健康生活，生活参与包括责任担当和实践创新。

六大素养细化为十八个基本要点，每个基本要点均有具体的主要表现描述（表1-2-1）。[①]

图1-2-1　中国学生发展核心素养总体框架

表1-2-1　中国学生发展核心素养

| 方面 | 核心素养 | 基本要点 | 主要表现描述 |
| --- | --- | --- | --- |
| 文化基础 | 人文底蕴 | 人文积淀 | 重点是：具有古今中外人文领域基本知识和成果的积累；能理解和掌握人文思想中所蕴含的认识方法和实践方法等 |

---

① 核心素养研究课题组. 中国学生发展核心素养 [J]. 中国教育学刊, 2016 (10): 1-3.

续表

| 方面 | 核心素养 | 基本要点 | 主要表现描述 |
|---|---|---|---|
| 文化基础 | 人文底蕴 | 人文情怀 | 重点是：具有以人为本的意识，尊重、维护人的尊严和价值；能关切人的生存、发展和幸福等 |
| | | 审美情趣 | 重点是：具有艺术知识、技能与方法的积累；能理解和尊重文化艺术的多样性，具有发现、感知、欣赏、评价美的意识和基本能力；具有健康的审美价值取向；具有艺术表达和创意表现的兴趣和意识，能在生活中拓展和升华美等 |
| | 科学精神 | 理性思维 | 重点是：崇尚真知，能理解和掌握基本的科学原理和方法；尊重事实和证据，有实证意识和严谨的求知态度；逻辑清晰，能运用科学的思维方式认识事物、解决问题、指导行为等 |
| | | 批判质疑 | 重点是：具有问题意识；能独立思考、独立判断；思维缜密，能多角度、辩证地分析问题，作出选择和决定等 |
| | | 勇于探究 | 重点是：具有好奇心和想象力；能不畏困难，有坚持不懈的探索精神；能大胆尝试，积极寻求有效的问题解决方法等 |
| 自主发展 | 学会学习 | 乐学善学 | 重点是：能正确认识和理解学习的价值，具有积极的学习态度和浓厚的学习兴趣；能养成良好的学习习惯，掌握适合自身的学习方法；能自主学习，具有终身学习的意识和能力等 |
| | | 勤于反思 | 重点是：具有对自己的学习状态进行审视的意识和习惯，善于总结经验；能够根据不同情境和自身实际，选择或调整学习策略和方法等 |
| | | 信息意识 | 重点是：能自觉、有效地获取、评估、鉴别、使用信息；具有数字化生存能力，主动适应"互联网+"等社会信息化发展趋势；具有网络伦理道德与信息安全意识等 |
| | 健康生活 | 珍爱生命 | 重点是：理解生命意义和人生价值；具有安全意识与自我保护能力；掌握适合自身的运动方法和技能，养成健康文明的行为习惯和生活方式等 |
| | | 健全人格 | 重点是：具有积极的心理品质，自信自爱，坚韧乐观；有自制力，能调节和管理自己的情绪，具有抗挫折能力等 |
| | | 自我管理 | 重点是：能正确认识与评估自我；依据自身个性和潜质选择适合的发展方向；合理分配和使用时间与精力；具有达成目标的持续行动力等 |
| 社会参与 | 责任担当 | 社会责任 | 重点是：自尊自律，文明礼貌，诚信友善，宽和待人；孝亲敬长，有感恩之心；热心公益和志愿服务，敬业奉献，具有团队意识和互助精神；能主动作为，履职尽责，对自我和他人负责；能明辨是非，具有规则与法治意识，积极履行公民义务，理性行使公民权利；崇尚自由平等；能维护社会公平正义；热爱并尊重自然，具有绿色生活方式和可持续发展理念及行动等 |

续表

| 方面 | 核心素养 | 基本要点 | 主要表现描述 |
|---|---|---|---|
| 社会参与 | 责任担当 | 国家认同 | 重点是：具有国家意识，了解国情历史，认同国民身份，能自觉捍卫国家主权、尊严和利益；具有文化自信，尊重中华民族的优秀文明成果，能传播弘扬中华优秀传统文化和社会主义先进文化；了解中国共产党的历史和光荣传统，具有热爱党、拥护党的意识和行动；理解、接受并自觉践行社会主义核心价值观，具有中国特色社会主义共同理想，有为实现中华民族伟大复兴中国梦而不懈奋斗的信念和行动 |
| | | 国际理解 | 重点是：具有全球意识和开放的心态，了解人类文明进程和世界发展动态；能尊重世界多元文化的多样性和差异性，积极参与跨文化交流；关注人类面临的全球性挑战，理解人类命运共同体的内涵与价值等 |
| | 实践创新 | 劳动意识 | 重点是：尊重劳动，具有积极的劳动态度和良好的劳动习惯；具有动手操作能力，掌握一定的劳动技能；在主动参加的家务劳动、生产劳动、公益活动和社会实践中，具有改进和创新劳动方式、提高劳动效率的意识；具有通过诚实合法劳动创造成功生活的意识和行动等 |
| | | 问题解决 | 重点是：善于发现和提出问题，有解决问题的兴趣和热情；能依据特定情境和具体条件，选择制订合理的解决方案；具有在复杂环境中行动的能力等 |
| | | 技术应用 | 重点是：理解技术与人类文明的有机联系，具有学习掌握技术的兴趣和意愿；具有工程思维，能将创意和方案转化为有形物品或对已有物品进行改进与优化等 |

以林崇德教授为首的课题组将核心素养定义为学生在接受相应学段的教育过程中，逐步形成的适应个人终身发展和社会发展需要的必备品格与关键能力。[①] 课题组提出核心素养概念具有以下五种特征：（1）核心素养概念是对"教育应该培养什么样的人"的具体回答，体现了中国传统教育中"教人成人"和中国现代教育中"人的全面发展"的理念。（2）核心素养是学生应当具备的知识、技能、态度、情感、价值观等的结合体，不是某种单一的素质要求。（3）核心素养是面向所有学生提出来的，而不是面向少数学生提出来的，是所有学生应当共同具备的素养，代表了个体普遍应达到的共同必要素养，是每个个体都必须学会获得的不可或缺的素养，是最低共同要求。（4）核心素养同时具有个人价值和社会价值，是对个人发展和社会发展都具有积极意义的重要素养。（5）核心素养具有终身发展性，也具有阶段性。核心素养的形成不是一蹴而就的，而是终身发展的；人生的不同阶段对于某些核心素养的形成具有不同的敏感性；

---

① 林崇德. 21世纪学生发展核心素养研究［M］. 北京：北京师范大学出版社，2016：29.

不同教育阶段应当持续努力，才能真正和有效促进核心素养的形成和提升。[①]

综合以上论述，可以看出中国学生发展核心素养具有全面性、综合性、基本性、功能性和整体性等特点。

全面性侧重学生横向方面的发展，既要具有文化基础，又要能够自主发展，还要重视社会参与，以及各方面品格与能力的全面发展。

综合性侧重学生纵向方面的发展，即在学习过程中要重视知识、技能以及情感、态度、价值观的综合发展，这是一个纵向不断提升的维度。学生在学习过程中，要在掌握知识的基础上提高能力，加深学习理解，进而促进情感、态度和价值观的形成。

基本性指的是学生发展核心素养是对所有学生发展提出的基本要求，这一要求的核心是适应未来社会发展的必备的公民素养，是学生将来走上社会所必需的基本素养。学生在校学习期间要夯实文化基础，能习得人文、科学等各领域的知识和技能，掌握和运用人类优秀智慧成果，涵养内在精神，追求真善美的统一，发展成为有宽厚文化基础、有更高精神追求的人；要打牢自主发展基础，能有效管理自己的学习和生活，认识和发现自我价值，发掘自身潜力，有效应对复杂多变的环境，成就出彩人生，发展成为有明确人生方向、有生活品质的人；要打下社会参与基础，能处理好自我与社会的关系，养成现代公民所必须遵守和履行的道德准则和行为规范，增强社会责任感，提升创新精神和实践能力，促进个人价值实现，推动社会发展进步，发展成为有理想信念、敢于担当的人。[②] 基本性包含全面性，一是面向全体学生，二是指向学生各方面的全面发展。

功能性指的是学生发展核心素养培养的个人价值和社会价值。按照三个方面、六大素养和十八个基本要点的要求培养学生的核心素养，可以促进学生全面发展，为学生成为未来社会的公民打下基础，具有促进社会发展的意义和价值。

整体性指的是学生发展核心素养是总体框架，是整体目标。这一整体目标的实现是由学生发展的各阶段目标的达成来实现的。因此，整体性包含阶段性，说明学生核心素养的发展具有渐进性。同时，整体性也包含学科性，高中阶段的各个学科均承担着培养学生发展核心素养的任务。

学生发展核心素养五个方面的特点不是孤立的，而是有着内在联系的整体，其核心是培养全面发展的人。

## （二）理解历史学科核心素养与学生发展核心素养关系的价值分析

由学生发展核心素养的全面性、综合性特点可以看出，理解历史学科核心素养与学生发展核心素养关系，有助于打破学科壁垒。我国长期以来的分科教学模式，导致学校教育过度重视学科知识的传授，忽略学生学科整合能力的培养，以及学生综合素养的培育。具体表现为学生学科解题能力越来越强，掌握的解题方法越来越多，但在学科间融会贯通的能力不足，自主学习水平较低，掌握的通用学习方法较少，尽管可以在学科考试中获得高分，但可持续学习能力并不强，在不同生活情境和学习情境中

---

[①] 石中英. 关于中国学生发展核心素养的哲学思考 [J]. 课程·教材·教法, 2018（9）: 36-41.
[②] 核心素养研究课题组. 中国学生发展核心素养 [J]. 中国教育学刊, 2016（10）: 1-3.

进行迁移的能力比较弱。① 历史教学也存在过多关注学科能力和方法，学科内的理论和实践研究较为充分，但跨学科及历史与社会发展的联系研究和实践不足等问题。因此，只有充分理解二者的关系，在历史教学中将历史学科核心素养的培养与学生发展核心素养的培养联系起来，才能促进学生全面发展。

学生发展核心素养的基本性指的是三个方面、六大素养和十八个基本要点是对所有学生提出的基本要求，面向全体学生，指向学生的全面发展，具有重要的育人价值。学生发展核心素养的功能性不仅包含个人功能，还包含社会功能，其六大素养及基本要点的培养不仅可以促进学生全面发展，而且为培养未来公民提出了基本要求。因此，由学生发展核心素养的基本性和功能性可以看出，理解历史学科核心素养与学生发展核心素养之间的关系，可以更好地发挥历史教学的育人价值，体现历史学科的社会功能。

由学生发展核心素养的整体性可以看出，核心素养的培养具有阶段性和渐进性。同时，学生发展核心素养的培养还具有学科性，每一个学科都对培养学生发展核心素养具有独特价值。理解历史学科核心素养和学生发展核心素养的关系，既有利于历史教师从学生发展的视角审视历史教育，拓宽历史教学的视野，也有利于教师研究本学段的历史教学如何在培养学生历史学科核心素养的同时，培养学生发展核心素养，有效协调二者的关系，增强历史教学的附加值，充分发挥历史教学的育人功能。

## 二、解决策略

理解历史学科核心素养和学生发展核心素养的关系，需要依据问题解析中的相关认识，从整体关联、具体联系两个维度进行思考。

### （一）整体关联

从概念内涵上看，学生发展核心素养是学生在接受相应学段的教育过程中，逐步形成的适应个人终身发展和社会发展需要的必备品格与关键能力。② 历史学科核心素养是学生通过历史课程的学习逐步形成的具有历史学科特征的正确价值观、必备品格与关键能力。可以看出，二者均关注学生在学习过程中形成的必备品格与关键能力。学生发展核心素养是对相应学段各学科教学需要培养的必备品格与关键能力提出的总体要求，历史学科核心素养是总体素养要求在历史学科内的具体体现。学生发展核心素养具有总体性，历史学科核心素养具有学科性，二者是整体与具体的关系，也可以理解为包含关系，学生发展核心素养的内容包含了历史学科核心素养的相关要求。

从实现途径上看，学生核心素养的养成是通过各个学科的学习来实现的，学生核心素养的培养，最终要落在学科核心素养的培育上。③ 关于这一点，首先需要明确历史教学既承担着培养学生历史学科核心素养的任务，也承担着培养学生发展核心素养的

---

① 周彬. 指向核心素养的课堂转型研究［J］. 教师教育研究，2018（2）：94-99.
② 林崇德. 21世纪学生发展核心素养研究［M］. 北京：北京师范大学出版社，2016：29.
③ 徐蓝. 谈谈研制高中历史课程标准的一些体会［J］. 历史教学，2016（12）：14-15.

任务。在历史教学中培养学生的历史学科核心素养，本身就是在培养学生发展核心素养。其次，需要明确的是，由于学生发展核心素养的内涵远比历史学科核心素养的内涵丰富，因此，在历史教学中仅仅关注历史学科核心素养的培养是不够的，还需要思考六大学生发展核心素养在教学中如何落实。

此外，学生发展核心素养与历史学科核心素养的培养途径有相通之处。徐蓝教授认为，学生发展核心素养是个体在面对复杂的、不确定的现实生活情境时，分析情境、发现问题、提出问题、解决问题、交流结果过程中表现出来的综合性品质。① 叶小兵教授在论及历史学科核心素养的培养时指出，要关注学生问题意识的培养，关注学生分析问题、解决问题的思维品质和关键能力。这就是要培养具有高水平核心素养的人才历史的学习，重要的是使学生形成自己对历史的认识……真正对历史的认识，不是取决于记忆现成的历史结论，而是要面对历史学习中的问题，在解决问题的过程中建构对历史的认识。② 可以看出，学生发展核心素养的培养和历史学科核心素养的培养均强调培养学生解决问题的能力，只是学生发展核心素养指向解决现实生活中综合性、复杂性很强的问题的能力，历史学科核心素养的培养重在强调引导学生解决历史学科内的问题的能力，在一定程度上也强调解决现实生活中的问题的能力，因为课程标准所给出的唯物史观、时空观念、史料实证、历史解释素养目标的最后，都强调现实问题的解决。

### （二）具体联系

历史学科核心素养与学生发展核心素养既有整体关联，也存在具体联系，二者的具体联系体现为历史学科核心素养的内容与学生发展核心素养某些方面的内容具有直接的一致性和相通性。

#### 1. 历史学科核心素养与人文底蕴、科学精神素养的联系

从素养的具体内容方面看，历史学科核心素养与学生发展核心素养中"文化基础"方面的人文底蕴和科学精神素养的联系最为直接和密切，因为科学性与人文性的统一是历史学科的重要特点。

人文底蕴素养中的人文积淀要点的重点是"具有古今中外人文领域基本知识和成果的积累；能理解和掌握人文思想中所蕴含的认识方法和实践方法等"，既强调人文领域知识积累的重要性，也强调思想方法的重要性。在核心素养视阈下，历史教师应该在重视历史事实教学的基础上，关注历史学科思想方法的教学，将唯物史观、时空观念、史料实证、历史解释、家国情怀等学科核心素养中的普遍事理和处理具体历史事物的方法作为教学的重要内容，组织学生开展相关的学习活动。③ 人文底蕴素养中的人文情怀要点的重点是"具有以人为本的意识，尊重、维护人的尊严和价值；能关切人的生存、发展和幸福等"，这些要求与家国情怀素养具有密切联系。家国情怀素养强调的树立正确的国家观、民族观、文化观，认同社会主义核心价值观，以及树立正确的

---

① 徐蓝. 谈谈研制高中历史课程标准的一些体会 [J]. 历史教学（上半月刊），2016（12）：14-15.
② 叶小兵. 简论基于核心素养培养的历史教学特征会 [J]. 历史教学（上半月刊），2017（12）：8-11.
③ 吴波. 核心素养视阈下的历史学科知识观 [J]. 中学历史教学参考，2018（23）：32-35.

世界观、人生观和价值观目标，是人文情怀要点在历史学科核心素养中的具体体现。人文底蕴素养中的审美情趣要点指向艺术学科，但其重点"理解和尊重文化艺术的多样性"与家国情怀素养中的"了解世界历史发展的多样性，理解和尊重世界各国、各民族的文化传统，具有广阔的国际视野，树立正确的文化观"的要求有内在相通之处。

科学精神素养中的理性思维要点与历史学科核心素养的联系最为直接、密切。其重点"崇尚真知，能理解和掌握基本的科学原理和方法"的要求与唯物史观素养的培养目标要求是一致的，因为唯物史观是科学的世界观和方法论。"尊重事实和证据，有实证意识和严谨的求知态度"的要求与史料实证素养的培养目标要求是一致的，因为史料实证的核心是树立正确的证据意识。"逻辑清晰，能运用科学的思维方式认识事物、解决问题、指导行为等"的要求与历史解释素养的培养目标是一致的，因为历史解释的本质是科学、合理地解释历史事物。科学精神素养中的批判质疑要点的重点是"具有问题意识；能独立思考、独立判断；思维缜密，能多角度、辩证地分析问题，作出选择和决定等"，勇于探究要点的重点是"具有好奇心和想象力；能不畏困难，有坚持不懈的探索精神；能大胆尝试，积极寻求有效的问题解决方法等"，二者强调的是问题解决策略和学习态度，与历史学科核心素养的培养途径有关。

### 2. 历史学科核心素养与学会学习、健康生活素养的联系

历史学科核心素养与学会学习、健康生活两大素养的直接联系不是十分密切，但也存在一定的内在联系。

学会学习素养中的乐学善学要点强调学生要具有积极的学习态度、浓厚的学习兴趣，养成良好的学习习惯，掌握良好的方法，具有终生学习的意识和能力；勤于反思要点强调学生要养成善于总结反思的学习习惯、选择合适的学习策略和方法；信息意识要点强调学生要善于运用信息技术开展学习。三者总体上强调的是学习态度、学习习惯、学习策略。这意味着学生在历史学习过程中只有具备正确的学习态度、学习习惯和学习策略，才能很好地培养历史学科核心素养。因此，学会学习素养的养成是培养学生历史学科核心素养的助力因素，历史教学在重视培养学生历史学科核心素养的同时，也要注意培养学生的学会学习素养。

健康生活素养中的珍爱生命和健全人格要点强调身体健康和心理健康，自我管理要点强调学习、工作和生活中的自我完善。三者总体上强调的是人的健康、和谐发展，与家国情怀素养中"能够确立积极进取的人生态度，塑造健全的人格，树立正确的世界观、人生观和价值观"的要求有很大关系。健康生活素养启示我们在培养学生的历史学科核心素养时，一定要把"人"放在首位，在组织教学活动时要关注学生，重视学生的身心健康，突出学生在历史学习中的主体地位，强调培养学生的自我管理意识和能力。

### 3. 历史学科核心素养与责任担当、实践创新素养的联系

历史学科核心素养与责任担当素养有密切联系，与实践创新素养有一定程度的内在联系。

责任担当素养与家国情怀素养有直接联系。其中，社会责任要点的重点是"自尊

自律，文明礼貌，诚信友善，宽和待人；孝亲敬长，有感恩之心；热心公益和志愿服务，敬业奉献，具有团队意识和互助精神；能主动作为，履职尽责，对自我和他人负责；能明辨是非，具有规则与法治意识，积极履行公民义务，理性行使公民权利；崇尚自由平等，能维护社会公平正义；热爱并尊重自然，具有绿色生活方式和可持续发展理念及行动等"，其本质是社会主义核心价值观的要求，与家国情怀素养中"认同社会主义核心价值观"的目标要求是一致的。国家认同要点强调树立正确的国家观、民族观、文化观，认同社会主义核心价值观。这与家国情怀素养五个方面要求的前四个是一致的。[1] 国际理解要点的重点是"具有全球意识和开放的心态，了解人类文明进程和世界发展动态；能尊重世界多元文化的多样性和差异性，积极参与跨文化交流；关注人类面临的全球性挑战，理解人类命运共同体的内涵与价值等"，与家国情怀素养中"了解世界历史发展的多样性，理解和尊重世界各国、各民族的文化传统，具有广阔的国际视野"的目标要求具有高度一致性。

实践创新素养中的劳动意识要点包括培养学生的劳动态度、劳动习惯、劳动能力，创新劳动方式，诚实劳动等，主要强调劳动实践。这与历史学科核心素养培养方式中的学科实践活动有一定联系。问题解决要点的重点是"善于发现和提出问题，有解决问题的兴趣和热情；能依据特定情境和具体条件，选择制订合理的解决方案；具有在复杂环境中行动的能力等"。这与历史学科核心素养的培养有较为密切的关系，因为学生历史学科核心素养的发展，绝不是取决于对现成的历史结论的记忆，而是要在解决学习问题的过程中理解历史，在说明自己对学习问题的看法中解释历史。教师要认识到，任何一种教学方法的实施，都在一定程度上与问题的提出和解决有十分密切的关系。技术应用要点的重点是"理解技术与人类文明的有机联系，具有学习掌握技术的兴趣和意愿；具有工程思维，能将创意和方案转化为有形物品或对已有物品进行改进与优化等"。这与历史学科核心素养培养中采取恰当的方式（包括采用先进技术手段，重视规划设计环节）有一定的联系。

在学生发展核心素养中，人文底蕴素养中的人文积淀和人文情怀要点，科学精神素养中的理性思维要点，责任担当素养中的社会责任、国家认同、国际理解要点，都与历史学科核心素养有直接且密切的联系，培养学生的历史学科核心素养本身就是在培养学生发展核心素养中的上述素养。学生发展核心素养中的其他素养和要点涉及学生的学习意识、学习态度、学习习惯、学习策略和方法等，虽然与历史学科核心素养的培养有间接联系，但这些内容是不容忽视的，因为它们对于培养全面发展的人有重要的指导意义和实践价值，在历史教学中应加以重视。它们与历史学科核心素养培养的交汇点在于"组织和开展学科活动"，因为学科活动是学科核心素养形成的主要路径，也是培养与历史学科核心素养和学生发展核心素养有间接联系的素养的途径，在历史教学中组织开展学科活动，蕴含着对这些素养的培养和要点的落实。

总之，理解历史学科核心素养与学生发展核心素养的关系，需要明白学生发展核

---

[1] 朱汉国. 历史学科核心素养释义[J]. 历史教学（上半月刊），2018（3）：3-9.

心素养的内涵和特点，认识和理解历史学科核心素养与学生发展核心素养的价值，从整体关联、具体联系和内在联系的视角看待二者的关系，其中还涉及在历史教学中如何进行具体操作。只有理解历史学科核心素养与学生发展核心素养的关系，才能在历史教学中既培养学生的历史学科核心素养，又培养学生发展核心素养，真正实现历史教学的育人价值。

## 教学关键问题 1-3　如何理解唯物史观是诸素养达成的理论保证

新版课程标准指出，唯物史观是揭示人类社会历史客观基础及发展规律的科学的历史观和方法论，是诸素养得以达成的理论保证。在历史教学中，教师要准确理解唯物史观的内涵，理解唯物史观对其他素养的作用，将唯物史观与其他素养融合，并以此为理论指导进行日常教学设计。

### 一、问题分析

#### （一）唯物史观解析

**1. 唯物史观的内涵**

在唯物史观诞生之前，历史学在长期的发展过程中虽然积淀了大量的优秀历史遗产和宝贵的思想文化遗产，但从总体上看，并未超出以天命史观和英雄史观为代表的唯心史观的范畴，具有一定的时代局限性。以往的历史理论至多只是考察人们历史活动的思想动机，而没有研究产生这些动机的原因，没有探索社会关系体系发展的客观规律性，没有把物质生产的发展程度看作这些关系的根源；以往的理论忽视居民群众的活动，只有历史唯物主义才使我们能以自然历史的精确性去研究群众生活的社会条件以及这些条件的变更。

唯物史观是一个博大精深的理论体系。它科学地揭示了社会结构是由生产力、生产关系和上层建筑三个层次的因素组成的。它阐明了三者之间的辩证关系，既重视生产力对生产关系、经济基础对上层建筑的决定性作用，同时也承认上层建筑对经济基础、生产关系对生产力的能动的反作用。唯物史观还论述了物质生产与精神生产、物质生活与精神生活、社会存在和社会意识之间的辩证关系。这样的思想深度是以往的历史学家和哲学家所未曾达到的，使人类的认识能力发生了根本性变化，使历史学领域发生了革命性变革。唯物史观的基本观点有以下几点：

第一，社会存在决定社会意识。这为认识人类社会的历史演进确立了科学的理论基石。一切历史事件和历史现象都是由人的行为造成的，而人们的行为是由他们的动机、目的和意志支配的。支配人们行动的意识、动机、目的和意志受到社会存在影响。考察历史活动者的意识、动机、目的和意志的发展变化，要从他们个人的生活实践和实际生活体验着手；考察一个阶级、阶层，乃至整个民族共有的意识、动机、目的和意志，要从那个阶级、阶层，乃至整个民族共同经历的生活实践过程和实际生活体验中找到规律。

第二，生产力决定生产关系。生产力是人类在生产实践中形成的改造和影响自然以使其适合社会需要的物质力量。生产关系是人们在物质生产过程中结成的社会关系，主要指人们在生产过程中形成的生产资料所有制关系、劳动和活动的分工与交换关系，以及与之相应的生产成果（包括由劳动创造的生产资料和最终产品）的分配关系和消费关系。生产是一切社会进步的尺度，社会生产力的发展决定人类社会的进程。与一定生产力发展水平相适应的生产关系，构成一定的社会形态和经济结构的现实基础，它规定着社会形态的主要特征。这一观点能够帮助我们更深入地理解人类社会纵向发展、横向发展以及两者之间的辩证关系。

第三，经济基础决定上层建筑。经济基础决定上层建筑，上层建筑又服务和反作用于经济基础，在教学实践中运用唯物史观的这一基本观点，要处理好经济基础和上层建筑之间的辩证关系。例如，《中外历史纲要》专题"1.14 改革开放新时期与中国特色社会主义进入新时代"，在讲到中国共产党十一届三中全会作出的关于全党工作的重点应该转移到社会主义现代化建设上来的决定时，就应该强调指出发展生产力是社会主义的根本任务，而这也正是这一决定的伟大历史意义。

第四，社会形态从低级阶段到高级阶段发展。所谓社会形态，就是生产力发展到一定阶段的经济基础和上层建筑的统一。生产力的发展必然推动生产关系的发展，进而推动经济基础、上层建筑和整个社会形态从低级到高级发展，也就是从原始社会经过阶级社会发展到无阶级的共产主义社会。人类社会从低级社会到高级社会发展的总趋势具有普遍性、规律性特点。

第五，正确运用阶级分析法。阶级是与特定的生产关系相联系的、在经济上处于不同地位的社会集团或人群共同体。唯物史观的阶级斗争学说用生产的发展来解释阶级的起源和阶级关系的变化。正确运用阶级分析法就是要把人类社会的历史当作一个按照一定规律不断发展变化的客观过程，观察、分析和研究任何历史事件和历史人物都要有发展的观点，并且把问题提到一定的范围之内，联系具体条件进行具体分析。

第六，人民群众是历史的创造者。人民群众是物质财富的直接生产者。精神文化的生产不仅决定于物质生产的进步，而且归根到底反映的是以物质生产活动为基础的社会存在。唯物史观在强调人民群众是历史创造者的同时，也非常重视杰出历史人物和领袖人物在历史发展中的作用。

### 2. 唯物史观的课程目标

新版课程标准对于唯物史观素养提出的具体要求是：了解唯物史观的基本观点和方法，包括人类社会形态从低级到高级的发展、生产力和生产关系之间的辩证关系、经济基础和上层建筑之间的相互作用、人民群众在社会发展中的重要作用等，理解唯物史观是科学的历史观；能够正确认识人类历史发展的总趋势；能够将唯物史观运用于历史的学习与探究中，并将唯物史观作为认识和解决现实问题的指导思想。

唯物史观是历史学科核心素养的灵魂。唯物史观作为人类思想发展史上最进步的世界观和方法论，是在吸收了以往人类思想文化领域和思维领域优秀成果基础上的进一步开拓和创新，是迄今为止最为思辨、最具科学性的历史哲学体系，还没有哪种历史观和方法论在研究和解释历史方面比它更周密、更全面、更辩证。① 所以说，它是历史学科核心素养的灵魂。对于此素养的培养目标，一是要求学生学习这一人们认识世界、改造世界的锐利思想武器，向他们普及人们对于唯物史观这一科学历史观的认识，使其尽可能了解这一揭示事物本质、内在联系及发展规律的"伟大的认识工具"；二是要求学生通过对渗透着唯物史观的基本观点、立场、方法的历史课程的学习，从思想上、行动上真正重视理论素养，逐渐形成对理论的浓厚兴趣，自觉致力于科学解释历史和世界；三是要求学生形成鲜明的实践品格，不仅要在历史课程的学习中运用这一"伟大的认识工具"，而且要由历史学习和研究的感性阶段不断向理性认识的高级阶段迈进。

### 3. 唯物史观素养水平划分

新版课程标准对唯物史观素养水平的划分如下：

水平1、水平2：能够了解和掌握唯物史观的基本观点和方法，理解唯物史观是科学的历史观。

水平3、水平4：能够将唯物史观运用于历史学习、探究中，并将其作为认识和解决现实问题的指导思想。

简单来说，水平1和水平2要求学生知道和理解唯物史观，而水平3和水平4则需要学生能够以唯物史观为指导思想，学会在实际问题中运用唯物史观。

### 4. 唯物史观的多重价值

唯物史观传入中国后，史学家将其基本原理与历史研究实际相结合，诞生了中国马克思主义史学。它的科学性和进步意义在于：第一，要求史家研究整体的历史，即对人类社会历史进行系统的和整体的研究。整体意识、全局观念和系统思维是唯物史观所具备的而其他历史观所不具备的优势，这也正是唯物史观的理论魅力所在。第二，人类社会的历史是一个自然发展的过程，带有一定的客观规律性，这些规律是可以被认识的。第三，要求人们用辩证的观点、方法看待人类社会历史的发展。第四，最鲜明地提出了人民群众对于推动历史发展的巨大作用。唯物史观是科学的历史观、世界观和方法论，作为历史学科核心素养的重要内容，对提升高中历史课程的教育水平和完善学生的自身素质，完成立德树人根本任务，均具有重要的意义。②

"唯物史观"一词在新版课程标准中分布在不同板块，各板块的不同表述反映了唯物史观在课程教学中的多重价值。首先，它是历史学研究的指导思想。在分析历史现象与过程的客观性、规律性问题，社会发展的动力和因素及各因素之间的关系等问题时，马克思发现了人类物质生产实践活动和生产能力的增长，是推动人类社会历史从低级向高级发展的根本动力和终极原因，使人类对自身社会历史规律的科学认识达到了空前的高度。③ 其次，唯物史观是中学历史课程实施的指导思想。新版课程标准指

---

① 徐蓝，朱汉国. 普通高中历史课程标准（2017年版2020年修订）解读［M］. 北京：高等教育出版社，2020：58.

② 徐蓝，朱汉国. 普通高中历史课程标准（2017年版2020年修订）解读［M］. 北京：高等教育出版社，2020：51-52.

③ 庞卓恒，李学智，吴英. 史学概论［M］. 北京：高等教育出版社，2006.

出，历史课程要以唯物史观为指导，对人类历史发展进行科学的阐释。唯物史观深刻地影响了我国中学历史课程内容的选择及呈现方式，统编高中历史教材《中外历史纲要》的编写，就是在唯物史观的指导下，采取了通史的叙事方式，精选了有利于培养学生唯物史观的历史知识。再次，唯物史观是高中历史课程最重要的目标。新版课程标准在"学科核心素养与课程目标"和"学业质量"中，重点阐述了唯物史观的课程目标内涵和学业质量水平要求。在历史学科核心素养体系中，唯物史观是其他素养达成的理论保证，是学生形成正确价值观的保障，这是唯物史观最重要的课程价值。最后，唯物史观还是高中历史课程的内容之一。选修课程模块1史学入门的内容要求中有"唯物史观与历史研究"一目，这说明唯物史观还作为学习内容进入课程标准。

总之，唯物史观在高中历史课程中既是理论、立场，又是目标、内容。它不仅是教材编写的指南，也是教师教学实践的指南；不仅是学生的学习目标，还是学习内容。[1]

### （二）唯物史观和其他素养之间的关系

徐蓝教授指出，唯物史观是诸素养的灵魂和得以达成的理论保证。[2] 唯物史观是学习和探究历史的核心理论和指导思想，是学生应该具备的立场、观点和方法，是历史学科核心素养体系的灵魂。虽然历史学科核心素养的五个方面出于表述的需要是分开呈现的，但在实际教学中却是不可分割的，唯物史观和历史解释是交互作用、相伴相长的。无论是史料实证还是历史解释，在日常教学中教师都需要引导学生从历史发展的角度理解历史的变迁，唯有如此才能对历史形成客观、辩证、正确的认识和评判。

### （三）唯物史观素养教学存在的问题

唯物史观使历史成为一门科学，只有运用唯物史观的立场、观点和方法，才能对历史有全面、客观的认识。但在平时的历史教学中，唯物史观素养的培养也存在一些问题。

首先，21世纪以来，各种史学新观念、史学研究新成果（如全球史、文明史、社会史）等涌入中学历史课堂，这些新的历史研究范式或视角给历史教学带来了新的视野，但是由于一些范式或视角并未经过马克思主义的科学分析，容易造成师生在历史认识上的混乱。

其次，部分教师将唯物史观素养的培养独立于其他素养之外。由于教师缺乏对唯物史观内涵的透彻认识，缺乏运用唯物史观解决历史问题的具体活动开发，在实际的教学活动中，唯物史观教学似乎"自成体系"，没有与其他素养很好地结合起来培养，没有体现"唯物史观是诸素养得以达成的理论保证"这一重要地位。[3]

### （四）培养学生唯物史观素养的必要性

首先，唯物史观揭示了人类社会的发展规律和客观基础，是社会发展的方法论和

---

[1] 李付堂，夏辉辉．普通高中历史课程标准视野下唯物史观的教学分析［J］．天津师范大学学报（基础教育版），2021（2）：11-15.
[2] 徐蓝．基于历史学科核心素养的课程结构与内容设计［J］．人民教育，2018（8）：44-52.
[3] 李付堂，夏辉辉．普通高中历史课程标准视野下唯物史观的教学分析［J］．天津师范大学学报（基础教育版），2021（2）：11-15.

科学历史观。学生只有积极掌握唯物史观的基本观点和方法，才能形成正确认识、评价历史人物和历史事件的能力，理解社会发展规律。高中历史教学应要求学生针对历史事件提出自己的看法。

其次，高中阶段是高中生形成正确世界观、人生观和价值观的重要时期。学生只有掌握唯物史观，才能构建正确的历史认识，对历史给予全面客观的评价，树立科学、辩证的思维方式。

## 二、解决策略

唯物史观是诸素养得以达成的理论保证，要从根本上理解这一点，就必须明白唯物史观对其他素养的作用，以及如何与其他核心素养进行融合。

### （一）唯物史观对其他素养的作用

#### 1. 对时空观念素养的作用

时空观念是在特定的时间联系和空间联系中对事物进行观察、分析的意识和思维方式。任何历史事物都是在特定的、具体的时间和空间条件下发生的，只有在特定的时空框架当中，才能对史事有准确的理解。时空联系方法是达成该素养的关键，它决定着能否理解史事，能否形成这样的意识和思维方式。

首先，唯物史观要求历史教学关注时间和空间的辩证关系。在平时的教学实践中，时空联系主要利用时间轴、历史地图等方式来揭示历史事物的时序性和空间性，在形式上把时空与历史时序和历史地理的客观经纬对应。然而这样并不能深入理解时空概念，因为忽视了二者辩证统一的关系，只是一种简单化的时空观。从历史学科核心素养五个方面的关系来说，唯物史观素养是诸素养得以达成的理论保证，对时空观念应有内在的"规约"。鉴于历史唯物主义的时空观是时间性和空间性相统一的辩证时空观，因而关注时间和空间的辩证关系理应是贯彻唯物史观的内在要求，也是全面达成时空观念素养不可或缺的重要维度。

其次，唯物史观本身就是在特定的时空条件下出现的。时空是认识社会历史的重要维度，时空观念规范和制约着人的认识。马克思正是立足于资本主义这个特定的历史条件，从时间和空间的辩证统一关系上揭示了资本主义的运行规律，科学地解释了人类社会发展的基本趋势，从而创立了唯物史观。唯物史观视野中的时空，更重要的是具有社会特性，是社会时空。它是经由人类实践改变时空的"自然属性"而创造出来的，与人类社会的历史一起出现。[1]

#### 2. 对史料实证素养的作用

史料实证是指对获取的史料进行辨析，并运用可信的史料努力重现历史真实的态度与方法。唯物史观是指引学生形成正确的历史观和方法论，史料实证只有在唯物史观的指导下，才能以求是、科学的态度认识过去、立足现在、展望未来。

---

[1] 沈克学. 时空观念的重要维度：时间和空间的辩证统一 [J]. 历史教学（上半月刊），2020（12）：43-50.

首先，唯物史观作为一种科学的世界观和方法论，在很大程度上就是遵从事实，从材料出发并论从史出。就历史研究而言，"唯物"一定程度上可以理解为"史料实证"。注重证据意识本身就是一种"唯物"的表现。史料实证精神实际上是一个求真求实、论从史出的科学探索精神。而马克思主义唯物史观也强调，历史发展不以研究者的主观意愿为转移，历史研究必须从客观事实出发，充分研究材料，揭示其内在联系。从历史研究角度看，史料实证精神吻合了马克思主义唯物史观，唯物史观的态度和方法也是史料实证的指导思想。

其次，唯物史观影响史料的选择和运用。若是以唯心史观为指导，人们可能会在历史发展进程中更多地强调个人的作用，而在唯物史观指导下，教师则会去选择多种史料来证实，历史的发展是多种因素综合作用的结果。例如，在分析秦灭六国的原因时，就不能用单一史料过分夸大商鞅变法的历史作用，而应引用秦襄公、秦穆公、秦孝公治国理念的开放性、务实性、进取性的系列图文史料，引导学生从长时段、从全局的角度认识商鞅变法是秦百年来践行治国理念的缩影，秦灭六国是时代势能的结果，更是经济基础和人民群众推动的必然结果。只有这样透过现象看本质，才能全面客观地看待历史，才是唯物史观的认识论和方法论。

### 3. 对历史解释素养的作用

历史解释是指以史料为依据，对历史事物进行理性分析和客观评价的态度、能力与方法。所有的历史叙述在本质上都是历史解释，即便是对基本事实的陈述也包含了陈述者的主观意识。由于其主观性比较强，因此它必然要求以一定的历史观为指导，恰恰唯物史观就是其最为思辨、最具科学性的指导原则和灵魂，同时亦蕴含了以家国情怀为集中体现的价值观。

唯物史观指导和统摄历史解释，影响对历史进行解释的方法选择。历史解释需要进行理性分析和客观评价，而这也正是唯物史观所强调的内容。对于历史解释的方法，我们要从多个角度进行分析。例如，唯物史观强调经济基础决定上层建筑，所以经济方面，尤其是生产力的变化发展显得尤为重要。我们在解释春秋战国时期社会变革的原因时，从根本上应该分析铁犁牛耕的出现和推广对生产力发展的促进作用。又如，在解释新航路开辟后欧洲殖民扩张的影响时，我们常常运用马克思和恩格斯关于"破坏性"和"建设性"的双重理论进行历史解释和判断。

### 4. 对家国情怀素养的作用

家国情怀是学习和探究历史应具有的人文追求，体现了对国家富强、人民幸福的情感，以及对国家的高度认同感、归属感、责任感和使命感。在古代宗法制影响下，"家国同构"的观念出现，它将家庭、国家以及家族紧密联系在一起。我们要着重培养学生的家国情怀素养，让他们从历史角度及层面对国家产生认同感。同时在了解中华民族发展历程后能够尊重并认可中华文化的价值及重要性，对世界多元文化形成准确判断，以达成历史教学的最终目标。

首先，唯物史观素养有助于学生加深对家国情怀的理解。在现今高中历史教学中，学生对历史知识的学习主要来源于教师的课堂教学，他们的思想观念及认识会受到教师思想观念的极大影响。同时由于学生全面、客观认识事物的能力还较为缺乏，如果教师在教学中没有用唯物史观的方法对其进行引导，就容易让他们的历史价值观产生偏激现象，进而就无法站在全面、客观的角度上去看待历史事件。例如，李鸿章谈判这一事件发生时，我国正处于弱势地位，在谈判桌上自然就无法占据优势，只能尽可能挽救损失。但是一些学生从主观意识出发认为李鸿章贪恋权势，为了敛财升官不惜出卖自己的人格。还有一些学生认为李鸿章是汉奸、卖国贼，他的存在使得中国失去了大量国土。这时就需要教师对学生进行引导，帮助他们正确认识这一事件，以及当时的时代背景、发生的具体事件，从全局观上去看待这一事件，从而得出一个更为合理的结论。又如，在分析义和团运动时，我们能看到他们的盲目排外和对清政府的盲目信任，但同时运用唯物史观的方法，辩证、全面地看待义和团运动，我们就可以看到其出发点都是为了挽救民族危亡，体现出他们深深的爱国之情，也能帮助学生体会和培养这种为了民族存亡而奋起抗争的伟大爱国主义精神。因此，从这个角度说，运用唯物史观的方法，更有利于加深学生对家国情怀的理解，更有利于科学地培养学生的家国情怀素养。

其次，唯物史观有助于拓展家国情怀。唯物史观是高中历史教学的基本视角和基本路径，为家国情怀的落实提供了方法和思路。只有结合历史发展规律，才能在历史发展的大方向大格局中培养学生的家国情怀。因此，只有建立在唯物史观基础上的家国情怀才是历史学科应有的教学立意。历史是不断发展和变化的，我们需要基于历史的发展和变化拓展家国情怀的形成路径。以教授"非暴力不合作运动"为例，印度民族英雄甘地采用这种特殊的方式来取得民族解放，有其深刻的历史原因和现实原因。印度种族混杂、种姓隔离、宗教多样，且英国又对其实行分而治之的殖民政策。甘地的爱国情怀是有目共睹的，但我们也发现，在民族斗争的程度超越非暴力时，他也表现出一定的无奈和恐慌，他从骨子里固守传统生活和生产方式，对近代文明也有些"敬而远之"，这些在当时的历史和现实背景下都是可以理解和接受的。因此，甘地的爱国情怀是根植于历史背景下的历史表达。

### （二）唯物史观与其他核心素养的融合

#### 1. 与时空观念素养的融合

历史事件离不开时间、空间的表达方式。时空观念和其他核心素养一样，在课堂教学中常常被提及，但是基于唯物史观将二者进行融合运用，相对来说比较有挑战性。这要求教师对唯物史观的内涵有更高层次的运用，以唯物史观为指导，梳理出重要的时间、空间线索和发展历程，概括不同历史时段的阶段特征，在此基础上建构起来的时空观念，对学生进行历史理解和评价等具有基石作用。

#### 2. 与史料实证素养的融合

史料实证是历史教学的重要载体和手段，教师在选择史料时要注意对史料的甄别和判断，要实事求是，科学求真。不要为了印证自己的观点而掐头去尾、颠倒顺序，曲解作者的意思。对于教师来说，这是必备的教学基本功；对于学生来说，这有助于他们从不同类型的史料中提取有效历史信息，在对历史信息进行分析整合的基础上对问题进行探究，从而建构对历史的理解和评价，形成实证意识。

### 3. 与历史解释素养的融合

历史解释在高中历史学科核心素养中是比较高的素养要求，也是学生获取历史认识的一个重要途径。在唯物史观的方法论前提下，结合历史解释是非常必要的，也是很有意义的。历史解释倾向于对历史的理解和认知，这种理解和认知应该基于唯物史观的一系列原理和精神。只有以唯物史观为指导，学生才能对一个个重大历史问题进行科学的历史解释。

### 4. 与家国情怀素养的融合

在历史教学中，一些教师可能会产生困惑：家国情怀作为一种价值追求和精神体悟，相对于其他素养而言，似乎在课堂中更难落实。历史作为载体，传承了中华上下五千年的优秀文化。因此，我们必须重视传统文化的传承和发展，运用不同的教学学模式和方法，帮助学生树立正确的世界观、人生观和价值观，加强学生的爱国意识和民族意识，促进学生全面发展，从而激发学生的社会责任感。所以，家国情怀的培养有时不需要在教学设计中刻意去讲述或拔高，这其实是一种水到渠成的过程。但家国情怀素养的培养需要唯物史观的科学指导，唯物史观素养的培养在某些方面也需要依托家国情怀的材料和意识。

总之，唯物史观是诸素养得以达成的理论保证，通过理解唯物史观的内涵及其对其他素养的作用，我们更能深刻体会这句话的内涵。在历史教学中，教师要明晰唯物史观的内涵，理解其重要作用，并以此为理论指导进行日常教学设计。

## 教学关键问题 1-4　如何理解时空观念是诸素养中学科本质的体现

时空观念在历史研究和历史教学中均有重要地位。史学家邓广铭提出了研究历史的四把钥匙——年代学、历史地理、职官制度和目录学。其中，地理知识的准确与否直接影响着对历史知识或现象的空间定位，也直接决定着对历史知识、现象的准确理解。年代学使历史知识或现象有准确的时间定位，更加有史序。运用时空观念进行历史教学受到各国的重视。例如，《美国国家历史课程标准》规定：如果没有历史地看待时间的明确意识，学生肯定会把诸多事件看作一大堆杂乱无章的东西，没有强烈的年代学意识，学生就不可能考察它们之间的相互关系或理解历史因果联系。在各级考试中，对学生时空观念的考查也占了很大比例。那么，如何理解时空观念的内涵，在教学中如何培养学生的时空观念呢？

### 一、问题分析

#### （一）时空观念内涵阐释

新版课程标准指出，时空观念是在特定的时间联系和空间联系中对事物进行观察、分析的意识和思维方式。任何历史事物都是在特定的、具体的时间和空间条件下发生的，只有在特定的时空框架当中，才可能对史事有准确的理解。高中历史课标组组长徐蓝分别对时间观念和空间观念做了阐释：时间观念是将历史事物放在历史发展的长河中进行考察，观察、理解、认识历史发展的全过程，辨明它在每个发展阶段有什么新特点，寻找前一过程转变为后一过程的原因；空间观念是了解历史事件、历史人物和历史现象所发生的地点、区域、范围等，这是历史上人类活动的场所和舞台。通过具体的空间定位，进而观察历史发展过程中的政治、经济、军事、外交、社会、文化、意识形态等各个方面，理解、认识它们之间的相互关系及其总的特点。

新版课程标准对时空观念的具体课程目标是：知道特定的史事是与特定的时间和空间相联系的；知道划分历史时间与空间的多种方式，并能够运用这些方式叙述过去；能够按照时间顺序和空间要素，建构历史事件、历史人物、历史现象之间的相互关联；能够在不同的时空框架下对史事作出合理解释；在认识现实社会时，能够将认识的对象置于具体的时空条件下进行考察。

时空观念的学业质量水平 3 的要求是：能够把握相关史事的时间、空间联系，运用特定的时间和空间术语对较长时段（如古代、近现代）、较大范围（如跨国家、跨地区）的史事加以概括和说明；在对历史和现实问题进行独立探究的过程中，能够将其置于具体的时空框架下；能够选择恰当的时空尺度对其进行分析、综合、比较，在此基础上作出合理的论述；能够根据需要并运用相关材料和正确方法，独立绘制相关图表，并加以说明。

对时空观念素养的要求就是从知道（时空联系、划分方式）到做到（建构历史史事、解释历史问题、考察现实问题）再到提升时空意识的过程。

### （二）时空观念的意义

时空观念是感知历史的基础。只有依赖时空观念才能把时间和空间结合，才能把古今历史知识贯通起来，并且加以比较，进而发现规律，形成正确的认知。因此，时空观念素养是学习历史的一种基本方法和基本能力。

时空观念是培养能力的途径。历史的时空观念是将所认识的史事置于具体的时空条件下进行观察、分析的观念。掌握时空观念是学生学好历史的基本要求，也是培养学生思维能力的基本途径。

时空观念是得出结论的前提。历史研究对象是人类的过往经历，历史的连续性首先表现为时序性。教师要帮助学生建立起清晰的时间概念，使学生在考虑每个历史问题时都要想到它所处的时间。只有时间定位准确，才能联系这个时代进行分析，才能让自己站在那个时代的高度，得出的结论才不会脱离历史。

时空观念是理解认识的依据。历史随时间流动而发展，又在一定的空间中演绎。在人类历史长河中，国家和地区的经济、政治、军事、民族、文化等无不在一定的时间和空间中发生。时空观念可以培养学生在一定时空下将历史信息进行整合的能力，进而上升到对历史的理性认识。

历史学科的时空观念包括历史时序的观念和历史地理的观念，这两者是历史学科的本质表现，是学习、研究客观历史的基本意识和方法，因此在历史学科核心素养体系中居于基础地位。历史学习必须遵循历史发展的纵向和横向规律。纵向规律就是所谓的时间概念，即以时间为依据探索历史由低级向高级发展的基本规律，遵循历史发展的时序性特征，对处在不同发展时段的历史现象进行垂直比较。横向规律就是所谓的空间概念，即以地域为基础，把处在同一时段的历史现象进行水平比较，寻找每个历史现象之间的共通性和特殊性。历史教学应实现时间与空间的结合，古今贯通，纵横比较，使学生形成正确的历史意识。

## 二、解决策略

### （一）以历史时序的观念为角度的策略

1. 了解历史时间的表述方式。

历史时间的表述方式有三种，即微观、中观、宏观（表1-4-1—表1-4-3）。

表1-4-1 微观时间表述方式

| 时间 | 表述方式 |
| --- | --- |
| 1949年10月1日 | 公历纪年 |

续表

| 时间 | 表述方式 |
|---|---|
| 贞观三年、光绪二十年 | 年号 |
| 甲午、戊戌 | 天干地支 |
| 民国26年 | 民国纪年 |
| 南昌起义 | 事件 |

表1-4-2 中观时间表述方式

| 时间 | 表述方式 |
|---|---|
| 18世纪60年代 | 世纪、年代 |
| 第一次工业革命、洋务运动、大萧条 | 历史事件的时间段 |
| 汉武帝时期、唐太宗时期 | 历史人物的时间段 |
| 西汉时期、明清时期 | 王朝时间段 |
| 罗马共和国时期、罗马帝国时期 | 国家政治体制 |

表1-4-3 宏观时间表述方式

| 农业文明、工业文明 | 人类文明程度 |
|---|---|
| 原始社会、奴隶社会、封建社会、资本主义社会、社会主义社会 | 人类社会形态 |
| 上古史、中古史、近代史、现代史 | 世界历史分期 |

2. 利用大事年表

依据时间顺序编制历史大事年表，通过大事年表（时间轴），强化对历史知识的时序性和阶段性的掌握，加深理解历史事件的因果关系（表1-4-4）。梳理中外共时性大事年表，分析中外共时性问题。

表1-4-4 部分大事年表

| 年份 | 事件 | 前因 | 后果 |
|---|---|---|---|
| 1840 | 第一次鸦片战争 | 英国工业革命 | 1842年《南京条约》 |
| 1860 | 签订《北京条约》 | 1856—1860年第二次鸦片战争，1858年签订《天津条约》，1860年清政府战败 | 洋务运动 |
| 1900 | 八国联军侵华 | 1897年德国抢占胶州湾，帝国主义掀起瓜分中国狂潮；1899年美国提出"门户开放"，义和团运动 | 1901年签订《辛丑条约》，清末新政 |
| 1920 | 共产党早期组织 | 1919年五四运动 | 1921年中共一大召开 |

续表

| 年份 | 事件 | 前因 | 后果 |
| --- | --- | --- | --- |
| 1930—1934 | 反"围剿" | 1927年南昌起义、秋收起义，建立井冈山革命根据地；1928年国民党形式上统一全国 | 1930—1933年，第一次至第四次反"围剿"均取得胜利；1934年第五次反"围剿"失利，红军被迫开始长征 |

3. 掌握划分空间的方式

（1）知道常见的地理名称，如西域、塞北、河西、关中、中原、巴蜀、江南、岭南等。

（2）知道行政区的划分，如诸侯国、郡、县、省、道等。

（3）知道历史空间的要素：地理位置、地理环境、社会环境（政治、经济、文化、军事等）等。例如，井冈山根据地的空间要素如下：

地理位置：江西和湖南交界处的井冈山。

地理环境：罗霄山脉中段。

社会环境：政治上，井冈山远离城市，敌人力量薄弱，受国民革命影响深，群众基础好；经济上，井冈山一带物产丰富，便于筹粮筹款；军事上，井冈山地区地势险要，易守难攻。

（二）以历史地理的观念为角度的策略

1. 读图说史

根据"历史地图"的内容来定位历史事件的时间范围和空间位置。例如，可以先指导学生从整体上观察地图，包括地图名称、具体时间和空间的四至范围，然后引导学生弄清地图中每个标识的确切含义，如文字标注、路线方向、图例解释等，做到点、线、面相结合，颜色、符号、文字相统一。这有助于学生提取"历史地图"中的关键信息，并用与时空观念有关的概念术语表达出来，从而达到学业质量水平1的要求。

2. 据史构图

用课本文字叙述去补充完善"历史地图"内容，以加深对历史事件的时空认识。"历史地图"往往与课本知识紧密配合，相互印证，可以引导学生认真阅读课本知识，分析相关"历史事件"产生的原因、经过、结果、影响和意义，从而使学生对"历史地图"的理解更加完整立体、生动形象，这样也就完成了时空观念素养学业质量水平2的目标。

3. 比较地图

通过对"历史地图"的前后变化进行对比、分析、解释来发展学生的时空观念。例如，可以指导学生从长短时段、大小范围、整体与局部、静态与动态等多维角度对一幅或多幅地图进行分析，体会时间与空间的不断发展、相互联系和多方变化，从而形成对历史事件的完整认识，达到时空观念素养学业质量水平3和4的要求。

除以上策略外，在具体的历史教学中，教师还要引导学生在不同的时空框架下对历史事件做出合理解释。例如，要动态地审视历史事物的发展性；要整体地考察历史事物；要洞察历史发展趋势，认清历史方位和时代主题。

## 三、实践案例

### （一）利用历史时间轴深化知识的纵横联系，拓宽视野

时间的连续性使其具有共时性和历时性特点。基于同一时间节点的史实共用同一时间点，奠定了横向联系的基础；基于不同时间段中的史实在演变中分享了时间的连续性，奠定了纵向归纳的基础。时间轴兼具横纵联系的优点，正如梁启超所说："是故善治史者，不徒致力于各个之事实，而最要着眼于事实与事实之间。""有许多历史上的事情，原来是一件件的分开着，看不出什么道理；若是一件件的排比起来，意义就很大了。"时间轴就能起到这样的作用。以西方近代化为例。

【案例】西方近代化

西方近代化是高中历史教学中的一个重要内容，仅仅掌握新航路开辟、各国政体、文艺复兴、宗教改革、启蒙运动等一系列基础知识还远远不够，必须拓展深化对知识的理解，并在此基础上进一步建立知识之间的内在联系，形成完整的知识体系。西方近代化时间轴如图1-4-1所示。

| | 14世纪 | 15世纪 | 16世纪 | 17世纪 | 18世纪 | 19世纪 |
|---|---|---|---|---|---|---|
| 政治 | | | | 英国资产阶级革命 | 法国大革命 英国责任内阁制形成 美国民主共和制确立 | 德意志帝国建立 法兰西共和政体确立 |
| 经济 | 资本主义萌芽 | 新航路开辟 | | 荷兰海上马车夫 | 工业革命 | 第二次工业革命 |
| 思想 | | 文艺复兴 | 宗教改革 | | 启蒙运动 | 马克思主义 |
| 科技 | | | | | 牛顿科技成就 | |

图1-4-1 西方近代化时间轴

基于以上时间轴，围绕西方近代化的三条纵向主线——经济市场化、工业化，思想人文化、多元化，政治民主化、法制化，教师可以设置以下问题：

（1）依据时间轴并结合所学，概括资本主义世界市场形成的特点，以及你对资本主义世界市场形成的规律性认识。

（2）文艺复兴、宗教改革、启蒙运动的主要思想是怎样体现人文主义继承性的？近代思想解放与科学发展的关系如何？

（3）近代西方资本主义政体呈现出明显的统一性与多样性特色，你如何理解？试举例说明。

学生回答后，教师提升总结：西方近代化的表层线索是"思想上的启蒙运动—政治上的资产阶级革命—经济上的工业革命"，底层逻辑是"工商业发展，资产阶级兴起—提出新的政治诉求—表达民主自由的观念"。这样就把基于一个个静态时间"点"上的历史事件串联成动态时间曲"线"，同时结合问题的分析理解及教师的提升总结，动态地、长时段地观测历史发展趋势，可以有效提高学生的时空观念和历史解释素养。

学习历史还要把握各个历史事件的横向联系：随着新航路的开辟和殖民扩张，资本主义经济迅速发展，资产阶级队伍壮大，要求获得更多的政治权力，发展资本主义，建立民主政体。资本主义发展要求打破封建教会和王权专制的束缚；文艺复兴、宗教改革和启蒙运动解放了人们的思想，为资产阶级代议制的确立构筑了理想蓝图。人文主义的发展和代议制政体的确立都为资本主义工业化的到来奠定了社会基础。

认识历史必须超越对局部社会时空的理解，把局部历史现象放在更为宽广的历史视野中去考察，进而作出解释。中国近代化与西方近代化对比的时间轴如图1-4-2所示。

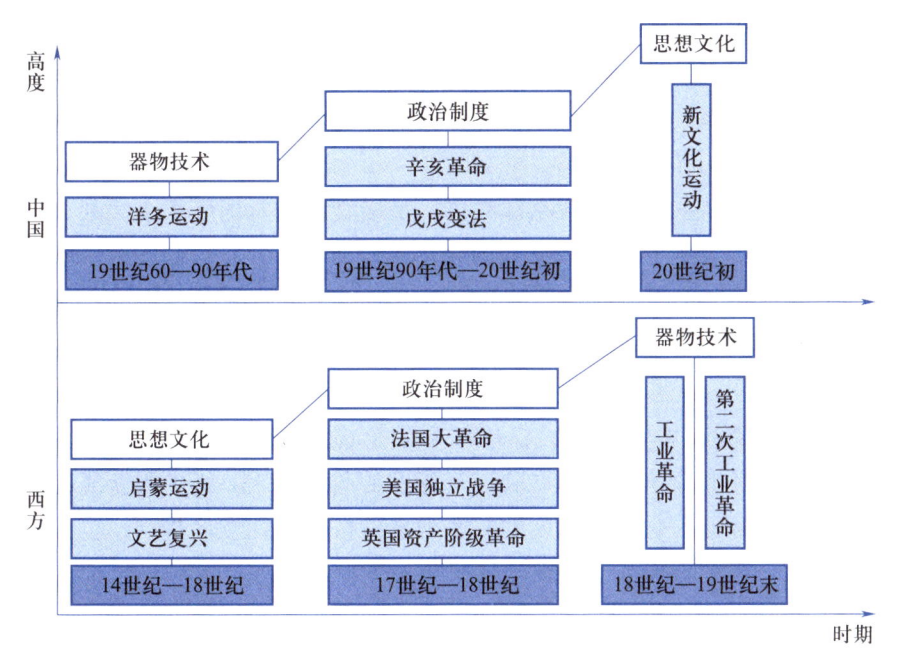

图1-4-2　中国近代化与西方近代化对比的时间轴

**提问**：依据示意图，结合所学，说明西方近代化的特点。

**学生思考回答**：西方近代化经历时间长，进行得很充分；西方近代化是从思想革新开始的，在文化启蒙充分发展后才有各国的革新运动，近代化是深刻的；在西方近代化进程中，各国政府有主导地位，是从思想上自下而上后，形式上自上而下完成的；西方近代化进程伴随着侵略和战争，通过对外侵略，极大地推动了近代化进程。

（二）利用时序解释历史的因果关系

真正的时间，实质上是一个不断变化的连续统一体。时间的这种连续性使得史实之间具有了因果关系。历史学的基本任务之一就是探讨事件发生的原因。但由于各种原因，历史的因果关系常常被篡改，这时利用一组有说服力的时序性材料，就能拨开迷雾，还历史以公正。例如，曾有一位外国教授指责义和团"毁电线""拆铁路"是"敌视现代文明"，认为义和团敌视和肆意撞毁现代文明在前，八国联军进军在后，这个次序是历史事实，无法也不应修改。弦外之音是八国联军侵略有理。这位教授十分强调事件发生的先后顺序，其目的在于突出前因后果的关系，从而证明自己的论点确凿无误。

这种观点是否正确呢？我们看一下义和团毁电线、拆铁路的史实纪要，即可知答案。

1900年5月9日，义和团渐及京师，清政府命令步军统领衙门设法禁除之。

1900年5月27日，义和团两三万人进占京西南重镇涿州。

1900年5月31日，英、美、日、法等国以保护使馆为名，派水兵三百余名乘火车自天津强行入京。

1900年6月9日，大批义和团聚集京郊，毁京津铁路、电线。

1900年6月10日，英国海军提督西摩尔率八国联军两千余人自天津向北京进军，因铁路被毁，随修随行，行动迟缓，同日抵达杨村。

1900年6月12日至18日，义和团与爱国清军在廊坊至落垡一带抵抗八国联军入侵。八国联军败退。

从以上材料可知，义和团拆毁京津铁路，是接受此前八国联军水兵乘火车强行入京的教训，目的是阻止西摩尔率大批八国联军入侵北京，并且收到实效。所谓义和团"敌视和肆意撞毁现代文明在前，八国联军进军在后"的说法是错误的。义和团拆铁路、毁电线，是一种阻止敌人机动作战和快捷通信的战术，与"敌视现代文明"没有关系。

又如，1896年签订《马关条约》，1898年发生戊戌变法，显然，变法是民族危机刺激下的产物，并不是资本主义发展到一定程度的政治要求。将中国恢复在联合国的合法席位与中美关系正常化前后发生的一系列事件按照时间顺序排列，也不难发现其中的因果关系。

随着历史课程内容的逐渐增多，按照历史发展的时间顺序思考问题日趋重要。时序思维是解释历史的发展和演变的前提，也是阐述历史的基本思维方式。

(三) 利用历史时序培养学生的多角度思维能力

多角度思维是历史解释的一个重要部分。它是根据已有的信息，从不同角度思考，从多方面寻求多样性答案的一种展开性思维活动。利用一组时序性材料使学生学会由此及彼、由局部到整体，联系、联想与之相关的事物，多角度思维，无疑会使学生对事物的认识更加深刻全面。

上海市历史特级教师李惠军在"俄国十月革命"一课中给学生呈现了以下时序性材料：

1917年3月8日，9万群众在涅瓦大街集会；3月9日，20万群众在涅瓦大街集会；3月10日，彼得格勒工人总罢工；3月11日晚，600名士兵起义；3月12日午，

25700 名士兵起义；3 月 12 日晚，66700 名士兵起义。

1917 年 3 月 15 日午夜，沙皇签署退位宣言，罗曼诺夫王朝崩溃，俄国沙皇体制终结。

1917 年 11 月 7 日，临时政府被推翻，布尔什维克掌权。

李老师采用短时段的大事记，以小见大，巧妙地将历史进程中的微妙变化凸显出来。其设计特别注意挖掘史料的细节，材料中的时间、数字、阶层渲染出俄国革命的紧张气氛，富有现场感。学生容易神入当时的情境感受革命排山倒海般的气势。

针对这则材料，教师可以带领学生继续挖掘其教学价值，引导学生从多角度对大事发问，从而深化学生对课题的理解。例如，可以抛出以下问题：

（1）为什么是从群众、工人到士兵的顺序？

（2）两次政权的倒台分别是什么革命？各有何意义？

（3）为什么所有的起义都集中在彼得格勒？

（4）沙皇的军队到哪里去了？士兵起义的组织者是谁？为什么一开始不是布尔什维克掌权？不是说士兵都上前线了吗？他们在哪里起义？

（5）群众游行示威的真实原因是什么？士兵起义的真实目的是什么？农民在干什么呢？370 年的沙皇体制那么容易倒吗？

上述问题可以引起学生的探究欲望，激发学生跟历史对话的兴趣，历史学习变得更有趣味，也更加逼近历史真相。

### （四）利用历史时序培养学生的批判性思维能力

批判性思维是对自己和他人的思维进行仔细反思，决定是否应当采纳别人的主意的独立主动的思维能力。做出这一决定的标准是支持这种意见的论据或证据是否充分。在日常教学中，如果历史教师通过展示一些具有思维冲突的时序性材料，得出不同结论，无疑会扩大学生视野，帮助学生形成批判性思维，培养学生论从史出、史论结合的能力。以民族资本主义发展为例。

**【案例】民族资本主义发展**

第一次世界大战后中国民族工业的发展状况，我们经常接触到的传统观点是：第一次世界大战结束后，欧洲列强卷土重来，整个民族工业迅速萧条。事实怎样呢？第一次世界大战后的中国民族工业是迅速萧条、一蹶不振，还是处于持续发展之中呢？我们可以选取相关材料进行展示，以当时最有代表性的实业家张謇为例。

1901 年创办通海垦牧公司

1902 年创办通州师范学校

1903 年筹建吕四盐业公司、渔业公司

1905 年创建南通博物苑

1906 年创建吴淞商船学校

1907 年参与创设中国公学

1912 年创建盲哑学校

1913 年营筑军山气象台

1919年建更俗剧场、伶工学社

1920年组织苏社

从以上材料可以看出，将以张謇为代表的实业家创办的民族资本主义企业在第一次世界大战后走向萧条的原因简单归结为列强卷土重来，似有不妥。张謇急于建立庞大的企业体系，投资领域过于宽泛，结果资不抵债，企业亏损严重，1925年企业宣告破产。胡适对张謇就有这样的评价：张季直（张謇）先生在近代中国史上是一个很伟大的失败的英雄……他独立开辟了无数新路，做了三十年的开路先锋，养活了几百万人，造福于一方，而影响及于全国。终于因为他开辟的路子太多，担负的事业过于伟大，他不能不抱着许多未完的志愿而死。

以上有关张謇的时序性材料取自南通市张謇纪念馆，教师对其稍加改造后运用到历史课堂上，则可拓宽历史解释，培养学生的批判性思维能力。

总之，时空观念的落实并非一朝一夕之功。高中历史教学既要以时序为经，梳理历史知识的纵向联系，又要以时段为纬，中外关联，关注不同地域、民族、国家和社会各层面之间共时性历史知识的横向联系。教师要在教学中潜移默化地影响学生的时空意识，积极引导学生在时空观念下认识和思考历史问题。

## 教学关键问题 1-5　如何理解史料实证是诸素养得以达成的必要途径

培养学生的史料实证素养是当前历史教学的必然趋势和应有之义。新版课程标准提出，史料实证是诸素养得以达成的必要途径。但当前的历史教学大都不是教师引导学生通过对所选史料的甄别、辨析和解读得出科学解释的史料教学，而是通过对史料的生搬硬凑来形成固有结论或用观点论证观点的材料教学。教师要想通过教学培养学生的史料实证素养，需在全面理解史料实证概念和内涵的基础上，准确把握史料实证素养和其余四个核心素养之间的关系，构建通过史料实证达成培养历史学科核心素养的科学路径。

### 一、问题分析

#### （一）史料实证的概念及内涵

##### 1. 史料实证的概念

新版课程标准将史料实证定义为对获取的史料进行辨析，并运用可信的史料努力重现历史真实的态度与方法。可见，努力重现历史真实的史学态度和史学方法是史料实证素养的核心要义。基于此认识，对史料实证内涵的理解可以从这两个方面进行挖掘。

##### 2. 史料实证的内涵

无论是史学态度还是史学方法，都要围绕史料的搜集运用而行。史料是指能够记录或反映过去发生、存在过的事情的文字记载和一切物品。它既是我们重现历史真实的证据，更是我们评析历史事物的基石。史料实证是态度和方法的辩证统一。态度是人们在自身道德观和价值观基础上对事物的评价和行为倾向。史学态度是指在历史学习和研究中坚持正确的思想导向和价值判断，求真、求实和求证是其外在的集中体现。培养学生的史料实证素养就是要培养学生对事件真实性的关注和重视。在教学中，教师应引导学生以求真为标、求证为法，形成实证精神和对待历史与现实问题实事求是的科学态度。方法是指为获得某种东西或达到某种目的而采取的手段与行为方式。史料实证需要的史学方法主要体现在四个方面：一是收集和整理史料的方法。包括史料收集的原则、渠道和整理、分类等。二是鉴别史料真伪和辨析史料价值的方法。即对所收集、整理的史料进行鉴别，并在去伪存真的基础上筛选出有研究价值的史料。三是解读史料内容并提取关键信息的方法。即对史料进行合理解读并提取完整信息后，运用分析与综合、比较与分类、抽象与概括等方法从中找出史料的关键信息和核心价值。四是借助关键信息媒介进行逻辑推理并构建历史解释的方法。即借助所提取的关键信息，在唯物史观的指导下，通过逻辑推理和合理演绎完整地还原历史的本来面貌，或论证、驳斥某个观点、结论，或揭示历史发展规律以达到"知古鉴今"的目的。

### （二）史料实证的价值

#### 1. 学科研究价值

探寻历史真相，总结历史经验，认识历史规律，顺应历史发展趋势，既是历史学的重要社会功能，也是历史教学的首要任务。历史本身是不可逆转的，过去性是历史的基本特性。要完成上述任务，需要以史料为桥梁、实证为路径，在历史的学习和研究中达成。史料是通往历史认识的桥梁，历史工作者要想探寻历史真相，必须依据史料。但现存的史料本身却有很多需要注意的问题。例如，在数量上，史料浩如烟海、汗牛充栋，让史学研究者难以收集齐全，很多原始史料出现遗失或本身是不完整的；在质量上，受限于作者的主观因素，对客观史实的记录难免出现偏差，甚至谬误等。这些都是影响史料价值的因素。约翰·托什曾说："资料与其说是被作者有意加以扭曲，不如说是被作者在特定时空下的认识局限所扭曲，后者更难加以识别。"[①] 另外，要探寻历史的真相，仅掌握大量有价值的信史仍然不够，还需要通过实证对其进行加工和考证，这也是实证在历史学科研究中的价值体现。

#### 2. 思维发展价值

思维是人脑对客观事物的本质属性和内在规律的反映，是探索事物内部本质联系和规律性的过程。思维的种类很多，根据形态可分为形象思维和抽象思维；根据方式可分为发散思维、辩证思维和创新思维等。历史是一门注重逻辑推理和严密论证的人文社会学科。史料实证有利于培养学生的原有思维，尤其是有利于促进逻辑思维和辩证思维的发展。历史发展具有逻辑性，这决定了历史的认知要遵循历史发展的逻辑。历史工作者应在遵循历史发展逻辑的基础上，辩证地认识历史事物，通过实证揭示历史事物的本来面貌，并形成由此及彼、由表及里的历史认知逻辑。在教学中，教师可以利用史料创设探究情境，形成对历史事物的辩证认识，培养学生的逻辑思维和辩证思维。例如，在认识工业革命的影响时，学生通过相关数据分析，认识到工业革命一方面推动了社会进步，另一方面在一定程度上也造成了环境污染，最终得出社会发展必须尊重自然、爱护自然，与自然和谐相处，保护人类的生存环境，促进人地协调发展。

### （三）史料实证的目标要求

#### 1. 史料实证的目标

在史料实证的培养目标上，新版课程标准提出了如下要求：知道史料是通向历史认识的桥梁，了解史料的多种类型，掌握搜集史料的途径与方法；能够通过对史料的辨析和对史料作者意图的认知，判断史料的真伪和价值，并在此过程中体会实证精神；能够从史料中提取有效信息，作为历史叙述的可靠证据，并据此提出自己的历史认识；能够以实证精神对待历史与现实问题。

---

[①] 托什. 史学导论 [M]. 吴英，译. 北京：北京大学出版社，2007：151.

## 2. 史料实证的要求

目标是教学的导向。新版课程标准对史料实证的培养目标实际提出了三个层次的要求：一是要认识史料的重要性，并知道什么是史料；二是能收集并辨析史料；三是能运用史料并据此提出自己的历史认识。[①] 据此，史料实证的教学目标应定位于：能够理解对历史的价值判断是以史料为载体、实证为路径形成对所学历史的价值判断；能够运用史料对历史事物进行合理解释并形成自我独特的历史认知；能够沟通历史与现实的联系，将对历史的认识延伸到对现实的认识上，并从中获取有益的养分，以助推自我的发展。

## 二、解决策略

### （一）史料实证与唯物史观的达成

史观是人们对社会历史的根本观点，有唯物史观、唯心史观之分。唯物史观是科学的历史观和方法论，这是史学家们在运用史观分析历史事物、解决历史问题中得出的客观结论。史观的形成过程是一个甄别、扬弃的过程。史料实证是达成唯物史观的重要路径。首先，人们对历史的认识会受史观的影响。在历史学习和研究中，人们会运用各类史观认识历史事物，并通过对历史事物的认识培养自身的史观。其次，人们在史料的收集、鉴别和实证中，通过对史观进行不断甄别和取舍，最终认识到唯物史观的科学性和先进性。史料实证充当了遴选史观的试金石。最后，人们在史料实证中认识到唯物史观的科学性和先进性后，会养成自觉用唯物史观认识事物的习惯，促使自我的理论修养和洞察能力不断提高，最终形成唯物史观。

### （二）史料实证与时空观念的达成

时空观念和史料实证是体现历史本质特征的两个重要维度。就两者的关系而言，史料实证是时空观念达成的推手，时空观念是进行实例实证的具体场境。史料实证推动时空观念形成主要表现在两个方面。首先，作为认知历史事物的条件，特定时空的确立和搭建需要史料实证。时空观念是在特定的时空联系中认识事物的思维范式。对历史事物的考量应将其放在特定的时空背景下进行，才能还原其本来面貌。这个"特定的时空背景"需要由历史研究者通过史料实证去搭建。通过史料实证打通历史事物之间的隔断，将孤立、断裂的历史时空连结成一个完整、立体的时空场，这才是认识历史的特定时空。其次，作为历史认知的结果，时空观念是用史料实证获取历史认知的重要内容。史料实证并非历史研究的目的，它只是手段、方式。获取正确的、客观的历史认知才是史学家进行史料实证的目的，这个正确的、客观的历史认知就包含时空观念。所以只有用史料实证培养时空观念才能获得符合历史实际的相对全面和准确的认识。[②]

---

[①] 朱汉国. 历史学科核心素养释义［J］. 历史教学（上半月刊），2018（05）：3-9.
[②] 俞冬青，周新宪. "史料实证"成就"时空观念"［J］. 科学咨询（教育科研），2017（4）：5-6.

### (三) 史料实证与历史解释的达成

历史解释是指以史料为依据，对历史事物进行理性分析和客观评判的态度、能力与方法。历史探究应以史料为依据，通过对史料的论证与辨析，将符合史实的材料作为证据，对历史事物进行逻辑推理，进而形成对历史的正确、客观的认识，所以历史解释是史料实证的目的。史料实证与历史解释的达成体现在两方面。首先，史料实证是历史解释达成的基石。"历史解释"不仅限于获得历史真实，即不能满足于事实判断，而应以"史料实证"为基础，即在事实判断的前提下，结合相关史实，遵循一定的史观、原理和方法，对历史现象、历史事件的原因、意义与影响等进行深入探讨，实现对历史现象、历史事件的价值判断。也就是说，历史解释是事实判断与价值判断的结合。[①] 由此，在历史研究中，史料实证是对历史事物做出合理解释的基础与前提，通过史料实证素养的培养推动历史解释的达成也就是理所当然了。其次，史料实证是保障历史解释合理性的前提。历史解释是以史料为载体、实证为路径，对经过证伪和价值遴选后的"信史"所进行的价值判断。对史料进行实证的真实性直接关乎解释的合理性和科学性。

### (四) 史料实证与家国情怀的达成

家国情怀体现了历史教育的价值旨归，是历史课程培养学生正确历史观的核心要求。家国情怀主要表现为对自己国家的高度认同感和归属感、责任感和使命感，其达成过程经历了从认同到内化的阶段。利用史料实证培养学生真挚的家国情怀，是激发学生理解和认同传统民族文化，弘扬中华民族的民族精神和以改革创新为核心的时代精神，形成正确的国家观、民族观、文化观，树立正确的世界观、人生观和价值观的重要路径。学生对家国情怀的认同方式不是靠历史教师生硬灌输，而是学生通过历史学习去体悟。在教学中，教师应灵活运用史料给学生创设真实的认知情境，通过严密的逻辑推理和论证，帮助学生理解民族精神、时代精神的深刻内涵，感悟历史人物对国家、民族，乃至人类社会前途和命运的深情大爱，形成对国家、民族、传统文化、社会主义道路和中国共产党等的认同。内化即内化于心、外化于行，是通过史料实证的内化路径，给学生提供内化的素材和场所，帮助学生将所形成的家国情怀内化为外部行为，做到在家国情怀上知行合一。

需要强调的是，历史学科核心素养的五个方面是一个统一的整体，五个核心素养之间交互融合，虽然在表述上分开呈现，但在培养路径上应整体把握、统一推进。

## 三、实践案例

"小说和戏曲"教学片段是《中外历史纲要（上）》第15课"明至清中叶的经济

---

[①] 何成刚，沈为慧. "史料实证"与"历史解释"关系初探 [J]. 历史教学（上半月刊），2017（9）：48-52.

与文化"的第三教学子目,主要介绍了明至清中叶我国小说的发展状况。小说是明清时期的一种具有代表性的文学体裁,反映了明清时期中国古典文学的精粹。在当前的中学历史课堂教学中,对文学史的教学,教师更多是从欣赏文学作品的角度去进行教学设计,单纯强调文学作品的文学价值,忽视了文学作品背后的历史及其本身的史学价值,割裂了文学与历史和时代的关系,陷入了重文轻史的误区。如果说历史课程应该给学生打下深深的历史烙印,那么对于文学内容的教学,我们又该如何给学生打下深深的历史烙印呢?文学作品具有一定的史料价值。黄宗羲认为文集能够弥补、修正正史所记载的不足。王鸣盛认为小说与实录具有同等价值,他曾说:"大约实录与小说互有短长,去取之际,贵考斟酌,不可偏执……采小说未必皆非,依实录未必皆是。"① 为此,本片段以"文学背后的历史"为教学立意,以"小说是否具有史学研究价值"为题,以明清时期的小说发展为知识载体,以史料实证为方法路径,引导学生运用唯物史观的基本原理,结合时空观念的相关要求,呈现并探究明清时期小说的相关史料,探究明清时期小说背后的历史和史料价值。学生通过探究认识到:小说不仅是百姓眼中的大众读物,还是史学家手中具有一定价值的史料,有助于掌握史料实证的基本方法,形成用史料解释历史的思维,增强用史料解释历史的能力。具体设计如下。

**教学主题:** 小说的史料价值——以《金瓶梅》为例②

**环节一:** 辨析小说的史料价值

材料一 西门庆家的傅伙计,每月工钱是二两银子。……"吴神仙"到西门庆家中算卦,得银子五两。……西门庆帮助十兄弟之一的常峙节,资助了他十二两银子。

——《金瓶梅》

设问:文段中的傅伙计、"吴神仙"、常峙节的所得是用什么支付的?

学生:白银。

教师:面对这段材料的描述,有人说这是小说,描述的是虚假的历史。但又有人说通过这段材料的描写可以证明,明朝中后期流通的主要货币是白银。对此你怎么看?

材料二 嘉靖四年(公元1525年),令宣课分司收税,钞(纸币)一贯折银三厘,钱(铜钱)七文折银一分。是时钞久不行,钱亦大壅,益专用银矣。

——《明史·食货志五·钱钞》

设问:从材料中可得出什么信息?

学生:嘉靖年间,白银已成为流通货币。

追问:通过《明史》和《金瓶梅》关于货币的叙述,小说是否具有史学研究价值?如果有,有哪些价值?

学生:有价值。小说反映一定的社会现实,可以作为研究历史的补充资料。

**环节二:** 探究小说的史料价值

材料一 凡民间寡妇,三十以前,夫亡守志(不改嫁),五十以后,不改节(节

---

① 转引自郭士礼. 论翦伯赞的文学史料观[J]. 广西社会科学, 2012 (10): 135-138.
② 案例提供者是重庆市江北中学苗生俊老师。

操）者，旌表门间（表彰其家族），除免本家差役。

——《明会典》

材料二 孟玉楼丧夫后要改嫁，亲戚及乡邻都赞同，"少女嫩妇的，你拦着不教她嫁人，留着她做什么？"

——编自《金瓶梅》

设问：材料一和材料二在婚姻观念上有何差异？

学生：政府提倡灭欲守节，民间提倡婚姻自由。

材料三 正史中各代烈女数字：《唐书》54人；《宋史》55人；《元史》187人；《明史》"不下万余人"。

——祝瑞开《中国婚姻家庭史》

材料四 女子周胜仙与男子范二郎相遇，"四目相视，具各有情"，二人通过巧妙的自我介绍，订下终身。

——编自冯梦龙《醒世恒言》

材料五 明代商品经济的发展促成反礼教思潮产生和兴起。在中国封建社会后期产生了资本主义的萌芽，商品经济繁荣，促使拜金主义、享乐主义思想的产生，社会风尚开始转向奢侈。这在一定程度上有利于市民意识的觉醒，产生出新的价值尺度，致使极为盛行的贞节观念变得淡薄。

——赵崔莉《明代妇女的二元性及其社会地位》

设问：根据材料四和材料五，判断材料二的价值，并阐述自己的观点。

学生：材料二对研究明代的婚姻具有一定的史料价值，可以作为材料一的补充。人们的婚姻观念会受当时所处社会环境的影响。在明朝，人们的婚姻观念整体趋向保守，但在保守中也存在开放思想。

**环节三**：解释用小说治史的态度

设问：综上，就小说的史料价值谈谈你的态度。

学生：小说是先民留给后世的一笔宝贵财富，具有一定的史料价值，可以作为研究历史的补充资料，但它不能反映全部史实，需要加以辨析和筛选。

**案例分析：**此教学片段的设计，体现了历史学科史论结合、论从史出的特点，通过史料实证达成历史学科核心素养的思路，围绕教学主题"小说的史料价值"，运用《明史》《金瓶梅》等材料构建探究情境。在主题探究中以史料实证为路径，从四个角度合力培养学生的历史学科核心素养。一是史料收集。在类型上以文字史料为主，在价值判断上既有《明史》等一手史料，也有《明代妇女的二元性及其社会地位》等史学研究者的研究成果，还有《金瓶梅》等小说作为补充史料，体现了史料的多元性，为学生理解、解释历史并做出正确的史学判断打下了坚实的基础。二是史料辨析。本案例以"小说的史料价值"为教学主题，从小说史料价值的判断、小说史料价值的内容、运用小说作为史料的注意事项三个方面对所收集的史料进行辨析，逻辑结构较严密。通过将《明史》等正史和史学研究者的观点相互印证，对《金瓶梅》的史料价值进行辨析，在过程中训练了学生辨析历史事物的能力。三是史料运用。史料的运用过程是学生在教师的指导下，结合相关史料，通过自身的探究活动来解决历史问题，并掌握一定的历史研究方法、形成历史研究能力的过程。在教学活动中，史料是探究的工具。通过对史料的辨析，对问题进行分析、比较和综合探究，从所给史料中获取解决问题的关键信息，促成三个问题的解决。四是实证意识。史料实证以史料为载体、实证为方式，实证更多体现学科核心素养中的正确价值观和必备品格。在本案例中，实证意识从主题的确立到分解、从史料的选取到运用，一直贯穿设计的始终。通过本案例的教学，学生不仅可以认识到小说是先民留给后世的一笔宝贵财富，具有一定的史料价值，可以作为研究历史的补充资料，还可以认识到小说作为史料的不足，即它不能反映全部史实，需要加以辨析和筛选才能有效运用。

总之，史料实证是历史研究基本的途径与方法，是历史学科核心素养的重要组成部分。史料实证是诸素养达成的必要途径，教师应通过对文献、实物、口述和图像等各种史料的发掘、搜集、鉴别、归纳、整理、分析等形成客观的历史解释，从而引导学生认识和探讨人类社会发展规律，塑造家国情怀，提升历史学科核心素养。

## 教学关键问题 1-6　如何理解历史解释是诸素养中对历史思维与表达能力的要求

历史解释是历史学科五大核心素养之一。从学生学习的角度看，普通高中历史课程要求的以时空观念、史料实证和历史理解为支撑的历史解释，是认识历史和学好历史的关键，也是学生形成自己对历史的看法的主要表现。新版课程标准指出，历史学是在一定历史观指导下叙述和阐释人类历史进程及其规律的学科。因此，结合历史学科的特征，充分理解历史解释的能力要求，将历史解释能力的培养落到实处，是当前历史教学需要解决的问题，也是广大历史教师关注的焦点。

### 一、问题分析

#### （一）历史思维能力

历史学科核心素养更多指向的是对学生历史视野和世界眼光的考查，同时也是对学生综合运用多种历史思维的检验。

什么是历史思维？于友西先生认为：第一，在思维的目的上，历史思维是为了认识人类社会发展的现象及其本质，主要是搞清楚历史是什么和为什么的问题；第二，在思维的对象上，历史思维主要以已经过去了的人类历史活动作为认识的客体；第三，在思维的方式上，历史思维主要依据有关历史的材料，并透过材料对历史的原本进行认识；第四，在思维的特征上，历史思维是从全面的和辩证的、发展的和联系的、具体的和综合的角度来考察历史的现实的社会问题；第五，在思维的原则上，历史思维要从马克思主义立场出发，以科学的世界观和方法论对社会历史进行认识活动。[1] 白月桥先生认为：历史思维的特点就是认识被研究的各种历史对象产生、形成和灭亡的历史经过。历史思维的内涵是由社会历史的客观现象所决定的，它要求如实形象地再现历史的本来面貌；历史思维就是在辩证唯物主义和历史唯物主义基本原理指导下，确立的历史学科和历史教学的特殊思维形式和具体的方法论。[2] 两种表达本质上都反映出历史思维概念的本质就是依据历史资料，生动、完整、具体地再现逝去的历史。

在绝大多数情况下，大家将历史思维和历史思维能力等同使用。但也有人认为，历史思维是以辩证唯物主义和历史唯物主义为指导的，用以认识过去、现在并预见未来的智力活动。历史思维能力是人们用以再认或再现历史事实，解释和理解历史现象，把握历史发展进程，分析和评价历史客体的一种素养，它是一种历史的认识活动。历史思维属于一种认识活动或过程，而历史思维能力属于一种在历史思维活动中表现出

---

[1] 于友西，等. 历史学科教育学 [M]. 北京：首都师范大学出版社，1999：74-75.
[2] 白月桥. 历史教学问题探讨 [M]. 北京：教育科学出版社，1997：56，59.

来的解决问题的能力。本文对此等同使用。

历史思维从层次类型上主要分为形象思维、逻辑思维和直觉思维。历史的形象思维是认识历史的基础，是重构、形成历史表象的基本条件。历史的形象思维要以尽可能具体的、正确的、完整的历史材料为基本依据，通过适当的心理活动，在大脑中形成历史的本来面貌，使那些从未接触过的、已经消失了的历史事实的形象在头脑中再现出来。历史的逻辑思维是用抽象出来的历史概念、理论等材料进行思维活动。其目的是解释历史现象的内在的、本质的联系，把握历史发展的规律。从形式上，可以分为形式逻辑和辩证逻辑思维；从方法上，可以分为分析与综合、抽象与概括、归纳与演绎、比较与分类、系统化与具体化等。直觉思维又称灵感思维，是一种创造性思维。它是人类在认识历史现象的过程中，突发奇想，领悟到历史的本质、规律、方法等的一种心理活动。这是一种智力因素和非智力因素的奇妙组合。①

(二) 历史学科表达能力

历史学科表达能力是历史学科能力的最终表现。中学历史教学的主要目标之一就是帮助学生在历史学习过程中运用历史学科语言，相对准确地进行口头表述或文字表述。历史表达能力的培养，过去关注得不够，应该引起广大教师的重视。

从历史学科的表达特征出发，历史学科口头和文字表达能力又分为史论结合的能力和运用历史学科语言的能力。② 史论结合、准确简练是历史学科表达的主要特点。

史论结合是历史学科独具特色的表达。新版历史教科书就是历史学科史论结合的代表，体现着寓论于史、论从史出、史论结合的叙述特点。"史"是客观的历史史实，是客观的。"论"是主观的，人为的，是人们对客观历史事实的理性思考与阐释。历史学科的任何理性思维活动，都必须以足够的、确切的、典型的历史事实为依据。所以历史表达不能简单地堆砌材料，而是要有层次有逻辑地进行史论结合的表达。

准确简练也是历史学科表达的要求。每个学科都有其自身独立的术语体系。历史学科术语体现了历史学科的特色，正确掌握并使用这些术语，有助于将历史现象表达清楚。要做到表达准确，应树立使用学科术语的意识，掌握好基本的历史事实、历史概念，进而恰当运用历史学科语言去表达；需要准确掌握历史事件的时间、地点、人物、过程、结果等诸要素，准确理解历史概念的内涵和外延；需要运用正确的理论、观点和方法，有层次、有逻辑地表达。要做到表达简练，需要学生不拐弯抹角，不感情发挥，只要能说清楚问题就行，这是由高中历史学习的时间及评价特点决定的。

(三) 历史解释是对历史思维与表达能力的综合要求

历史解释是指以史料为依据，对历史事物进行理性分析和客观评判的态度、能力与方法。可见，历史解释是学习历史、理解历史、研究历史的一种综合能力。历史解释的这一概念也暗含了理解历史解释的三个方面：态度、能力和方法。从对历史的态度看，是基于史料认识历史现象的情感和价值观问题；从学生关键能力的角度看，是一个历史思维与表达能力的培养问题；从历史研究方法看，是一个归纳演绎、分析评

---

① 范多宝.高中生历史思维和表达能力培养方法的研究 [D].西北师范大学，2004：5.
② 陆建良，程文伟.中学历史学科语言文字能力刍议 [J].历史教学，1998 (4)：38-40.

判的手段问题。这三个方面是紧密联系不可分割的,是一个从态度出发,运用方法,最终形成关键能力的过程。其中,历史思维与表达能力的培养是历史解释的重中之重。

历史解释是历史学习过程的重要组成部分,因为所有历史叙述在本质上都是对历史的解释,即便是对基本事实的陈述也包含了陈述者的主观认识。人们通过多种不同的方式描述和解释过去,通过对史料的搜集、整理和辨析,辩证、客观地理解历史事物,不仅要将其描述出来,还要揭示其表象背后的深层因果关系。通过对历史的解释,不断接近历史真实。这是对历史解释内涵的阐释。进行历史解释的过程是探究历史真相、总结历史经验、认识历史规律的过程,也是充分发挥历史学社会功能的过程。

历史解释的表层表现为史实描述,涉及时间、地点、人物和事件。它们的共同要素构成了历史事实的基本想象和直接观感。历史解释的深层表现为思维方式。从就单个历史现象进行就事论事的思考,到探索多个历史现象之间的关系,是为思维的开阔性;从单纯描述历史现象的内容到探讨历史现象的本质和规律,是为思维的深刻性。[1]可见,从形象思维到逻辑思维再到创造性思维,历史解释对历史思维能力的要求是比较清晰的。

从课程目标看,历史解释要求学生通过历史课程的学习,掌握必备的历史知识,能够区分历史叙述中的史实与解释,知道对同一历史事物会有不同解释,并能对各种历史解释加以辨析和价值判断;能够客观论述历史事件、历史人物和历史现象,有理有据地表达自己的看法;能够认识历史解释的重要性,学会从历史表象中发现问题,对历史事物之间的因果关系作出解释;能够客观评判现实社会生活中的问题。

从中可见,课程目标对历史解释的要求呈现出一定的层次性:第一,学生能够运用多种方法(包括比较、归纳、推理、移情、想象等方法)理解历史,能够对所学重要史事的基本情况作出有条理的、清晰的描述,能够准确阐释史事发生的前因后果。第二,能够区分历史叙述中的史实与解释,知道对同一历史事物会有不同的解释,并能对各种历史解释加以评析和价值判断。第三,能够从不同的视角观察历史,运用多种方式表述历史(包括概述、叙述、阐述和论述),能够运用历史术语对重要历史事件和历史人物进行阐释与评价。第四,能够选择、组织和运用相关材料和信息,可以在逻辑上自圆其说。面对现实社会与生活中的问题,能够以全面、客观、辩证、发展的眼光来看待和评判。这些目标要求明确,方法具体,为历史教师如何进行历史解释和历史解释素养的达成提供了相对清晰的总体要求。其背后也涵盖了知识、技能、态度的综合能力目标。

历史解释是在形成历史理解和认识的基础上叙述历史的能力,是检验学生的历史观和历史知识、能力、方法等方面发展水平的主要指标。[2]历史解释体现的是历史学的阐释学属性,是历史学科核心素养的综合体现。它要求依据一定的理论预设(历史观)和价值准则(价值观),按照一定的表述原则和表述方法,对零散、杂乱、众多的史料

---

[1] 黄牧航,张庆海. 历史学科核心素养分类分层测评标准例析[J]. 历史教学(上半月刊),2019(8):3-12.

[2] 徐蓝. 谈谈研制高中历史课程标准的一些体会[J]. 历史教学(上半月刊),2016(12):14-15.

进行编排、采撰，勾画出人类社会变迁的过程。

因此，内化的历史思维和外化的表达能力是学生关键能力的要义。作为一种态度、能力和方法，历史解释将是阐释这种要义的手段。[①] 离开历史解释培养历史思维与表达能力是空谈，离开历史思维与表达能力的要求同样也无法进行有效的历史解释。历史解释是提升学生历史思维与表达能力的重要途径。

(四) 理解历史解释是对历史思维与表达能力的要求的价值分析

在教学实践中，我们经常会发现教师无法有的放矢地进行历史解释的现象。例如理解历史方法单一，导致历史问题模糊不清；重要史事因果联系错位，导致逻辑混乱；观察历史的视角简单，不能全面认识问题；选择、组织和运用相关信息不够，导致不能全面、客观、辩证和发展地认识历史和现实问题；无法清晰、条理地描述重要史事，表述历史方式单一，不能运用历史术语阐释和评价历史现象。这些现象的出现，主要是因为教师对课程标准理解不到位，对历史解释的内涵和能力要求不明晰。由此可见，理解历史解释是对历史思维与表达能力的要求，有助于教师在日常教学中立足学科特征，运用一系列学科思维方法，更好地引导学生分析和解决历史问题，培养学生的历史思维与表达能力，进而更有效地提高学生的历史学习能力。历史解释素养作为学科能力的组成部分，是历史学科课程培养目标之一，对促进历史思维、历史观的形成具有重要作用。

学会历史解释是历史学习的一个较高要求，是检验学生是否具有历史学科核心素养的综合表现。[②] 历史解释与其他历史学科核心素养是紧密联系的，因为历史学科诸素养中关于运用的要求都可视为历史解释。例如，唯物史观素养课程目标要求学生能够将唯物史观运用于历史的学习与探究中，并将唯物史观作为认识和解决现实问题的指导思想。时空观念素养、课程目标要求学生能够在不同的时空框架下对史事作出合理解释。史料实证素养关于实证过程的要求，实际就是历史解释的过程。历史解释要以唯物史观为指导，要有时空观念，要有实证精神。教师要牢牢抓住进行历史解释的钥匙，由点到面、由浅入深、由简单到复杂、由内而外地培养学生的历史解释能力，提高学生的历史学科核心素养。

## 二、解决策略

理解历史解释是对历史思维与表达能力的要求。教师需要依据问题解析中的相关认识，理解历史学科的具体特征，从历史学科核心素养的要求和历史解释的具体要求两个角度去思考。

(一) 学科核心素养的整体要求

历史学科核心素养是历史学科育人价值的集中体现，是学生通过历史课程学习而逐步形成的具有历史学科特征的正确价值观、必备品格和关键能力。

---

① 林丽萍. 历史解释的整体性思考 [J]. 中学历史教学, 2021 (1)：6-8.
② 朱汉国. 历史学科核心素养释义 [J]. 历史教学 (上半月刊), 2018 (3)：3-9.

历史学科有哪些关键能力？历史解释能力和历史学科关键能力有什么关系？

朱汉国教授指出，历史学科关键能力应包括下述几方面：运用唯物史观的基本观点认识并说明历史事物的能力；准确掌握历史时序，将历史事物置于特定历史环境下进行分析的能力；搜集、辨析并能运用史料的能力；解释历史的能力，包括能运用归纳、概括、比较等思维方法分析历史事物的能力；科学解释历史事物，认识事物本质的能力；全面、客观评价历史人物、历史事件以及历史现象的能力；发现和论证历史问题，独立提出观点的能力。简言之，关键能力，就是能运用科学的史学理论和方法来认识和解释历史的能力。[①] 上述内容涉及时序思维能力、史料运用能力、历史理解能力、历史解释与评价能力等核心能力，说明历史学科能力是多元的。从本质上看，这些关键能力主要是认识和解释历史的能力。

历史解释以时空观念为前提，以史料实证为支撑，以历史理解为基础，有意识地对过去提出理性而系统的具有因果关系的叙述。人们通过多种不同的方式描述和解释过去，对历史的解释是多样的。所有的历史叙述在本质上都是对过去的解释。在进行历史解释时，还要注意按照时间序列和空间逻辑，对历史事物、历史人物和历史现象进行合乎逻辑的意义关联。历史解释所体现的思维品质不是单一的，对抽象概括能力的要求很高，但高中历史教育的特点又决定了这种抽象和概括不能离开具体的史实。另外，历史解释需要合理的想象力，我们可以依据可靠的史料，设身处地理解具体的历史史实，对历史情境展开合理的想象。

培养学生的历史解释素养，其重要意义在于使学生能够将对史事的记忆提升到认识高度，更好地感悟、体验、明了历史上发生的各类情况，理解历史上的变化与延续、继承与发展、动机与效果、内因与外因、偶然与必然、局部与全局等方面的关联；能够用归纳、概括、比较等思维方法分析历史事物；能够科学地解释历史事物，认识事物本质；能够全面、客观地评价历史人物、历史事件以及历史现象；能够发现和论证历史问题，独立提出自己的观点。

历史解释虽然只是五个历史学科核心素养之一，但它是其中比较难以培养的素养。历史解释必须依托时空观念、史料实证、唯物史观这三个素养，这就意味着从操作上相对复杂。因为要先搜集史料，然后将历史事件纳入特定的时空中通过史料实证检验史料，再在唯物史观的指导下结合时代背景进行分析理解，最后才能形成对历史相对客观、合理、全面的认识。

(二) 历史解释的具体要求

1. 学科思维与表达能力的对立与统一

历史思维是以历史事实为基础，借助一定的形象思维，用历史概念来进行判断、分析、综合、比较、抽象、概括，进而寻找历史概念之间的联系，揭示历史发展规律，为现实生活提供借鉴。

历史思维具有内隐性，需要通过外显性语言将思维过程和思维成果显现出来，主

---

[①] 朱汉国. 历史学科核心素养释义 [J]. 历史教学（上半月刊），2018（3）：3-9.

要是使用能够反映历史概念的名词术语。这种由内在思维到外在表达的过程是复杂的、反复的，具有个性的。学习者可以结合外部条件和要求进行分析、思考、总结、归纳、调整和纠正，最终形成一定的思维成果，然后使用能够很好地反映某些历史概念的学科专业语言或名词术语，再加以恰当的链接词汇，说明这些思维成果以及历史概念之间的关系，最终完整且有层次地将这些思维成果表达出来。

  历史思维与表达能力的培养受各自内在能力要求的支配，是相对独立的。历史思维能力的培养与历史知识的掌握程度、运用水平等有很大关系。而历史表达能力的培养主要与历史术语的掌握程度、历史表达的词汇丰富程度相关。二者在培养方式和途径上都有其独立性，各有各的侧重点，不是一个能力的两面。但二者也存在密不可分的联系，历史思维和表达能力的连接点就是历史思维的成果转化为语言表达出来的过程。在这个过程中，教师要指导学生准确掌握历史概念，理解历史概念的内涵和外延，将相关历史概念转化为适合表达的词语。但思维能力好的学生，表达能力不一定高。历史表达能力的提高，需要以提高思维能力为基础。在这个过程中，历史教师的作用主要是先指导学生运用科学思维，然后根据学生的实际情况，使其掌握将思维成果转化为语言的方法和技巧。

### 2. 历史理解与历史解释的对立统一

  历史理解与历史解释既有区别又有联系。历史理解是指将对史事的叙述提升为理解其意义的理性认识和情感取向。只有设身处地、尽可能辨识各种历史叙述与历史事实之间的区别并复原历史语境，符合历史实际地加以理解，从历史发展的视野中理解历史的变化与延续、继承与发展，才能正确、客观、辩证地认识历史。这主要通过理解史事的本体含义并建立贯通性联系，以客观的态度理解历史文本、感悟史事的实际境况，以史料为基础理解古今差异、认识历史文本中对史事的不同解读及其原因以及辨识历史文本的作者原意并加以运用等来实现。

  历史解释则是在史事的叙述和理解的基础上，对历史事物进行的理性分析和客观评判。历史解释的内容包括探明历史中的因果关系、总结带有普遍性或必然性的历史规律、阐释历史意义和进行历史评价等。历史解释的建构通常是从一定的历史观出发的，需要运用一定的理论工具。历史叙述与历史解释二者共同构成了历史研究与写作的主体内容，它们之间是相辅相成的关系。

  历史理解与历史解释都属于主观性认识活动，在认识历史的过程中，二者是紧密联系的，而且常常是交互进行的。历史理解是历史解释的前提，历史解释是历史理解的目标，是在一定的历史理解基础上建构的。没有历史理解，历史解释就变成了无源之水。但是历史解释又在认识的深度和高度上比历史理解更具普遍性、规律性、整体性和现实价值。

### 3. 历史解释的学业质量水平要求

  历史学科核心素养是历史学科育人价值的集中体现，学生具备了某个层次的核心素养，会通过一定的学业表现呈现出来。这种学业表现的成就就是学业质量。因此，历史解释素养及其层级划分是历史解释学业质量水平划分的依据。划分和考查学生的学业质量，是为了观察学生核心素养的达成情况。理解历史解释是对历史思维与表达能力的要求，可以结合具体教学内容的学业质量描述来把握（表1-6-1）。

表1-6-1　历史解释的学业质量水平要求

| 水平 | 历史解释 | 质量描述 |
| --- | --- | --- |
| 水平1 | 能够辨别教科书和教学中的历史解释；能够发现这些历史解释与以往所知历史解释的异同；能够对所学内容中的历史结论加以分析 | 能够有条理地讲述历史上的事情，概述历史发展的基本进程；能够说出重要历史事件的经过及结果、重要历史人物的事略、重要历史现象的基本状况 |
| 水平2 | 能够选择、组织和运用相关材料并使用相关历史术语，对个别或系列史事提出自己的解释；能够在历史叙述中将史实描述与历史解释结合起来；能够尝试从历史的角度解释现实问题 | 能够分析有关的历史结论；能够区分历史叙述中的史实与解释；能够在叙述历史时把握历史发展的各种联系，如古今联系、中外联系等，并将历史知识与其他相关学科如地理、语文、艺术等知识加以联系；能够选择、组织和运用相关材料并使用相关历史术语，对具体史事作出解释；能够尝试从历史的角度解释现实问题 |
| 水平3 | 能够分辨不同的历史解释；尝试从来源、性质和目的等多方面，说明导致这些不同解释的原因并加以评析 | 能够分辨不同的历史解释，尝试从来源、性质和目的等多方面，说明导致这些不同解释的原因并加以评析；能够选择、组织和运用相关材料并使用相关历史术语，在正确的历史观和方法论的指导下，对系列史事作出解释 |
| 水平4 | 在独立探究历史问题时，能够在尽可能占有史料的基础上，尝试验证以往的说法或提出新的解释 | 能够在独立探究历史问题时，在尽可能占有史料的基础上，尝试验证以往的说法或提出新的解释；能够在正确的历史观和方法论的指导下，全面、客观地论述历史和现实问题 |

对于历史思维能力，学业质量水平1要求"有条理地讲述历史上的事情""说出重要历史事件的经过及结果、重要历史人物的事略、重要历史现象的基本状况"；水平2要求"分析有关的历史结论""把握历史发展的各种联系，如古今联系、中外联系等，并将历史知识与其他相关学科知识加以联系""从历史的角度解释现实问题"；水平3要求"分辨不同的历史解释""多方面说明导致不同解释的原因并加以评析""在正确历史观和方法论指导下对系列史事作出解释"；水平4要求"独立探究历史问题""在尽可能占有史料的基础上，尝试验证以往的说法或提出新的解释""全面、客观地论述历史和现实问题"等。这些思维能力从层次要求看，从形象思维到逻辑思维，再到创造思维不断提升。由此可知，历史解释对历史思维能力的要求是整体的、开阔的并不断深入的。

对于历史表达能力，水平1要求"有条理地讲述""概述""说出"等；水平2要求"叙述""使用相关历史术语"等；水平3要求"使用相关术语"等；水平4要求"论述"等。从以上对历史表达能力的相关要求中，我们可以看到，随着历史解释水平的提升，从"讲述"到"叙述"和"使用相关历史术语"解释，再到"论述"，历史学业质量水平中的表达能力要求不断提升。由此可见，历史解释对历史表达能力的要求也是有层次的，能够实现从低水平到高水平的提升。

总之，要理解历史解释是对历史思维与表达能力的要求，必须理解历史思维能力、历史表达能力和历史解释能力的内涵特征，从历史学科核心素养的要求和历史解释的具体要求两个角度去思考，辩证认识历史思维与表达能力的关系，辩证认识历史理解与历史解释的关系，分类理解历史解释学业质量水平不同层级对历史思维与表达能力的要求。只有这样才能在历史教学中对具体问题进行历史解释，实现历史学科核心素养培养目标。

## 教学关键问题 1-7　如何理解家国情怀是诸素养中价值追求的目标

普通高中历史课程的目标是坚持落实立德树人根本任务。作为优秀中华传统文化精神财富的家国情怀，贯穿于中华文明的历史进程中，是中华民族爱国主义传统的一个重要体现，凝聚着中国人民的信仰与追求，是立德树人根本任务的重要组成部分。新版课程标准指出，家国情怀是学习和探究历史应具有的人文追求，体现了对国家富强、人民幸福的情感，以及对国家的高度认同感、归属感、责任感和使命感。学习和探究历史应具有价值关怀，要充满人文情怀并关注现实问题，以服务国家强盛、民族自强和人类社会的进步为使命。以上表述既诠释了历史教学中家国情怀培育的价值，也表明了家国情怀是历史学科核心素养中价值追求的目标。

### 一、问题分析

#### （一）家国情怀的基本内涵

新版课程标准关于家国情怀素养的课程目标是：在树立正确历史观基础上，从历史的角度认识中国的国情，形成对祖国的认同感和正确的国家观；能够认识中华民族多元一体的历史发展趋势，形成对中华民族的认同感和正确的民族观，具有民族自信心和自豪感；了解并认同中华优秀传统文化、革命文化、社会主义先进文化，了解中国各个历史时期的英雄人物，传承民族气节、崇尚英雄气概，认识中华文明的历史价值和现实意义；了解世界历史发展的多样性，理解和尊重世界各国、各民族的文化传统，具有广阔的国际视野，树立正确的文化观；认同社会主义核心价值观，认同走中国特色社会主义道路是历史的必然，树立中国特色社会主义道路自信、理论自信、制度自信和文化自信；能够确立积极进取的人生态度，塑造健全的人格，树立正确的世界观、人生观和价值观。

把家国情怀作为历史学科核心素养之一，主要是为了让学生通过历史学习，形成基于国际视野的国家意识、政治认同和文化自信。

所谓国际视野，就是让学生具有全球意识和开放的心态，在历史教学中了解人类文明进程和世界发展动态；了解世界文化多元起源、发展的历程，尊重世界多元文化的多样性和差异性；感受全球化过程中先发与后发、强者与弱者的不同处境；认同和平发展的时代主题以及国际关系中平等互信、包容互鉴、合作共赢的精神，自觉维护国家利益和共同维护国际公平、公正的理念，积极参与跨文化交流；关注人类面临的全球性挑战，理解人类命运共同体的内涵与价值等。教师在讲述当代世界的发展特点和主要趋势时，需要引导学生理解当今人类社会所面临的全球性问题超过任何一国的利益，非任何一国能解决。一方面，第二次世界大战后建立的主要国际组织，如联合国、国际货币基金组织、世界银行、世界贸易组织等，仍然发挥着全球治理的作用；另一方面，改革原有的全球治理机制，加强国际协调，已经成为国际共识。中国作为世界和平的建设者、全球发展的贡献者和国际秩序的维护者，为解决人类面临的共同问题提供了自己的方案。

所谓国家意识，就是让学生能够从历史的角度认识中国的国情，认同国民身份，形成对祖国的认同感，能自觉捍卫国家主权、尊严和利益；能够认识中华民族多元一体的历史发展趋势，形成对中华民族的认同感，具有民族自信心和自豪感。

所谓政治认同，就是要在动态、开放的环境和过程中建立起对科学理论、政治制度、发展道路以及社会主义核心价值观的认知认同、情感认同、意志认同与行为认同的统一，坚定道路自信、理论自信、制度自信、文化自信，最终实现对党的领导的认同。教师在讲述中国近代史时，应该引导学生认识到，近代中国民族资本主义"先天不足，后天畸形"，在日本全面侵华战争中日益萎缩并最终陷入困境，主要原因在于半殖民地半封建的旧中国积贫积弱、备受列强欺凌。中国共产党在抗战中发挥了中流砥柱作用，领导中国人民走新民主主义革命的道路。这样的对比教学，坚持了正确的思想导向，有助于培养学生认同我们的革命文化，认同中国共产党，认同中华人民共和国。

所谓文化自信，是要让学生了解并认同中华优秀传统文化，认识中华文明的历史价值和现实意义。文化自信需要在不同的文化载体中逐渐培养和建构。从形态论的视角出发，国家语言是建构文化自信的基础教育形态，历史文化是建构文化自信的历史形态，革命传统是建构文化自信的政治形态，时代精神是建构文化自信的社会形态。教师在讲述中华优秀传统文化发展演变的历程时，要帮助学生体会其丰富的内涵。在核心思想理念方面，有革故鼎新、与时俱进的思想，脚踏实地、实事求是的思想，惠民利民、安民富民的思想，道法自然、天人合一的思想，以及讲仁爱、重民本、守诚信、崇正义、尚和合、求大同等理念。在传统美德方面，有精忠报国、振兴中华的爱国情怀，天下兴亡、匹夫有责的担当意识，崇德向善、见贤思齐的社会风尚，孝悌忠信、礼义廉耻的荣辱观念，以及自强不息、敬业乐群、扶危济困、见义勇为、孝老爱亲等中华传统美德。在人文精神方面，有讲求和而不同、求同存异的处世方法，文以载道、情景交融的美学追求，勤俭节约、和谐向善的生活理念，以及独特丰富的文学艺术、科学技术、人文学术等。

总之，国际视野、国家意识、政治认同和文化自信共同构成了家国情怀素养的主要内容。国际视野是基础，国家意识、政治认同和文化自信是三大支柱。[①]

（二）为什么家国情怀是诸素养中价值追求的目标

在历史学科的五个核心素养中，唯物史观是灵魂，时空观念体现了学科本质，史料实证是学科研究方法，历史解释是一种历史表达，而家国情怀体现了诸素养的价值

---

[①] 邵清. 学科核心素养之"家国情怀"的认识与实践［J］. 历史教学问题，2018（1）：124-127.

目标,旨在通过诸素养的培育,达到立德树人的要求。它是唯一指向情感、态度和价值观的核心素养,也是历史教学在情感、态度和价值观方面最终的落脚点。价值认识、价值判断和价值引领是家国情怀教育的三大目标,构成了历史学科教育的价值指向。

第一,价值认识。"天下之本在国,国之本在家,家之本在身。"《孟子·离娄上》中的这段经典论述呈现了从天下到国家,再到家庭,直到个人的逻辑包容关系,也是个体、家庭与国家具有共通性(即家国同构观念)的集中体现。家国同构体现了"家"和"国"难以割舍,"国"是"家"的延伸,"家"是"国"的构成,个体、家庭和国家的利益具有一致性。家国情怀的表现形式既有对家庭的关爱,也有对家乡的眷恋,既有对祖国文化的认同,也有对国家和民族的担当。它是中华优秀传统文化中具有恒久价值的精神之一。教师在引导学生认识家国情怀时,应该特别注意引导学生领悟中华民族几千年发展历程所表现出的人文精神,特别是对国家、民族和文化的高度认同感。

第二,价值判断。所谓价值判断,一方面是"扶正",即引导学生将"以热爱祖国为荣,以危害祖国为耻"作为基本价值选择;另一方面是"纠偏",即对学生错误的、有瑕疵的价值观进行修正。中国古代先贤提出的"修身""齐家""治国""平天下"就是体现家国情怀的重要价值判断。教师要引导学生做出正确、理性的价值判断,培养学生对家庭、对祖国的深厚感情,更重要的是要求他们认识到"家国利害",处理好个人与家庭、与他人、与社会、与国家的关系。在社会多元化发展的今天,学校教育引领学生具备正确、理性的价值判断能力显得更为重要。家国情怀不仅要求人们将着眼点放在"家"上,还要求人们树立为"国"奉献的道德情操。家国情怀体现了个体依附于共同体的归属感,明确表达了从天然血缘基础上的伦理亲情到对文化、民族和国家高度认同的情感升华。家国情怀是中华优秀传统文化的精髓,也是中华民族精神和时代主旋律的体现,为培育学生对国家的认同感提供了心理基础和文化根基。

第三,价值实践。厘清从个体到家庭,再到民族、国家的螺旋递进关系,引领学生理解并认同对祖国和中华优秀传统文化的深情大爱,不仅是为了帮助学生树立正确价值观,更重要的是引领学生将其转化为实际行动。家国情怀,与其说是心灵感触,不如说是生命自觉和家教传承。无论是《礼记》里修身、齐家、治国、平天下的人文理想,还是《岳阳楼记》中"先天下之忧而忧,后天下之乐而乐"的大任担当,抑或是陆游"家祭无忘告乃翁"的忠诚执着,家国情怀从来都不只是摄人心魄的文学书写,还是中国人民内心深处的情感共识。它可以释放巨大的凝聚力,将家与国、个人命运与民族兴亡紧密联系,是中华民族永不言败的精神支柱。就个体而言,家国情怀可以激发学生"天下兴亡、匹夫有责"的担当意识,引领他们提升国家认同、关心民族命运、投身社会进步。中华文明语境下的家国情怀是个体对其所生活的家庭、家族以及邦国共同体的认同与维护,表现为情感和理智上热爱共同体,自觉承担共同体责任。家国情怀将个人层面的奋斗和国家、社会的理想融为一体,昭示着个体对共同体的责任意识和担当情怀。在中国古代,兼济天下是文化精英们践行家国情怀的方式;在当下中国,为中国梦而奋斗顺应并推动了"家""国"内涵的发展。

## 二、解决策略

历史学科以史料的真实性、内容的综合性和功能的借鉴性为特征，对培育学生的家国情怀具有得天独厚的优势。教师应以历史课堂教学为主渠道，以历史校本课程和历史类主题实践活动为重要路径，以历史学习的多元评价为着眼点，引导学生学思结合、课内与课外结合、理论与实践结合，在具体教学情境中涵养学生的家国情怀。

### （一）立足历史课堂教学培育家国情怀

历史课堂是培育学生家国情怀素养的主阵地。在日常历史教学中，教师要变"历史教学"为"历史教育"，变"关注知识传授"为"关注学科育人"，彰显历史学科的育人价值。

第一，情境创设。教师要精心设置历史情境，利用有情、有境、有趣的师生互动，引导学生神入历史情境，感受历史脉动，从而激活隐性教育价值。例如，讲述魏晋书法时，可以情境再现书圣王羲之幼年追随卫夫人学习书法的场景，从"高峰坠石"到"千里阵云"，再到"万岁枯藤"，引领学生理解何谓"天人合一""书以载道"，知道汉字在书写过程中可以融入中国智慧，可以用笔墨的黑白空间与线条的刚柔枯润来抒情达意，从而体悟汉字书法和中国传统艺术之美。又如，在学习"五四运动"一课时，教师可以播放电影《我的1919》片段，使学生深刻感受五四运动爆发前夕高涨的民族主义情绪（观影后应简要指出影视作品与真实历史之间的区别）。还可以组织学生出演历史剧，引导学生从语言、动作、心理、神态等方面揣摩人物角色，演出人物的内心情感与风采，从而促进学生对历史人物的感同身受。

第二，问题驱动。学生深刻思考是教师开展情感教育的基础，设置合理问题是促使学生深刻思考的主要途径，富有启发性的问题不仅能帮助学生深化历史思维，还能锻炼学生借助史实探究历史的能力，为历史教学注入灵魂。例如，在讲述"辛亥革命"一课时，教师用三个问题串联整节课：封闭与变局·1811—1911——辛亥革命之因，革命与崛起·1911—2011——辛亥革命之果，未来与启示·2011—2111——辛亥革命留给我们的百年之问。通过展示辛亥革命史研究大家章开沅先生的观点，引导学生对辛亥革命进行一次上下延伸的长时段解读，从而培养学生贯通历史与未来的大历史观，引导学生深刻认识中国梦是每个人的梦，提升学生的责任感和参与意识，促使学生勇于承担社会责任，积极参与公共事务。

除了教师设计的问题外，课堂上的生成性问题也是促进学生知情共育的宝贵资源。例如，在讲授"非暴力不合作运动"时，针对学生的困惑，教师鼓励学生给圣雄甘地写一封信，提出自己不解的问题。之后师生共同翻阅甘地的著作，让甘地"亲口"回答这些问题，进行一场跨越时空的对话。在此过程中，师生不仅加深了对甘地非暴力思想的理解，更进一步认识了世界多元文化的多样性和差异性，以及全球化过程中强者与弱者的不同处境。

第三，理性引领。培养学生的家国情怀应着眼于历史发展的大势和文明演进的大潮，培养学生开阔的国际视野和深厚的人文精神。爱国主义不是极端的民族主义，开放和理性的爱国主义应是全球共同的价值观。只有文化自信与文化包容相伴，社会才会进步，世界才能和平。例如，在讲述"鸦片战争"一课时，教师可以引导学生探究"1793年马嘎尔尼觐见乾隆帝礼仪之争"这一问题，启发学生从更加宏观的视角思考中国人在现代化进程中应吸取的经验教训。围绕"礼仪之争"，可设置如下问题：中英觐见礼仪表面在争什么，实质在争什么？在追求民族复兴的今天，中国人应该怎样面对激烈的世界竞争？又如，在讲述第一次世界大战时，教师可以分析在"把基督的十字架安放在君士坦丁堡圣索菲亚大教堂尖顶"的煽动下，俄国青年如何成了沙皇发动战争的炮灰；德国和英国的青年又是如何在极端民族主义的欺骗宣传下，满腔热血地成为了战争机器。历史昭示我们，切忌将文化自信异化为极端的文化排异。只有将人类的共同命运与民族的特殊命运紧密联系起来，家国情怀才具有现代意义和未来价值。[1]

### （二）拓宽历史学习路径，涵养学生的家国情怀

在高中历史教学中，培养学生的家国情怀并非只能集中于课堂内，教师应善于开辟第二课堂，拓宽学生学习视野。第二课堂形式丰富，有活动型、体验型、探究型等。具体可有如下形式：

一是借助周一的"国旗下讲话"活动，营造良好的红色文化氛围。升国旗仪式庄严肃穆，有利于激发学生深度思考红色文化，从而引导学生树立中国特色社会主义道路自信、理论自信、制度自信、文化自信。

二是组织、鼓励学生采访革命老兵或进行口述史记录。通过革命先辈亲口讲述自身经历，学生可以从历史当事者的角度看历史，更能切实感悟在当时的艰苦环境中革命先辈为国家做出的努力与牺牲，从而对历史有更为具体、深入的理解，同时还能提高学生搜集和运用历史材料、解释和书写历史的能力。活动结束后，可将学生写的文章出一期墙报或汇编成册，或利用校园网站进行分享交流。

三是通过校本课程、历史社团等方式带领学生回到历史现场，触摸更真实的历史，从而激发学生对自身文化根系最深沉的热爱。例如，在北京中学"考古社"一期"心向考古，梦起周原"的冶金实验考古活动中，有学生参观青铜馆时手绘图纸并写道：文物通古今。一件文物，就是一段历史、一个故事，每当我隔着玻璃窗在灯光下凝望它们时，总觉得是在和一个老朋友隔着百年、千年又重遇。青铜的器物，常常有一种时间流逝的历史感和美感。想来那上面的一层深绿，必是默默见证了三千年的时光流逝，朝代更替……几天动手操作下来，更是让我们感受到了青铜器更深层次的文化魅力，直观地体会到了青铜器铸造所需的工序和背后的艰辛汗水，以及周秦时代人民的"智慧之光"。

### （三）开展历史学习多元评价，落实家国情怀的培养

多元评价并不排斥传统的考试评价，但评价目标应以课程标准为依据，有效落实

---

[1] 苏智良，於以传.怎样上好历史课：来自上海市特级教师的方案与经验[M].上海：上海教育出版社. 2019：42.

家国情怀素养的培养。例如，"中国传统文化主流思想"专题的教学评价目标应设定为：深刻理解儒家思想的丰富内涵和时代特点；认识儒家思想的现代价值（"民惟邦本，本固邦宁"的民本思想、"大一统"理论、"以天下为己任"的责任感、"家国一体"文化等），树立正确的文化观，增强对传统文化的自豪感（文化自信）。

同时，教师要注重对学生进行表现性评价，避免将家国情怀教育的评价狭隘地理解为"考试"。与传统的试题评价方式不同，表现性评价是对学生进行动态评价，主要评价学生的表现与实际操作能力，其形式主要包括书面报告、论文、演讲、资料收集、情境模拟、作品展示等。教师可以通过设计相关活动，引导学生运用已有的知识与方法去挑战新任务，从而实现情感的内化和外显。例如，在历史实践活动中，学生的历史遗迹考察报告、历史论文、手绘历史地图、文物保护建议等都是历史评价的重要内容。教师可从学生的知识习得、探究能力、思维方法与品质等方面，注重对学生进行激励性评价和个性化评价。

此外，还应该鼓励学生参与历史课题研究、家史写作大赛、历史类书法绘画比赛等活动，并将其成果作为历史学期评价的关键内容，记录于高中生综合素质平台。这既是对学生创造性成果的肯定，也可以激发学生学习历史的兴趣，落实家国情怀素养的培养。

## 三、实践案例

本案例试图通过一个教学片段来展示如何把史学界的研究成果与高中历史教材结合起来，促使学生在理性思考和感性认知中体悟由个人到家庭，由家庭到社会，由社会到国家的社会价值逻辑，增强学生的家国一体、家国同构观念，涵养学生的家国情怀。

### "我们"亲历的辛亥革命——历史角色（情境）体验剧

**背景音乐：**《沁园春·长沙》

**导语：**历史因有了人的呼吸和心跳而鲜活可爱。在百年前的辛亥巨浪中，那些年轻如我们的莘莘学子何去何从？穿越时光，我们能否演绎他们的心情与故事？

**画外音：**武昌起义的消息传到日本，留日学生欣喜若狂，约万人变卖衣物，如潮水一般涌回国内；1911年10月20日，黑龙江省城中学2000余名学生齐聚咨议局，要求独立，并起草了独立宣言；1911年10月23日，江苏巡抚致电内阁："自武昌失陷以后，长江一带无数少年纷纷渡汉。"

……

**第一幕：**

人物：郁达夫（杭州蕙兰中学学生，15岁）。

时间：1911年11月。

情境：充满期待地自述："我也日日的紧张着，日日的渴等着报来；有几次在秋寒的夜半，一听见喇叭的声音，便发着抖穿起衣裳，上后门口去探听消息，看是不是革命党到了。"

**第二幕：**

人物：叶圣陶（苏州草桥中学学生，17岁）。

时间：1911年11月2日。

情境：写日记。奋笔疾书："自由之魂其返，吾民之气当昌，其在此举矣。望之望之。"忽停笔叹息："江苏为什么还没有动静？这真是少年之羞耻。可我自己也是什么也没做，惟有借这一卷日记消释情绪，可叹也可怜！"

**第三幕：**

人物：梁漱溟（北京顺天中学堂学生，18岁）；张申府（北京顺天中学堂学生，18岁）。

时间：1911年11月。

情境：梁漱溟兴奋地对张申府说："到处人心奋动，我们在学堂里更待不住。"梁漱溟凑到张申府耳边小声说："我已经参加了京津同盟会。现在正忙着为革命党秘密运送军火。"张申府无奈地叹了一口气，"我也是同情革命的，可奉父母之命，我今年必须回乡结婚去。我只能暗中为《民国报》写稿了。"

**第四幕：**

人物：毛泽东（长沙湘乡驻省中学，18岁）。

时间：1911年11月17日。

情境：毛泽东高兴地自述："终于筹够钱了，马上就能到武汉去参加黎元洪都督的革命军了！"这时，一位同学手拿一份报纸激动地跑过来，大喊："润之，润之，你不用去武汉了！湖南独立了！许多学生投军，要组织一支学生军了！"

**第五幕：**

人物：白崇禧（广西省立初级师范学生，18岁）。

时间：1911年10月。

情境1：白父焦急地对家人说："今天有人告诉我，崇禧要和许多陆军小学的旧时同学一起，加入广西北伐学生敢死队，到汉口去和北军对峙。他们约好了从桂林北门城口出门。今天你们就给我守在那，一定要把他给我带回来！"

情境2：一同学急匆匆地找到白崇禧："不好了！健生（白崇禧字健生）！你家人在北城口等着截你呢！"白崇禧略一思忖，把武器交给同学："你帮我拿着武器。我从西城口出城，绕过老人山到北城门外，再和你们会合！"

**第六幕：**

女学生齐唱《女革命军》："女革命，志灭清，摒弃那粉黛去当兵，誓将胡儿来杀尽。五种族，合大群，俾将来做个共和民。"

美国传教士汤姆森在一旁观察，并感叹道："在中国历史上，第一次，一群女子拿起武器走上前线。"

结语：在辛亥大变局中，在密集的人流中，我们看到了百年前同龄学子们年轻而富有朝气的面孔。当时，他们只是那幕历史的群角或观众，但穿越浩渺的时空，这些辛亥之子们向我们传递出一个共同的理念——天下兴亡，匹夫有责。

**案例点评**：本课不是学生编演的历史剧，而是历史人物在"自说自话"。学者傅国涌所著的《百年辛亥——亲历者的私人记录》提供了一个学习历史的新路径——由最真实的私人记录重返历史现场。本课试图通过一个情境和角色体验的方式，让学生感受百年前辛亥巨浪中年轻学子的所思所为，从而抵达最真实的历史深处，深刻体悟到家国情怀是一个人对自己国家和人民所表现出来的深情大爱，是对国家富强、人民幸福所展现出来的理想追求，是对自己国家的一种高度认同感和归属感、责任感和使命感的体现，是一种深层次的文化心理密码。

综上所述，家国情怀是历史学科核心素养中价值追求的目标。家国情怀在高中历史教学中的渗透和深入不仅能有效提升历史学科的育人价值和人文内涵，同时也有利于提高学生的历史学习与理解能力。因此，高中历史教师需要多措并举，促进家国情怀素养的落实，为学生历史学科核心素养和综合能力的发展打下坚实基础。

# 单元 2　基于历史学科核心素养的教学实践

## 教学关键问题 2-1　如何开展高中历史课程教学背景分析

新版课程标准对普通高中历史课程的性质与基本理念做了明确表述：普通高中历史课程，是在义务教育历史课程的基础上，进一步运用历史唯物主义观点，以社会形态从低级到高级发展为主线，展现历史演进的基本过程以及人类在历史上创造的文明成果，揭示人类历史发展的基本规律和大趋势，促进学生全面发展的一门基础课程。高中历史课程的基本理念是以立德树人为历史课程的根本任务，坚持正确的思想导向和价值判断，以培养和提高学生的历史学科核心素养为目标。同时，特别强调课程结构的设计、课程内容的选择、课程的实施等都要始终贯穿发展学生历史学科核心素养这一任务。教师在课程实施过程中应进一步改进教学方式、学习方式和评价机制，将教、学、评有机结合，促进学生自主学习、合作学习和探究学习，提高实践能力，培养创新精神。众所周知，教学背景分析是教学设计的第一步，是教师进行教学设计的依据。历史课程的性质与基本理念既为教师进行教学背景分析指明了方向，同时也表明精准的教学背景分析是影响历史教学效果的关键因素之一。

### 一、问题分析

#### （一）教学背景分析的主要内容

"教"依据"学"，因此，科学合理的教学设计首先要考虑的就是学习者的学习起点，并在此基础上分析所要教学的课程内容，确定教学目标以及教学重点和难点，并选择合适的教学资源和教学策略，设计整个教学活动的流程。由此看出，教学背景分析对于历史教学设计是不可或缺的。一般来说，教学背景分析主要包括：学习需要（学习动机）分析，学习内容分析和学习者（学生）分析。在历史教学设计过程中，教学背景分析主要从以下几个步骤展开：

1. *依据课程标准，正确理解教材内容*

新课程实施以来，广大教师逐渐确立了"用教材教"的新教材观，这对落实高中历史新课程改革的理念具有重要作用。2019 年开始使用的部编版高中历史教材，较以前的版本也有非常大的调整。以现行高中历史必修《中外历史纲要》来看，教材不仅是历史知识的文本叙述，还具有资料研读、问题探究等方面的引导作用。这样的教材与传统教材相比，在体例、结构等方面都有很大不同。教材的调整也给教学设计过程中的教学背景分析，特别是正确理解和整合教学内容提出了新的挑战。这一部分内容应该包括：分析教材所涉及的基本内容，梳理单元知识结构框架，描述知识的纵向与横向联系，将教材内容置于某个历史时空阶段内进行解读，挖掘本单元知识在学生学科核心素养形成过程中的教育价值,这些内容之间既相对独立,又彼此联系,呈现出层层递进的逻辑关系。

#### 2. 聚焦学科核心素养,实证分析学生情况

高中历史课程的基本理念之一是将培养和提高学生的历史学科核心素养作为目标,使学生通过历史课程的学习逐步形成具有历史学科特征的正确价值观、必备品格和关键能力。在这一基本理念的指引之下,实证学情也成为在教学背景分析过程中非常重要的组成部分。奥苏贝尔曾说,影响学生学习新知的唯一重要的因素,就是学生已经知道了什么,要探明这一点,并据此进行教学。教学某一内容之前,了解学生已经具备的探索这一新知所需的知识基础、学习经验之上的学习,才是扎实有效的,所学知识才能真正转化为核心素养,才能真正促进学生形成正确价值观、必备品格和关键能力。具体来说,实证分析学生情况主要包括了对学生的认知发展水平、学生的学习起点,以及学生的学习风格和动机等的分析。学生的学习起点水平分析主要有三个方面:学生的预备能力分析、学生的目标技能分析和学生的学习态度分析。通过了解学生的学习起点水平可以确定教学起点,从而提高学习效率,保证良好的教学效果。[1]

#### 3. 依据课程标准和学情,整合确定教学内容

在解读课程标准、分析学情之后,教师要进一步整合确定教学内容。以《中外历史纲要》的教学实际为例,每一课的内容量都比较大,时间跨度长,课时安排比较紧凑,通过课程标准和学情来整合确定教学主要内容,将成为高中历史课程备课的新常态。因此,教师在备课过程中要特别注意把握历史现象之间的联系,以便提高教学效率。历史现象之间的联系主要表现为两种情况:一种是纵向联系,包括一个历史事件从发生、发展到高潮直至结束的完整过程,如历史现象之间的因果关系、历史发展的线索、历史发展的基本进程等;另一种是横向联系,如同时期政治、经济、文化之间的相互影响和作用等。通过对历史现象之间的联系进行本质分析,教师可以更好地把握核心内容,在教学设计中轻重得当,获得良好的教学效果。

### (二) 为什么要开展教学背景分析

建构主义理论认为:学习不是由教师向学生传递知识,而是学生主动建构自己知识的过程。普通高中历史课程的目标是坚持落实立德树人根本任务。学生通过历史课程的学习,形成历史学科核心素养,得到全面发展、个性发展和持续发展。学情是教学的起点,教师只有在准确客观分析学生起点的基础上,分析所要教学的课程内容,才能有效达成高中历史课程的育人目标。在教学实践过程中,有时会出现学情分析与教学实际不相符的情况,教师精心准备的教学内容,学生已经学会和掌握,整节课学生只能"配合老师"将已掌握的内容"重新"学习一遍,课堂效率低下,学生实际收获甚少。出现这种现象的原因是教师忽视了对学生学情的分析。设定的学习起点与学生实际需求不吻合,教学准备中的零起点、低起点或学习起点分析与本课教学内容不符,都会导致教学设计与实施出现问题,从而影响教学实效。因此,教学背景分析是

---

[1] 何成刚. 历史课堂教学技能训练 [M]. 上海:华东师范大学出版社,2008:20.

高中历史教学设计必不可少的环节，是教学活动开始的第一步。具体来说，教学背景分析的重要意义主要有以下几点：

### 1. 有利于初高中历史学科贯通培养

新版课程标准指出，普通高中历史课程结构的设计应与义务教育历史课程紧密相连。高中历史课程在结构设计和内容编排上，既要注意与义务教育历史课程的衔接与贯通，又要注意两者的区别，使学生在学习义务教育历史课程的基础上进一步掌握历史知识和技能，拓宽历史视野，强化历史思维，确立正确的历史观。教师进行历史教学背景分析，可以更加清晰地理解课程标准和教材内容，找准学生在义务教育阶段已有的历史知识基础，设定学生历史学习的起点，从而在了解学生的知识基础、生活经验的基础上进行教学设计。只有建立在学生已有知识、学习经验上的学习，才是扎实有效的，才有利于初高中历史学科贯通培养。

### 2. 有利于教学重难点的把握

把握教学内容中的重点与难点也是教学设计过程中的重要步骤。精准地确定教学重难点，既是教学设计的基本要求，也是解决教学容量大、课时紧等实际问题的重要途径。全面而客观的教学背景分析，有利于教师准确把握教学重难点。例如，北京师范大学附属实验中学的于晓蕊老师在设计《中外历史纲要（上）》第4课"西汉与东汉——统一多民族封建国家的巩固"时，有如下教学背景分析：

学情分析：

（1）已学：两汉建立及衰亡的基本史实；汉武帝巩固大一统的措施；光武中兴；两汉科技文化。

（2）熟悉：文景之治、七国之乱、王莽建新朝、黄巾起义、推恩令、盐铁专卖、独尊儒术、击匈奴、通西域、光武中兴、《史记》、《汉书》等。

（3）未知：中外朝、平准均输、东南沿海和西南少数民族治理。

（4）学生特点：思维活跃、问题意识、探究精神。

教材内容：凸显统一多民族国家的巩固。

教学重点：汉武帝经济措施的实质及影响。

教学难点：汉武帝对统一多民族国家的巩固。

这样的重难点选定充分考虑了教材内容的编排，以及学生已有的知识储备和认知特点。同样的教学内容，面对不同的学生，教学重点与难点也会随之调整。因此，详尽细致的教学背景分析，有利于教师进一步把握教学重点与难点，从而更好地完成教学，达成最佳教学效果。反之，如果缺少教学背景分析，那么设计出来的课程将很难做到切实有效，容易导致整节课重点偏移，难点无法突破，教学效果大打折扣。所以在教学设计时，认真做好教学背景分析有利于把握教学的重点与难点，使教学设计更具实践性。

### 3. 有利于落实学科核心素养

通过精准的教学背景分析，教师可以充分理解和发掘教学内容中所蕴含的核心素养要素的内涵，厘清教材内容中所蕴含的唯物史观、时空观念、史料实证、历史解释、家国情怀等素养，并做到心中有数。教师可以在课前对教学内容中所蕴含的历史学科核心素养进行分析，并将其转化到教学情境设计中，让学生在情境中培养历史学科核心素养。此外，在教学背景分析过程中，教师要对学生学习的起始状态有清晰准确的定位，以便把握学生的知识基础和生活经验，了解学生的兴趣点，设计符合学生情感需要的教学环节，掌握学生历史思维结构的发展情况，为确定学生现有历史素养水平和进行深度教学打下基础。

教师在分析学情时，要按学生对知识的掌握程度来分类，如可分为已学过的知识、熟悉的知识、未知知识等，这样教师在设计新课的过程中就可以有的放矢。另外，还可以按学生学科核心素养的层级来对学情进行分析。例如，从学生掌握知识的程度来区分学生已掌握知识背后所蕴含的核心素养的层级和水平，在教学设计过程中针对不同层级和水平创设情境，开展教学活动，并始终关注学生的个体差异，注重不同层级标准的接续与修正，这样设计的教学内容和环节更有助于学科核心素养的落实。

## 二、解决策略

### （一）依据课程标准，正确理解教材内容

课时教学设计的第一步是深度理解教学内容，在《中外历史纲要》教学中，更应该准确把握教材的主干知识，在分析课程内容的基础上整合教材内容，充分分析教材内容是如何体现课程标准要求的。例如，课程标准中对秦汉大一统国家的建立与巩固有以下要求：通过了解秦朝的统一业绩和汉朝削藩、开疆拓土、尊崇儒术等举措，认识统一多民族封建国家的建立及巩固在中国历史上的意义；通过了解秦汉时期的社会矛盾和农民起义，认识秦朝崩溃和两汉衰亡的原因。针对这一内容，教师应该首先分析出两个要点：认识大一统国家的建立与巩固在中国历史上的意义；认识秦朝崩溃和两汉衰亡的原因。显然，大一统国家的建立与巩固是本部分的重点。在教学过程中，教师要特别注意引导学生理解"大一统国家"这个概念。"大一统国家"是从"早期国家"发展而来，不仅表现在国家版图范围更大，更在于建立了封建君主专制中央集权国家，政权组织结构更加紧密，管理力度更为强化。通过分析，我们应该明确，在讲授这个内容时，应该注意历史发展的曲折性，秦朝虽然建立了大一统国家，但随着秦朝的灭亡，其很多举措被质疑和否定，导致大一统国家的发展也受到一定影响。直到汉武帝时期，才通过对内对外的一系列措施充分巩固了大一统国家的发展模式。同时也应该通过分析，看到这一部分的第二个要点，也就是秦朝崩溃和两汉衰落的原因，这一要点不能被忽视。与早期国家相比，大一统国家的国力更加强盛，对社会的控制更加紧密，但统治缺乏弹性，秦朝和两汉展现了中国古代大一统国家覆亡的主要模式，即亡于内部的社会矛盾，但具体覆亡方式又有不同，秦朝是危机急剧爆发，两汉则是危机逐渐积累。而且，对于王朝覆亡的问题，课程标准在秦汉后的朝代中不再有较多表述，因此，应该认真设计此专题的教学，以便学生能够掌握相关内容。

解读课程标准之后，教师可以按照以下步骤来分析和理解教学内容。首先，应该

明确教学单元的主题；其次，要研究课题的立意及地位；再次，应该分析教学内容的结构与逻辑；最后，要发掘教学内容中的核心素养要点。教师在阅读教材的过程中，要初步分析单元之间、课题之间的联系。特别是部编版高中历史教材，其每个章节都有核心主题，教师应该充分把握教材中的核心主题，围绕核心问题深挖教材，开展内容设计。例如，在讲授"西汉与东汉——统一多民族封建国家的巩固"时，对汉武帝大一统的措施稍作分析，就能让学生理解汉代大一统的巩固措施，而具体到某一项措施制定的背景与影响等细节内容不用过度展开，以免干扰学生对单元主题和主干内容的理解。

  在分析教材内容的过程中，应该将教学内容按照高中历史学科素养的要点进行分类，分别从唯物史观、时空观念、史料实证、历史解释、家国情怀五个方面对教学内容进行梳理，以便与学情分析相结合，为教学设计提供翔实的素养目标分析基础。例如，对于"全球联系的建立"这一主题的教学分析，始终应该从唯物史观的视角来看待和理解人类历史上的这一事件，在分析新航路开辟的动因时应该以史料创设情境，让学生认识到新航路开辟有其深刻的原因。新航路开辟的过程虽然在初中学习过，但也应该从时空观念的视角，让学生对此部分内容进行巩固。新航路开辟的影响是本专题的重点和难点，所以教学设计应该呈现不同角度的史料，加强学生对新航路开辟的影响的认识，引导学生尽可能全面、立体地挖掘和阐述其具体影响，理解大航海时代到来的重要性，即人类历史在这一阶段开始从分散走向整体发展。全球海路大通开启了真正意义上的世界历史阶段，使全球各地从相对封闭走向联系，世界各国、各民族和各地区开始逐渐连成一个息息相关的整体。通过大航海时代历史的学习，学生能够形成全局眼光和国际视野。

  (二) 聚焦学科核心素养，实证分析学生情况

  在深入理解课程标准之后，应该聚焦历史学科核心素养，实证分析学生情况，为教学设计的起点打下基础。实证分析学生情况应该先分析学生的历史学习起点。通过分析学生的历史学习起点可以了解学生的知识基础、生活经验，并利用学生探求新知所需的预备知识和技能，确定教学起点。在实施课程标准的过程中，应该以学生历史学科核心素养水平为起点进行教学设计。学生的历史学习是具有历史学科学习特殊性质的认识活动。

  在了解学生历史学习起点的基础上，要对学生的学习预备能力进行分析。也就是在开始一项新的教学活动前，教师要对教学内容进行分析，确定学生在学习该内容之前应该达到的素养水平。具体操作方式一般是教师先对所教内容进行学科核心素养系统分析，形成一个网络系统，然后根据课程标准要求，划定核心素养水平层级，确定教学实施的起点水平线，在水平线以下的部分是学生应该具备的预备能力。在分析学生的预备能力时，可以采用预测法、谈话法和预习提问法。采用预测法时，可以在学习内容分析结果图上设定一个起点，把起点以下的知识、技能与素养作为预备能力，并以此为依据编写测试题，测试学生对预备知识、技能与素养的掌握情况。谈话法主要用于平时单一教学单元学生预备能力分析。在进入一个新的单元教学时，教师在分

析了单元教学内容之后，可将与本单元教学相关的知识、能力与素养目标列一个清单，设计相应的谈话提纲，在与学生交流的过程中了解学生所在的层级水平，并以此为判断依据，确定教学补救措施。采用预习提问法时，教师应以开放式问题为主，尽量减少封闭式问题或以"是"与"否"回答的问题。在教学实践中，教师应该鼓励学生在课前阅读教材内容，进行有效预习。

### （三）依据课程标准和学情，整合确定教学内容

在充分了解课程标准和学情之后，就可以对教学内容进行整合。在《中外历史纲要》的教学过程中，对教学内容的整合处理尤为重要。特别是部编版初中历史教材推广使用以来，绝大多数学生都已经具备一定的通史基础，所以初中阶段已经讲过的基本常识就可以一带而过，而对于高中课程标准要求的重难点内容及学生了解不足的部分，则应该着重进行设计。

北京市房山区实验中学韩雪老师在"家国情怀与统一多民族国家的演进"一课的教学设计中，使用了K-W-L表对学生的学习预备能力和学习需求进行调研（表2-1-1）。

表 2-1-1　学生的预备学习能力和学习需求

| K（我知道什么） | W（我想学什么） | L（我学到了什么） |
| --- | --- | --- |
| 1. 历史人物：秦始皇、唐太宗、康熙帝；<br>2. 中国古代历史上的民族交融；<br>3. 近代反对外来侵略的斗争；<br>4. 现代的民族政策；<br>…… | 1. 进一步了解中国古代疆域的发展演变；<br>2. 近代维护主权的斗争中各阶层的抗争活动；<br>3. 现阶段中国境内各民族的发展状况；<br>4. 了解在统一多民族发展历程中的重要历史人物；<br>…… |  |

通过调研和学情分析，韩老师将本课教学内容整合为有关家国情怀与统一多民族国家演进的四个主题：古代疆域演进、近代民族抗争、现代繁荣发展、典型历史人物，指导学生从这四个角度分组进行合作探究。最终，学生在相互合作和教师的指导下，分组展示汇报小组成果，发挥了学生的主体作用，学生的综合素养在历史主题活动学习情境中得到了培养和锻炼，较好地达成了本节课的既定目标。

## 三、实践案例

本部分选取的案例是部编教材选择性必修1《国家制度与社会治理》第五单元第15课"货币的使用与世界货币体系的形成"的教学背景分析。作为新版课程标准要求设置的课程内容之一，选择性必修教材是第一次在教学实践中应用。该模块课程是通过国家制度和社会治理的相关内容，揭示人类政治生活的发展历程，是必修课程的递

进与拓展。面对选择性必修课程如何开展教学背景分析是教师在执教新教材过程中面临的共性问题，且教材内容庞杂、涉及问题精深，如何在教学背景分析过程中落实课程标准要求，如何对接学生实际学情，完成历史学科核心素养培养目标，在教学起点的分析中都需要进行深入探讨。因此，本节课教学背景分析的过程有一定的示范意义。

## "货币的使用与世界货币体系的形成"的教学背景分析[①]

**步骤一**：结合课程标准，正确理解教材内容

课程标准要求：了解中外历史上货币发行和使用情况，以及现代世界货币体系的形成。

基于课程标准要求，我们可以确定本课的教学要点：了解中外历史上的货币问题。人类使用货币的历史产生于物物交换的时代。最早作为一般等价物或交换媒介使用的货币通常是某种特殊物品，后来逐渐固定为金属，并发展出重量、成色统一的金属铸币，后来又出现了纸币。随着全球化趋势的加剧，不同国家货币之间的兑换比率即汇率成为一个复杂的问题。1944年的《布雷顿森林协议》确立了美元的国际货币地位，由此形成了相对稳定的世界货币体系，即"布雷顿森林体系"。1971年，"布雷顿森林体系"瓦解，以美元为中心的固定汇率制度崩溃。1976年的《牙买加协议》确认了浮动汇率的合法性，维持全球多边自由支付原则，但仍然存在很多问题有待解决。

教材结构分析：本课有两个子目，一个是"中国历史上货币的演变历程"，另一个是"世界货币体系的形成"。两个子目之间的逻辑关系基本为并列关系，因此分别进行讲述。中国古代经历了从自然货币到人工货币，从多元货币到统一货币，从金属货币到纸币，以及白银货币化的过程。中国近代以来的货币变化重在突出法定货币变化历程，从银圆到法币，到金圆券、银圆券，再到新中国成立后，人民币成为中华人民共和国的法定货币。直到今天，人民币的影响力不断扩大。世界货币体系讲述了从以英镑为中心的金本位制到以美元为中心的布雷顿森林体系，再到当今国际货币情况，即牙买加体系的演变过程。

**步骤二**：聚焦学科核心素养，实证分析学生情况

通过课程标准和教材结构分析，我们可以看出，无论是中国货币的演进，还是世界货币体系的形成，都有相当大的变化。这些变化的深层次动力主要来自生产力水平的提高和社会经济的发展，因此可以通过本课教学重点加强对学生唯物史观素养的培养，引导学生运用唯物史观的基本立场、观点和方法来理解与解释中外货币和世界货币体系的发展演变。

在聚焦分析本课内容所蕴含的学科核心素养之后，教师还通过访谈，对学生的学习态度进行了解。由于高二学生疫情期间居家学习，学习效果不是很好，对世界通史尤为生疏，而且本节课还有政治、经济、金融学知识，具有明显的跨学科特征，内容多，跨度大，难理解，与学生生活联系不太密切，所以应该在教学设计和学法上下功

---

① 本案例由北京工业大学附属中学王伟伟老师提供。

夫。在聚焦本课教学内容所蕴含的学科核心素养要点之后，教师对学生的学习预备能力做了问卷调查。调查问卷如表 2-1-2 所示。

表 2-1-2　学生的学习预备能力调查问卷

| 调查题目 | 知识细目 | 学生知识储备情况 |
| --- | --- | --- |
| 本课之前，你对"中国货币的演变历程"和"世界货币体系的形成"有哪些了解？ | 关于中国古代货币的演变你已经了解了哪些知识？ | 基本都知道贝壳货币、春秋战国时期的刀币、秦半两、汉五铢、纸币交子和白银等 |
| | 关于世界货币体系你知道什么？ | 30%同学表示从政治课上知道金本位制；30%同学表示知道布雷顿森林体系；50%以上同学表示知道国际货币基金组织和世界银行，不太清楚世界货币体系的具体情况。<br>少数同学了解当今世界"美元依然处在霸主地位，人民币地位逐步上升" |
| | 你知道亚投行（亚洲基础设施投资银行）吗？ | 40%同学表示通过新闻听到过；20%同学知道由中国倡议建立，总部设在北京 |
| 你还想了解关于中国货币和世界货币体系的哪些知识？ | | 20%同学关心人民币的前景；30%同学希望了解世界货币体系的演变的历程 |

通过问卷调查，教师得出以下结论：

1. 同学们了解最多的是中国古代各个时期的货币名称。这符合学生从初中到高一的历史课程内容学习或者生活知识的积累。尤其是对秦统一货币的史实认知度最高，但缺乏对货币制度演变原因的理性分析。例如，宋元纸币盛行的深层次原因有哪些？纸币的发行在世界史上属于"超前"发明，为何明朝中后期又被白银取代？这些问题的解决是本课学习重点，即唯物史观素养要求学生透过现象认识事物发展演变的内在原因。

2. 关于世界货币体系的演变，同学们的知识储备远远不及对中国古代货币史的了解。学生的认知途径多元化，大多是对个别知识点的零星了解。教师需要运用史料创设情境，引领学生认识从金本位制到布雷顿森林体系再到牙买加体系的发展变化历程，并理性分析当今货币体系中美元的特殊地位和世界货币体系的不对称性，引导学生关注当今国际金融形势和人民币国际化。

3. 关于由中国倡导成立的亚洲基础设施投资银行（简称"亚投行"），只有经常关注时政信息的同学有所了解。因此，教师需要引导学生认识亚投行的宗旨、理念，与国际货币基金组织的不同，以及对人民币国际化的重要意义。

4. 通过"你还想了解关于中国货币和世界货币体系的哪些知识？"这一问题的调查结果可以看出，部分学生对时政的关心和了解当今国际金融形势的迫切需求。因此，本课的立意是，引导学生通过学习中国和世界货币历史的演变历程，尽可能地关注当前国内外货币状况，展望未来。

总之，学生对这块知识的认知是个别的、片面的、零碎的。教师需要梳理货币制度演变的内在逻辑关系，注重系统性，并把历史学习和当今国际货币金融的现实相联系，把兴趣培养与学以致用结合起来。

**步骤三：** 依据课程标准和学情，整合确定教学内容

在完成上述两个步骤后，教师对教材内容和学情有了比较客观的了解，并做出了如下分析：本课有两个子目。如何把这两个子目更加有机地结合起来，有效抓住学生的注意力，渗透历史学科核心素养的培养，是本课教学设计主要考虑的内容。故以中国倡导建立的、总部设在北京的亚投行为主线，串起整节课的教学内容。以亚投行的网络招聘广告导入，通过面试题的情境设置完成从中国货币演变到世界货币体系的跨越，构建两个子目之间的联系。最后通过面试题情境，形成对人民币国际化的展望。

在整合过程中，要特别注重细节的处理和历史情境的设计，使这节关于"货币"和"金融"的课变得生动、有趣、易懂，如创设应聘面试场景、面试题的解答、设置布雷顿森林会议的历史情境、两个人物的较量、戴高乐兑换黄金的历史场景等。

综上，客观全面的教学背景分析是教学设计的起点。通过教学背景分析，教师可以更加精准地把握教学重难点，落实学科核心素养能力要点，在新课程体系逐渐落地的背景下，能够支持学生在历史课程学习中的个性化需求，增加学生在历史课程学习过程中的获得感，增强教学实效性。

## 教学关键问题 2-2　如何确立及合理表述指向历史学科核心素养培养的教学目标

新版课程标准重点突出了以培养和提高学生的历史学科核心素养的课程目标，对高中历史教师提出了在全面理解历史学科核心素养的基础上，科学制定教学目标的新要求。教师在确立和合理表述指向历史学科核心素养培养的教学目标时，应将核心素养作为教学目标的出发点和落脚点，针对不同学段、模块、课时制定系统化、实际性、递进性、具体化的教学目标，以便更好地指导教学活动，将知识本位转变为素养本位，培养能够适应新时代要求的人才。

### 一、问题分析

新版课程标准规定：历史课程要将培养和提高学生的历史学科核心素养作为目标，使学生通过历史课程的学习逐步形成具有历史学科特征的正确价值观、必备品格与关键能力。课程结构的设计、课程内容的选择、课程的实施等，都要始终贯穿发展学生历史学科核心素养这一任务。

新版课程标准颁布后，历史学科核心素养是中学历史教师听到、见到最多的词汇之一，但很多教师还有困惑，如什么是历史学科核心素养？为什么要培养和发展学生的历史学科核心素养？新版课程标准与 2003 年版课程标准有何区别？新版课程标准中的历史学科核心素养作为学科目标与 2003 年版课程标准中的三维目标有何区别？

有效解决以上问题，能帮助我们更好地理解和设计历史教学。下面我们将逐一进行解释。

#### （一）核心素养

核心素养被称为 21 世纪素养或 21 世纪技能。现在全世界教育界，以及各个学科的教育关注的焦点之一就是学生发展核心素养。自 20 世纪末 21 世纪初以来，一些国际组织和发达国家，如联合国教科文组织、经济合作与发展组织、欧盟、美国等，均从理论和实践两方面确立了影响深远的核心素养框架，以迎接信息时代的挑战。而且，当今世界几乎所有研究核心素养的机构或国家研究核心素养的目标都指向 21 世纪信息时代公民生活、职业世界与个人自我实现的新特点和新需求。

发展核心素养也适应了我国可持续发展的人才要求。2013 年，以林崇德先生为首席专家的"核心素养研制组"成立，该课题组提出了核心素养的定义、特点以及具体内容。

概括而言，核心素养是学生在接受相应学段教育的过程中，逐步形成的适应个人终身发展和社会发展需要的必备品格和关键能力。具体来说，核心素养是个体在面对复杂的、不确定的现实生活情境时,分析情境、发现问题、提出问题、解决问题、交流结果过程中表现出来的综合性品质;是个体解决真实的专业领域和现实生活问题时所需的关键能力或必备品格;是个人生活必需的条件,也是现代社会公民(国民)必备的条件。[1]

### (二)历史学科核心素养

学生发展核心素养主要通过各个学科的教育教学来实现,是各个学科教育教学共同发生作用的综合呈现。学科核心素养是核心素养在特定学科的具体化和专业化,是学科育人价值的集中体现。历史学科核心素养是学生在接受历史教育的过程中逐步形成的具有历史学科特征的正确价值观、必备品格和关键能力,是历史知识与历史见识、能力与方法,以及情感态度与价值观等素养的综合体现,在积淀历史智慧、凝练历史品格、锤炼历史思维能力、升华历史情操等过程中发挥着至关重要的作用。

课程标准从马克思主义历史哲学的本体论、认识论和方法论出发,在尽量充分认识历史学科的特征和历史教育功能的基础上指出,历史学科核心素养的确定是基于历史学科本质和历史教育本质的要求。历史学科核心素养的培养在整个学生发展核心素养体系中发挥着基础作用。

### (三)课程标准对教学目标要求的变化与延续

课程目标是一门课程学习的总体要求,从1949年到2000年,我国共颁布了十余个版本的中学历史教学大纲,在教学目的和要求中,教学目标一直以基础知识和基本技能为标准,简称为"双基"教学目标。"双基"注重基础知识与基本技能的教学,但忽视了知识获取与能力培养的途径和方式方法,也忽视了学生的学习兴趣,影响了学生的全面发展。

2003年印发的《普通高中历史课程标准(实验)》鉴于"双基"的情况,将课程目标明确规定为学生通过历史学习应达到知识与能力、过程与方法、情感态度与价值观三个维度的目标,即三维目标。三维目标与"双基"目标相比,提出了"过程与方法",要求学生学会学习,且将历史教育的政治教育、社会教育功能与人的发展教育功能结合起来,要求学生学会做人。

以三维目标为导向的历史教学曾取得了较好的效果,在一定程度上改变了教学实践中过于注重知识传授的倾向,强调学生应形成积极主动的学习态度,在获得历史基础知识和基本技能的同时,学会学习并形成正确价值观。但随着社会发展,三维目标也存在一些问题。例如,虽然强调过于注重知识传授并不可取,但一些教师在历史教学实施过程中,仍把知识讲授与考查作为唯一的目标依据,从而使三维目标仍停留在"双基"教学的层面上,对历史教育与提高国民素养的关系关注不够。

历史学科核心素养的五个方面是一个整体,反映了不同方面的要求。通过诸素养的培育,可以达到立德树人的要求。

从三维目标到历史学科核心素养,并非是对三维目标的否定,而是一种继承与发

---

[1] 徐蓝. 谈谈研制高中历史课程标准的一些体会[J]. 历史教学(上半月刊), 2016(12): 14-15.

展。历史学科核心素养以学科知识与技能为基础，整合了情感、态度和价值观在内的，能够满足特定现实需求的综合性品质和相关能力。在历史教学中，学生不仅要获取历史知识，更要具备更上位的东西。例如，掌握学习历史的理论、能力与方法，能够像一个历史学家那样去理解历史、构建自己对历史的解释；形成正确的情感、态度和价值观。可以说，历史学科核心素养是学生学习历史之后所形成的、具有历史学科特点的关键成就。[1]

厘清以上概念后，我们对新版课程标准中对教学目标的要求有了更深刻的理解。我们在具体教学中也要体现和培养学生的历史学科核心素养。教学目标是教学设计的重要组成部分，确立和合理表述教学目标在历史教学中至关重要。那么高中历史教师如何针对新版课程标准、新教材确立教学目标呢？如何合理表述指向历史学科核心素养培养的教学目标？

## 二、解决策略

### （一）如何确立教学目标

#### 1. 教学目标的概念

教学目标贯穿教学、学习和评价的全过程。课堂上的一切都是为了促进学生的学习，教师在选择教学过程和讲解材料之前，必须先确定自己希望学生达成的目标。合理的教学目标不仅能够为教师设计各种有助于达成教学效果的教学方法和教学内容提供有效指引，还可以为学生学习提供明确的努力方向，使学生明确进行多种学习活动的目的。

教学目标是教育思想、教育观念和教学任务的具体反映，既是实施课堂教学的主要依据，也是评价教学活动的基本标尺。美国教育学家布卢姆认为，教学目标是用特定的方式描述教学之后学生能够做什么或者学生具备哪些特征。我国学者认为，教学目标是指教师预期学生能够达到的学习效果，它可分为课程教学目标、单元教学目标、课时教学目标等不同层次。

#### 2. 确立教学目标的一般过程

美国学者也提出教学目标的表述方法是基于教学预期的学习结果，而不是基于某一种特定的教学方法。目标的语言应简要地指出教师所期望的有助于达成预期学习目标的学生学业表现。因此，表述目标的这一方法可用于从简单到复杂的所有学习结果类型，尤其适用于表述现在越来越强调的较高水平的学习结果。同时他们还指出，每个教师都应根据所教学科和学生情况，在教学过程中设定一般教学目标、具体学习结果和学生学业表现。具体内容如表 2-2-1 所示。[2]

---

[1] 朱汉国. 普通高中历史课程标准的修订及主要变化 [J]. 历史教学（上半月刊），2018（2）：3-8.
[2] 格朗伦德，布鲁克哈特. 设计与编写教学目标：第 8 版 [M]. 盛群力，郑淑贞，冯丽婷，译. 北京：中国轻工业出版社，2017.

表 2-2-1　制定教学目标的一般过程

| | |
|---|---|
| 一般教学目标 | 是对预期教学结果的概括表述，一般用能表征学生某种行为表现的概括性术语表示，如"理解一份书面材料的字面含义"。一般教学目标要通过一系列具体的学习结果做进一步说明，以明确教学的意图 |
| 具体学习结果 | 是对预期教学结果的具体表述，一般用能表征学生某种行为表现的具体的、可观察的术语表示，如"在一篇短文中找出一些显而易见的细节"。具体学习结果表征的是学生在达成一般教学目标后可以展现出来的某种表现类型。具体学习结果也叫具体目标、表现性目标和可测量目标 |
| 学生学业表现 | 是学习的结果，即学生学习之后能被观察到的或者能被测量的学生的反应 |

概括而言，编写课堂教学目标时可分为两步：编写作为预期学习结果的一般教学目标；在一般教学目标下列举具体学习结果的表现类型，以便做进一步说明。

3. 常见问题

虽然上述过程看起来很简单，但在具体操作时很多教师会发现难度很大。教师在编写教学目标的过程中容易出现的问题主要表现在以下四个方面：

问题一：教师最容易犯的一个错误是在确立和表述教学目标时把自己当作主体而不是学生。例如，"增强学生对中国古代政治制度的理解"，这种表述是教师采取相应活动作用于学生，而不是把学生作为教学目标的最终主体。

问题二：教师在确立和表述教学目标时，关注的是学习过程而不是学习结果。例如，"获取有关孔子生平的信息"强调的是学习过程，而不是能够证明学习已经发生的学业表现类型。又如，类似的词汇还有获得、习得、发展等，这些都是主要关注学生的学习过程，而非学习的预期结果。

问题三：教师在编写教学目标时仅列举学科内容，并没有明确指出学生需要理解的内容。例如，"理解洋务运动的基本史实"，这种表述涵盖了所有与洋务运动相关的内容，知识表述不具体。因此，教师应该将教学目标和具体学习结果表述得更为具体和详细，如"通过分析史料，理解洋务运动的背景和性质；结合地图，清楚洋务运动的主要活动地点，认识洋务运动对中国近代化的影响"。

问题四：教师在编写教学目标时列出了多个学习结果，如"知道唯物史观并有效地运用唯物史观"，这种最好将两个目标分开表述，因为有些学生可能仅仅知道（如只能够描述），但还未能达到有效运用的水平。如果把两者分开表述，教师就可以根据具体学习结果来编写教学目标，并能很明确地知道每一个教学目标各自的达成情况。

4. 编写教学目标的原则

结合以上常见问题，中学历史教师在编写教学目标时应注意以下几点：

（1）教学目标要有整体指导性。在教学活动中，教学目标要始终贯穿全局，发挥指导作用，将学科课程教学目标、单元教学目标、课时教学目标上下衔接，形成系统。

（2）教学目标应贴近学生实际情况。教学活动的主体是学生，但学生群体存在差异，因此在制定教学目标时应考虑学生的知识储备、学习态度、喜好风格、认知结构等实际情况，灵活制定。

（3）教学目标应注重递进性。教学活动是一个循序渐进的过程，不仅学生的认知水平在不断发展，教学内容也是彼此联系的，因此确立教学目标时应由低到高逐次渐进。

（4）教学目标的确立和表述要具体。教师应根据课程标准要求和教材内容、学生情况，确立明确、具体、有针对性的教学目标，同时使教学目标可观察、可测量。

## （二）合理表述指向历史学科核心素养培养的教学目标

新版课程标准要求：要实现基于历史学科核心素养的教学，教师须确立新的认知观、教学观和评价观，从知识本位转变为素养本位，努力将学生对知识的学习过程转化为发展核心素养的过程。为此，在教学实践中，教师要将教学目标、教学内容、教学过程及教学评价等聚焦于培养和发展学生的历史学科核心素养。教师确立和表述教学目标时，必须充分研究课程标准和教材，把握学生的实际情况，从而做到教学目标设计具体、明确、集中、恰当。

### 1. 核心素养的培养是教学目标的出发点和落脚点

教师在历史教学中应从发展学生历史学科核心素养的角度制定教学目标，将核心素养的培养作为教学目标的出发点和落脚点；认真研读历史课程标准，准确把握历史学科的性质及功能，深刻领会历史课程的本质和教育价值；完整把握历史学科核心素养的内涵及其具体表现，厘清三维目标与核心素养之间的关系，认识到历史学科核心素养的五个方面是一个相互联系的整体。在具体教学中，既要注重对某一方面核心素养的培养，也要注重对学科核心素养的综合培养。

历史学科核心素养是对三维目标的提炼和整合，因此想要确立指向历史学科核心素养培养的教学目标，应先以相关的单元主题、具体历史内容做铺垫，经过必要的问题思考、情境体验与知识迁移，才能形成相应的学科思维与素养。例如，在学习"秦统一多民族封建国家的建立"一课时，2003年版课程标准要求：知道"始皇帝"的来历和郡县制建立的史实，了解中国古代中央集权制度的形成及其影响。简述秦始皇兼并六国、建立专制集权国家的主要史实，评价秦始皇的历史功过。新版课程标准将秦汉内容放在一起，提出"通过了解秦朝的统一业绩和汉朝削藩、开疆拓土、尊崇儒术等举措，认识统一多民族封建国家的建立及巩固在中国历史上的意义；通过了解秦汉时期的社会矛盾和农民起义，认识秦朝崩溃和两汉衰亡的原因"。新版课程标准在注重掌握基础知识的同时，还强调提升历史学科核心素养，如果只泛泛地将教学目标定为"通过了解秦朝统一业绩，认识秦朝的历史意义"，就是过于强调知识传授，而没有提升历史学科核心素养。因此，我们在结合课程标准的同时，也要参看本课单元主题"从中华文明起源到秦汉统一多民族封建国家的建立与巩固"，以及本课的重要内容，结合本课的具体知识点"秦的统一""秦朝的暴政""秦末农民起义与秦的速亡"，确立本节课的教学目标：通过阅读教科书和相关史料，掌握秦统一六国、建立统一多民族国家措施的基本史实，将统一的顺序绘制时间轴进行时空定位，并在地图上绘制出秦朝疆域的四至；通过阅读材料，了解秦始皇巩固统一的各项措施，理解秦朝大一统国家的建立在中国历史上的重要意义；阅读针对秦始皇人物评价的相关史料，进行史料实证，提取史料信息，判断史料价值，在对比分析之后深化对历史人物复杂性的认识，进一步认识到应辩证地评价历史人物；通过学习，了解秦朝末年农民起义推翻秦朝统治，进一步认同人民群众是历史的创造者。

  本节课将教学内容所蕴含的历史学科核心素养有机结合在教学过程中。学生作为教学主体，在掌握历史基础知识的同时，通过阅读史料，评价史料价值，提升史料实证素养；通过绘制大事年表，掌握重要史事的先后顺序及彼此之间的关系，提升时空观念素养；通过提取史料信息，认识历史人物的复杂性，运用唯物史观对秦末农民起义进行历史解释；通过了解中国古代统一多民族国家建立后采取的各项措施，认同中国统一多民族国家，提升爱国情怀。本节课虽然将历史学科核心素养的五个方面分开呈现，但从整体上看又是相互交叉、相互影响的，既具体又全面，能够有效指导教学过程的设计。

### 2. 科学制定不同学段、模块、课时的教学目标

  针对高中历史课程的设置，教学目标的制定要依据课程标准的要求，不仅从整体上设计模块教学目标，而且要依据课程标准具体设计学习主体的教学目标和课时的教学目标，以使高中历史教学的全过程能够紧密围绕核心素养的培养，达到学业质量的要求。例如，部编版教材选择性必修3"近代殖民活动和人口的跨地域转移"一课为新内容，在以往岳麓版历史教材中并未单独成课。结合新版课程标准要求"通过了解历史上跨洲、跨国家、跨地区不同规模的人口迁徙，以及移民所面临的机遇与挑战，认识在迁徙与融入当地社会过程中出现的文化认同"。结合本课所在单元《人口迁徙、文化交融与认同》需要我们把握三个学习要点：多种形式的人口迁移；移民与多种文化相遇；人口迁移与文化交融和认同。其中的重点是理解人口迁移是文化交流与传播的重要途径，难点是解释移民与文化的冲突、融入和认同。结合本课内容"殖民扩张与美洲族群的变化""英国的殖民活动与大洋洲人口结构的改变""华工与美洲、大洋洲的开发"。结合学情分析，掌握学生对新航路开辟后欧洲殖民扩张、美洲印第安人族群变化、大洋洲人口结构变动、华工出国情况等史实的了解程度。我们可以将本课教学目标设定为：通过阅读史料，提取史料中关于欧洲早期殖民扩张对美洲族群带来了哪些影响，判定史料类型，分析史料价值；结合所学知识，了解近代殖民活动和人口跨地域迁移的主要分布地区，并分析其原因；通过阅读史料，了解近代华工被迫出国谋生的史实，分析华工对输入地和中国的影响，加深对近代中国受西方列强侵略的理解；通过讨论现在海外华人街的情况，进一步认识人口迁移带来的文化交流与传播，并小组内部展示讨论结果。上述教学目标结合了教学内容和学生的实际水平，使教学目标具有可操作性和可检测性，能够反映学生通过学习所表现出来的进步程度。

### 三、实践案例

本案例试图通过对一节高三复习课的内容进行分析,并结合学情制定具体、详细、可操作的教学目标,从而培养和提升学生的历史学科核心素养。

2-2 冷战与国际格局的演变

#### (一) 教材内容分析

**1. 教材使用**

本节课为2020届高三学生的一节复习课,采用部编版历史教材。面对新高考、新版课程标准,学生需要了解和适应部编版教材的相关内容,以便更好地把握新版课程标准,提升历史学科核心素养。

**2. 单元分析**

本课为世界现代史的重要内容,是教材的最后部分。学生主要学习第二次世界大战后的世界形势。本课在《中外历史纲要(下)》的倒数第二单元"20世纪下半叶世界的新变化",与其他教材相比,部编版教材更加细化,也更专注于讲述世界史内容,能让学生对冷战和第二次世界大战后的国际格局有更清晰的理解。

**3. 本课内容**

部编版教材分为三部分:冷战与两极格局、冷战的发展与多极力量的成长、两极格局的瓦解。根据新版课程标准要求,本课学习的核心内容为认识冷战的突出特征和第二次世界大战后国际秩序的演变。

#### (二) 学情分析

用以下问题对学生进行调查:① 冷战开始的时间、标志、典型事件;两极格局开始的时间、标志、典型事件;② 展示地图,请学生在地图上标出冷战时期国际影响力较大的国家;③ 冷战与"两极格局"有无区别?如果没有区别,为什么?如果有区别,区别是什么?④ 冷战与第二次世界大战的关系,冷战与多极化的关系;⑤ 能否讲述冷战的特征及其影响。通过调查发现,本校高三学生在第一轮复习本课时,对问题①回答较好,对后面几个问题却感觉难度偏大,能答出来的不多。

由此可见,学生经过高一、高二阶段的学习,已搭建起冷战和两极格局的基本知识框架,但是对很多词汇概念理解不到位,尚不能很好地理解和阐述冷战的突出特征,对冷战与世界格局变化之间的相互影响有了部分理解,但未能形成辩证的历史解释。而且因为部分同学对世界地图并不了解,对第二次世界大战后主要国家的地理分布尚不清楚。

本轮复习后,希望学生能正确解答以上问题,并通过阅读史料、观看图片和地图、绘制知识框架等活动,发展提出问题、分析问题、归纳总结的能力,培养历史学科核心素养。

#### (三) 教学目标

结合课标要求和学情分析,本课要完成以下教学目标:

（1）理解冷战和两极格局的概念。

（2）通过复习所学知识，比较、分析不同来源和不同观点的史料，恰当地运用史料对所探究的问题进行论述，分析冷战形成的原因。

（3）通过阅读地图、文献史料等形式，将所学内容置于具体的时空框架下，能恰当地对史料进行分析、整合、比较，在地图上勾画出冷战时期的主要国家以及德国被占领区、柏林的地理位置等，分析第二次柏林危机反映出的冷战特征。

（4）通过阅读古巴导弹危机的多元化史料，客观论述历史，分析古巴导弹危机的过程、苏联在古巴部署导弹的原因、古巴导弹危机最终和平解决的原因，理解冷战时期的突出特征。

（5）通过复习所学知识，掌握世界多极化趋势的表现，理解世界多极化趋势是在两极格局下出现的。

（6）通过本课学习，能够反思历史，从历史中汲取经验教训，更全面、客观地认识历史和现实社会问题，更深刻地认识当今世界和平与发展这两大时代主题，牢固树立构建人类命运共同体的意识。

综上，教师只有深刻理解历史学科核心素养的内涵和要求，才能明确教学目标的落脚点，通过认真研读历史课程标准，结合新教材和具体教学内容，针对学生的具体情况，确立和合理表述具体、系统、可操作、可检测的教学目标，保证教学的有效性，将学生对知识的学习过程转化为发展学科核心素养的过程，促进历史学科核心素养的落地，适应知识经济时代对人才培养的新要求。

## 教学关键问题2-3　如何确定与教学目标相一致的评价目标

高中历史课程将培养和提高学生的历史学科核心素养作为目标。在使用统编教材的过程中，教师的教学活动也应围绕核心素养的培养展开。然而在教学实施过程中，能否将核心素养的培养落到实处呢？新版课程标准一方面提出注重评价目标与教学目标的一致性，尽可能使教学和评价围绕学生学习这一中心展开，使教、学、评相互促进，共同服务于学生历史学科核心素养的发展；另一方面制定了学科核心素养应该达到的水平，以及各水平的关键表现构成评价学业质量的标准。这既凸显了教学评价的重要性，也为教学评价提供了可操作、多元化的层级性评价标准。

教学目标是教学实施的"初心"与"终点"，能否有效达成教学目标，是评价一节课的重要指标，下面将探讨如何确定与教学目标相一致的评价目标。

### 一、问题分析

#### （一）什么是与教学目标相一致的评价目标

教学评价是对教学行为及其效果进行价值判断的过程，是为教师和与教学有关的方面提供教学状况的信息，提供改进、完善和探究建议的课程改进与开发活动，是教学的有机组成部分。[1] 高中历史教学评价应该重点关注学科核心素养的达成情况，制定符合学业质量要求的评价目标，同时兼顾多元性和个体性，使教、学、评相互促进。制定教学评价目标应该遵循以下原则：

1. 以发展学生历史学科素养为纲

学科核心素养是指学生在接受某一学科教育过程中，以学科知识技能为基础，整合了情感、态度或价值观在内的，逐渐形成的适应个人终身发展和社会发展需要的正确价值观、必备品格和关键能力。[2] 由此可见，学科核心素养并非仅仅是知识或技能的获取，更重要的是能够运用学科特有思维和方法满足特定现实需求的正确价值观、必备品格和关键能力。教师在制定教学目标时，应该以核心素养为出发点、着眼点和落脚点。同时需要注意核心素养的内涵极其丰富，不可做简单化一的处理。例如，史料实证素养分为四个水平，教师在制定关于这一核心素养的评价目标时要重点关注教学目标中围绕这一核心素养的表述，以及教学目标在教学中的落实情况。在"挽救民族危亡的斗争"一课中，教学目标中有这样一句：针对戊戌政变相关史料进行史料实证，提取史料信息，判断史料价值，对比分析之后深化对历史人物复杂性的认识，也进一

---

[1] 聂幼犁. 中学历史教学评价的理论与实践：一[J]. 中学历史教学参考, 2003 (9)：4-8.
[2] 朱汉国. 历史学科核心素养释义[J]. 历史教学（上半月刊）, 2018 (3)：3-9.

步认识到资产阶级维新派的局限性。这个目标主要围绕史料实证素养设计。所以应该从以下方面进行评价:"是否能够搜集关于戊戌政变的不同类型的史料?区分史料的不同类型,提取相关信息?""能否尝试运用史料作为证据论证自己的观点?""能够判断史料价值,并能够利用不同类型的史料的长处,对所探究的问题进行互证?""能否比较和分析不同来源、观点的史料,并在辨别史料作者意图的基础上利用史料?"以上评价目标将本课的教学目标与史料实证素养的四个水平相结合,体现了评价目标应该始终围绕学科核心素养展开。

### 2. 符合学业质量要求的评价目标

学业质量围绕历史学科核心素养的五个方面展开,同时给予了层级化、明确性的学业质量描述。新版课程标准指出,学业质量是学生在完成本学科课程学习后的学业成就表现。学业质量标准以本学科核心素养及其表现水平为主要维度。教师在制定符合学业质量要求的评价标准时,需要根据不同学段、模块、单元和课程的评价标准进行整体规划和设计。首先,学段不同,评价不同。学业质量划分为四个等级,学业质量水平2是高中毕业生在本学科应该达到的合格要求,也就意味着这是所有学生应该达到的标准。其次,内容不同,评价不同。例如,在《中外历史纲要(下)》第10课"影响世界的工业革命"的教学中,教师要关注学生是否能够将工业革命置于具体时空背景下进行分析,在运用不同史料的基础上,从生产力与生产关系、经济基础与上层建筑等诸多方面认识工业革命所引发的深刻变化;是否能够从世界范围理解工业革命对世界的影响。但同时也要注意工业革命这一课的评价也应置于单元的框架下进行综合考虑。

### 3. 以学生学习为中心的多元评价

新课程改革强调,评价的目的是促进学生更好地发展,因此多元化是评价的基本原则之一。由于每个学生的个性和能力不同,对所学内容的接受度也不同,因此在评价时除了采用传统的知识考查以外,还应注意评价的主体、内容和方法的多样性。例如,评价主体可以是教师,也可以是学习伙伴,甚至是家长;评价内容包含知识的获取,技能的提升,以及情感、态度与价值观的培养;评价方法可以是课堂提问、阶段性测试、实践活动、主题分享、自我反思等。多元化评价并非泛泛地评价,而是要以学生为中心,进行多主体、多形式评价,以便充分调动学生的学习积极性,激发学生的自我学习动力。

### 4. 依据具体教学目标的个性化评价

制定评价目标时要根据教学目标和学业质量两个方面来确立。由于每课的教学目标不同,因此评价目标自然不能千篇一律。具体到一节课中,针对具体学段、学习内容和学情需要制定个性化评价目标。例如,《中外历史纲要(上)》第11课"辽宋夏金元的经济与社会",课程标准的要求是"认识这一时期在政治、经济、文化与社会等方面的新变化"。从唯物史观素养出发制定的评价目标可包含以下两点:第一,学生能够认识到这一时期经济的发展是生产力发展的结果,是人民群众创造的;第二,学生能够从生产力与生产关系、经济基础与上层建筑的角度去分析这一时期经济繁荣与社会变革的关系。第一个层次属于学业质量要求的水平1、2,是所有学生都应该达到的水平,是高一年级的学习水平要求。第二个层次属于学业质量水平3、4，是将历史作为高考选考科目的学生应该达到的水平。教师在评价时要关注学生的发展性，将过程性评价和终结性评价相结合。例如，在分析唐宋社会变革时，关注学生能够运用不同类型的史料提取有效信息，总结这一时期社会变革的诸多方面。在终结性评价时，学生能够从变革的史实出发，将唐宋变革置于历史长河之中，并对其做出合理的历史解释。评价方式也应该多元化，如以小论文、漫画、历史演讲等形式来展现学生的学习成果和进步。

### （二）为什么要制定与教学目标相一致的评价目标

#### 1. 有利于改进和优化教学目标

制定与教学目标相一致的评价目标，一方面有利于清晰展现教学目标的达成情况，另一方面也有利于改进和优化教学活动。例如，在《中外历史纲要（上）》活动课"家国情怀与统一多民族国家的演进"中围绕统一多民族国家的演进，重点培养家国情怀素养。结合学业质量水平，就家国情怀素养可以制定这样的评价目标：能够梳理中国古代疆域演进历程，了解近代中华民族抗争的史实与民族英雄（对应学业质量水平1、2）；能够通过历史所学，认识中华民族多元一体的发展趋势，能够将历史所学与家乡的繁荣结合起来，形成正确的国家观和民族观，立志为社会主义建设和中华民族伟大复兴做出自己的贡献（对应学业质量水平3、4）。在教学中，教师制定的教学目标为：通过对统一多民族国家演进过程的梳理，构建起系统的时空观念，加深对统一多民族国家演进的理解，树立正确国家观和民族观；通过对统一多民族国家演进过程中涌现出来的重要历史人物、重大历史事件的学习，认识人民群众是历史的创造者；在活动过程中，通过搜集、整理和辨析史料，逐渐培育史料实证素养，同时通过体验、探究、参与活动获得直接经验和个人知识。对比以上教学目标和评价目标可以看出，两者的契合度高，说明教学目标制定得比较合理。但同时在学生形成正确的国家观和民族观基础上，教学目标还应包括学生为国家和民族做贡献的动力等内容。

#### 2. 有利于指导和改进教学过程

统编版高中历史教科书内容多、涵盖面广，如果在授课过程中面面俱到，很有可能导致重点不突出，难点未突破，核心素养的培养也不到位，因此在制定评价目标时要结合教学内容的特点。例如，《中外历史纲要（下）》第13课"亚非拉民族独立运动"一课包含第一目"拉丁美洲的民族独立运动"、第二目"亚洲的觉醒"和第三目"非洲的抗争"，涉及区域广、史实多，这就需要教师在制定教学目标时既要梳理亚非拉民族独立运动的大致经过，同时也要关注它们各自的特点和对世界历史发展的影响。这一课应该重点突出时空观念和家国情怀素养。在制定评价目标时，也应该着重考虑这两个方面。例如，针对时空观念素养，学生要能够梳理亚非拉民族独立运动的时间、阶段、重要人物、过程、结果等基本史实（水平1）；能够将亚非拉民族独立运动置于具体的历史时空中，分析它们各自的特点（水平2）；能够将亚非拉民族独立运动置于世界殖民体系形成过程中，理解殖民地半殖民地的民族独立运动对世界历史发展的重要影响（水平3和水平4）。如果在制定目标时仅仅停留在关注亚非拉各自的民族独立运动，而没有从世界殖民体系角度进行更加宏观的认知，那么就需要在一定程度上进行修改。

### 3. 有利于培养学生的核心素养

作为评价目标重要依据之一的学业质量水平紧紧围绕学科核心素养展开，因此评价目标的制定自然有利于培养学生的核心素养。例如，史料实证是学习历史和认识历史所特有的思想品质，是理解和解释历史的关键能力与方法。绝大部分历史教学内容都需要史料支撑，但是，是否用了史料就是史料实证是评价应该重点关注的。例如，一些史料的运用仅仅是用来直接说明历史问题，只是为教师讲授某个观点服务的，自然难以有效培养学生的核心素养。史料实证的意义在于让学生自己能够对史料进行研究，通过史料的搜集、整理，辨析不同类型的史料及其价值，运用有价值的史料对所探究的历史或现实问题进行解释。这不仅有助于学生形成史料实证的意识，还能使学生在学习过程中逐渐掌握史料实证的方法，进而提高运用历史学科思维解决具体实际问题的能力。

## 二、解决策略

### （一）围绕学科核心素养细化层级评价标准

课程标准将学业质量水平划分为四个层级，实际上是把历史学科核心素养的五个方面分别提炼成四个层级水平。在核心素养的五个方面中，唯物史观和家国情怀素养只有两个层级，水平1、2属于第一层级，水平3、4属于第二层级，其他三个核心素养有四个层级。因此可以有两种评价组合，一是按照学业质量水平的四个层级对应的质量描述进行评价，二是按照核心素养进行分门别类的评价。但由于核心素养的突出地位，教学目标的制定往往会突出核心素养的培养，因此在制定与教学目标相一致的评价目标时，应以学业质量水平内容为主，利用核心素养制定分门别类的、分层级的评价目标。例如，史料实证素养学业质量水平分为四个层级：第一，能够知道史料分为文献史料、图像史料、实物史料、口述史料等多种类型；能够在解答某一历史问题时，尝试从多种渠道获取与其有关的材料；能够从所获得的史料中提取有关的信息。第二，能够认识不同类型的史料所具有的不同价值；能够掌握获取史料的基本方法；能够在对史事与现实问题进行论述的过程中，尝试运用史料作为证据论证自己的观点。第三，能够在探究特定历史问题时，自主地搜集有关史料；能够对史料进行整理和辨析，并判断其价值；能够利用不同类型史料的长处，对所探究的问题进行互证。第四，能够比较、分析不同来源、不同观点的史料；能够在辨别史料作者意图的基础上利用史料；在评述历史时，能够对材料进行适当的取舍；在对历史和现实问题进行探究的过程中，能够恰当地运用史料对所探究问题进行论述；能够符合规范地引用史料。

### （二）形成性评价与终结性评价相结合

教学过程是动态发展的，教学目标落实与否，主要在于学生的学习过程和学习成果。因此，在制定评价目标时要遵循以学生为主体的多元评价原则，既关注学生的学习成果，也关注学生在学习过程中所展现的思维与能力，将形成性评价和终结性评价相结合。

一方面，形成性评价体现在具体的某一课中，如多数学生的参与度，思维活跃度，在回答问题中的表现，乃至课堂中随机生成的问题、质疑等，都是学生有效参与的表现，但也需要注意学生的参与度并不完全等同于活跃度，学生的参与应该在教学目标的大范围内进行。由于教学目标并不是千篇一律的，除了依据课程标准和围绕核心素养以外，也与教师个人的教学风格有关，因此教师在教学时不用严丝合缝地遵循教学目标实施的进程，而是要根据学生的情况合理地调整教学过程，灵活引导学生达成教学目标。另一方面，形成性评价也要考虑周期性，根据教学目标（如课时目标、单元目标乃至学年目标、学科目标）的层级递进关系来评价学生的发展。

终结性评价关注学生阶段性学习成果的达成，教师在评价时可以采取常规评价手段，如阶段性测验。还可以采取调查汇报法，如在《中外历史纲要（上）》活动课"家国情怀与统一多民族国家的演进"的后期拓展中，可以设计"家史探寻"活动，引导学生通过调查和整理家族历史，将小家发展与国家兴盛进行联系，进而使学生体会和认识"家是最小国，国是千万家"，将个人命运与国家发展紧密相连，为民族复兴做出自己的贡献。同时还可以采用主题论文写作、主题演讲、课本剧、辩论赛、撰写解说词等方式进行评价。灵活多样的评价方式更有利于展示学生的学习成果，提升学生的学习能力与思维能力。

合理有效地运用形成性评价和终结性评价，有利于激发学生的学习情感与思维，提高学生自主学习、自我反思、自我管理的能力，有效达成学习目标。在评价时，既要坚持评价的核心，即教学目标的达成与核心素养的培养，也要注重过程与结果结合，坚持以学生为主体，通过经常性的、真实有效且多样化的评价手段促进学生发展。

## 三、实践案例

案例内容是"挽救民族危亡的斗争"，这一课作为《中外历史纲要（上）》第五单元"晚清时期的内忧外患与救亡图存"的最后一课，与本单元的另外两课关联性强。既需要将其置于鸦片战争及甲午战争后民族危机不断加剧的历史背景下，又需要通过对之前知识的复习和比较，突出近代社会各阶级为挽救危局所做的努力及存在的局限性。本课内容量大，涵盖"戊戌维新运动""义和团运动""八国联军侵华""民族危机的加深"四目内容。因此，教师在制定教学目标时，需要考虑以课程标准为指导，围绕核心素养，逐层提高学生的知识与能力水平。下面就以本课为例，探讨在教学目标基础上制定评价目标。

### "挽救民族危亡的斗争"评价目标的制定

**本课教学目标：**

1. 引导学生自主阅读教科书和相关史料，掌握戊戌维新运动、义和团运动、八国联军侵华等重要史事，通过绘制大事年表进行时空定位，通过构建思维导图掌握逻辑关系，提升素养的同时初步掌握重要史事的相关知识。

2. 引导学生针对戊戌政变相关史料进行史料实证，提取史料信息，判断史料价值，对比分析之后深化对历史人物复杂性的认识，进一步认识到资产阶级维新派的局限性。

2-3 挽救民族危亡的斗争

3. 引导学生通过结合史料的讨论交流和对比反思，进一步深化对近代各阶级的救亡图存斗争的认识。

4. 通过教学，使学生进一步认同近代各阶级在抗击侵略、挽救民族危亡中体现出的爱国精神。

**教学目标分析一**：以课程标准为指导

新版课程标准对这部分内容的要求是：认识列强侵华对中国社会的影响，概述晚清时期中国人民反抗外来侵略的斗争事迹，理解其性质和意义；认识社会各阶级为挽救危局所作的努力及存在的局限性。具体到这一课的要求则是"认识近代社会各阶级为挽救危局所作的努力及存在的局限性"。本课共有四个教学目标。目标1和目标4围绕课程标准内容制定并展开。例如，在知识层面，引导学生梳理社会各阶级挽救民族危亡所做出的努力（如师夷长技以制夷、太平天国运动、洋务运动、戊戌变法、义和团运动）；将救亡图存运动置于晚清时期列强入侵和社会转型乃至世界范围内第一次、第二次工业革命以及世界资本主义市场形成的过程中进行思考，通过思维导图这一外在形式，引导学生厘清历史事件之间的关系，更加突出近代中国挽救民族危亡斗争中阶级的广泛性以及斗争的艰难、持续与深入。目标2和目标3则突出史料实证素养，并在此基础上引导学生进一步深化对近代各阶级的救亡图存斗争的认识。

由此可见，本课在教学目标的制定和实施过程中，落实了课程标准的要求。

**教学目标分析二**：围绕学科核心素养逐层提升

本课的教学目标主要围绕时空定位、史料实证和历史解释素养制定。核心素养是教师在制定教学目标时应该围绕的中心。在教学目标实施过程中，教师要根据核心素养的层级展开，这既符合学生的认知水平，也符合学业质量水平的层级要求。在本案例中，史料实证素养的落实是一大亮点。

学生在初中学过戊戌变法，在其印象中，慈禧发动戊戌政变，缉拿维新派人士，杀害戊戌六君子，软禁光绪帝，废除新法。这一系列做法都指向戊戌变法失败的主要原因——以慈禧为代表的顽固派的阻挠与破坏。针对这一原有认识，教师设计了综合探究历史问题的环节，并通过问题的解决，逐层提升学生的史料实证素养。

步骤一：提出探究问题，激发学习兴趣

出示关于戊戌政变的两段材料：

是日上奉慈谕，以前日御史杨深秀、学士徐致靖言国是未定，良是。今宜专讲西学，明白宣示等因，并御书某某官应准入学，圣意坚定。

——翁同龢《翁同龢日记》

政变之总原因有二大端：其一由西后与皇上积不相能，久蓄废立之志也。其二由顽固大臣痛恨改革也。

——梁启超《戊戌政变记》

这两段史料的记载者均为维新变法参与者，但在导致变法失败的原因中，帝后关系及慈禧太后对政变的态度的记载却截然不同。想要探究此问题，就要在激发学生学习兴趣的基础上，引出史料实证的基本方法——求源法、考异法、旁证法。

步骤二：解决探究问题，提升核心素养

为解决这一探究问题，教师设计了两个环节：

1. 搜集整理史料，并判断分类

学生在课下搜集了关于戊戌政变的众多材料，教师用三个问题引导学生思考回答。

问题1：史料是指一切历史遗留的痕迹，那么以上哪些材料不是史料？

问题2：以上史料可以分为哪几类？分类标准是什么？还有别的分类方法吗？

问题3：研究戊戌政变我们主要参考哪类史料？

学生在解答以上问题的基础上，整理史料，并判断分类。基于记录史料的载体，史料可分为实物史料、图像史料和文献史料；基于记录者，史料可划分为亲历者著作、档案记录、同时代相关人物著作、报纸杂志。

2. 史料互证，佐证细节，解决问题

通过清代起居注册（表2-3-1）、时人看法和国外史料这三个不同方面的史料，引导学生提取史料信息，解决问题。

表2-3-1 光绪和慈禧交往表

| 月份 | 天数/天 | 同住/次 | 请安/次 | 侍早膳/次 | 侍晚膳/次 | 侍看戏/次 |
| --- | --- | --- | --- | --- | --- | --- |
| 四月 | 30 | 19 | 19 | 9 | 5 | 3 |
| 五月 | 30 | 16 | 16 | 11 | 8 | 6 |
| 六月 | 29 | 18 | 17 | 3 | 4 | 3 |
| 七月（至28日） | 28 | 16 | 16 | 9 | 5 | 3 |

慈禧："变法乃素志，同治初，即纳曾国藩议，派子弟出洋留学，造船制械，凡以图富强也。……苟可致富贵者，儿自为之，吾不内制也。"

——费行简《慈禧传信录》

翁同龢被罢黜，日本驻华公使矢野文雄与张荫桓谈及此事，张荫桓称"太后也有改革之意见"，矢野表示同意："太后原本即是喜欢革新派之人，故皇帝翻然归向革新之说，可使皇帝与太后之亲情更加密切……"

——据《日本外务省档案》编

思考：结合以上史料分析和所学，说说你支持哪一方的观点？理由是什么？

3. 总结提升

1921年，梁启超在南开大学讲授"中国历史研究法"时曾说："吾二十年前所著《戊戌政变记》，后之作清史者记戊戌事，谁不认为可贵之史料？然谓所记悉为信史，吾已不敢自承。何则？感情作用所支配，不免将真迹放大也。"

结合梁启超的话及以上问题结论，思考两个问题：

1. 通过学习，你认为哪些因素会影响史料的价值？
2. 通过学习，你认为该如何运用史料自主解决问题？

通过以上三个教学环节，教师可以围绕史料实证素养要求，结合学业质量水平要求制定层级评价目标。同时，由于某一核心素养四个层级的内容很难在一个课时中实现，因此在制定评价标准时要基于教学目标。

本课就史料实证素养在目标中的表述为：针对戊戌政变相关史料进行史料实证，提取史料信息，判断史料价值，对比分析之后深化对历史人物复杂性的认识，进一步认识到资产阶级维新派的局限性；通过结合史料的讨论交流和对比反思，进一步深化对近代各阶级的救亡图存斗争的认识。

根据以上教学目标和教学过程可制定评价目标。

水平1：学生能够在解答"戊戌变法失败原因是否为帝后矛盾"这一问题时尝试从多渠道获取相关材料；能够对所搜集的材料进行判断，并选出有价值的史料；能够对所选史料进行分类，如基于记录史料的载体和记录者进行分类；能够从所获取的史料中提取有效信息并用于解决所探究的问题，如从清代起居注册、时人看法和国外史料中提取信息，用于分析慈禧是否支持变法，帝后是否矛盾激化。

水平2：学生能够认识到不同史料的价值；能够尝试运用史料作为论据论证自己的观点，如阐述支持哪一种观点，并运用史料说明理由。

水平3：学生能够利用不同类型史料的长处，对所探究的问题进行互证，如利用清代起居注册、时人看法和国外史料等较为客观的史料就同一个问题进行互证。

水平4：能够比较和分析不同来源、观点的史料；能够在辨别史料作者意图的基础上利用史料，如分析梁启超就慈禧是否支持变法和帝后矛盾认识与其他史料向左的原因，进而在辨别史料作者意图的基础上利用史料。

**案例分析：** 关注学生的形成性与终结性评价

在本课中，学生的学习活动包含自主阅读教科书和相关史料，掌握戊戌维新运动、义和团运动、八国联军侵华等重要史事，绘制大事年表进行时空定位；在不同教学环节中思考并回答问题，如通过表格对比近代中国的救亡图存斗争；搜集整理史料，并运用史料对所探究的问题进行论述；结合材料，分析讨论两大社会阶级救亡图存方案的局限性和进步意义。这一系列学习活动充分体现了学生的主体性。

在制定评价目标时可以从以下几点考量：

学生能够在阅读教科书和相关史料基础上，绘制大事年表；能够在教师引导下，结合具体史实，将近代各阶级人民挽救民危亡的斗争置于晚清时期列强入侵和社会转型的时空中，构建思维导图；能够逐步提升史料实证素养；能够以戊戌维新运动和义和团运动为例，运用联系对比思维，认识两大社会阶级救亡图存方案的局限性和进步意义；能够感受和认同近代各阶级在抗击侵略、挽救民族危亡中体现出的爱国精神。

同时还可采用更加多元的评价方式，如就戊戌政变问题进行辩论，或围绕近代中华民族救亡图存之路，自拟论题进行阐释等。

综上，在制定与教学目标相一致的评价目标时，一方面要以课程标准为指导，围绕学科核心素养制定层级评价标准；另一方面要结合具体教学内容特别是教学目标，将形成性评价和终结性评价相结合，坚持以学生为主体，采用多元化评价方式，充分激发学生的学习兴趣，提升学生的学科核心素养。

### 教学关键问题 2-4　如何提炼高中历史学习专题中的关键问题

新版课程标准指出：学生历史学科核心素养的发展，绝不是取决于对现成的历史结论的记忆，而是要在解决学习问题的过程中理解历史，在说明自己对学习问题的看法中解释历史。同时建议教师在深入分析课程结构，合理整合教学内容的基础上把握学习专题中的关键问题，并将关键问题的解决与历史学科核心素养的发展建立联系，围绕关键问题对教学内容进行整合。可见，科学、准确提炼高中历史学习专题中的关键问题是培养学生学科核心素养的重要环节。

## 一、问题分析

### （一）什么是学习专题中的关键问题

关于什么是高中历史学习专题中的关键问题，课程标准并没有明确解释，而是通过举例的方式表述了什么是关键问题。例如，"人民解放战争"这一学习专题的关键问题有两个：一是国民党政权在大陆统治灭亡的原因；二是中国共产党领导人民取得中国革命胜利的原因和意义。从课程标准对关键问题的表述来看，学习专题中的关键问题属于历史认识中的成因判断和价值判断。郑林教授认为，学习历史和研究历史，关注的关键问题是人类社会发展的变化，以及变化的原因、意义或作用。[①]除了成因判断和价值判断，郑林教授还认为关键问题也应关注历史发展主要变化。基于课程标准的要求和专家学者对关键问题的相关论述，我们认为学习专题中的关键问题应具备以下特征。

**1. 关键问题是基于教学重点内容提出的问题**

高中历史统编教材的教学困境是教学内容多、教学课时少，要求以发展学生历史学科核心素养为目标。这一困境的解决需要教师针对教学内容进行取舍和整合，围绕教学重点内容开展教学。历史教学中的重点有多种类型，叶小兵教授认为主要可分为知识性重点和认识性重点。教师应将教学重点内容转化为教学关键问题，以保证在规定的教学课时内完成教学内容，实现发展学生历史学科核心素养的目标。

**2. 关键问题是发展学生历史学科核心素养的问题**

学科核心素养是学科育人价值的集中体现，是学生通过学科学习逐步形成的正确价值观、必备品格和关键能力。学科核心素养的实现要通过综合性教学活动来达成，在不同水平问题解决的过程中不断丰富和提升。教师要围绕关键问题开展教学活动，

---

[①] 郑林. 简论历史学科的思想方法[J]. 历史教学（上半月刊），2020（7）：3-11.

通过解决关键问题，实现历史学科对学生正确价值观、必备品格和关键能力培养的目标。

### 3. 关键问题是结合学情提出的问题

教学内容整合和学科核心素养渗透的根本目的是促进学生全面发展。教师在提炼关键问题时，如果不考虑学生这一主体因素，关键问题就会成为无源之水，无根之木。因此，关键问题的提炼，不仅要关注教学内容，还要关注学情。学情是教师备课的起点，备课要备学生，要从教师"怎么教"变成学生"怎么学"。学情主要包括学生的知识经验、基本技能、情感态度等方面的情况。因此，教师在提炼关键问题时，要在充分理解教学内容的基础上，了解学生对教学内容的认知情况，提炼符合学情的关键问题。例如，在"近代工业的起步与初步发展"一课的教学过程中，我们提炼出三个关键问题：概括洋务企业的特点；分析中国近代民族资本主义工业产生和发展的原因；推断中国近代民族资本主义产生和发展对近代中国的影响。这三个问题符合学情，可以让不同能力层次的学生都能参与到课堂中。

## （二）为什么要选择和确定关键问题

高中历史教学内容多、教学课时少，如果仍采用传统教学方式，很难有效发展学生的历史学科核心素养。提炼关键问题是解决这一困境的重要途径之一。提炼并解决关键问题对实现课堂教学目标有以下重要意义。

### 1. 有助于突出教学主题，优化课堂教学

教学主题是课堂教学的价值引领目标，具有鲜明的价值判断。[1] 课堂教学的价值导向，需要以清晰明确的教学内容为支撑，让学生在建构历史事实的过程中提升历史认识。关键问题是基于教学重点内容提出的问题，是教学重点内容的问题化。随着关键问题的解决，学生对教学主题的认识更加清晰，能够从学理和情感上认同教学主题的价值导向。提炼关键问题有助于突出课堂教学主题，实现历史教学对学生的价值引领。

课堂教学过程设计，关系着教学目标的达成。教学过程主要通过教师设置的教学问题进行推动，教学问题设计的质量如何，关系着课堂教学目标的达成。换言之，教学问题设计决定了教学目标的实现效果。围绕教学重点内容提炼的关键问题，删减了历史人物、历史事件以及历史现象中赘余的内容，突出对历史主干知识的教学，清晰的主干知识有助于教师优化教学过程，更加深入地开展课堂活动。

### 2. 有利于学科核心素养的培养

历史学科核心素养是一个相互联系的有机整体，为了便于理解和表述，课程标准将其表述为唯物史观、时空观念、史料实证、历史解释、家国情怀。历史学科核心素养的发展绝不是取决于现成的历史结论的记忆，而是要在解决学习问题的过程中理解历史，在说明自己对学习问题的看法中解释历史。这是"填鸭式"灌输不可能实现的。换言之，历史学科核心素养的培养需要教师保障学生课堂思维活动时间，围绕教学问题开展教学活动。确定关键问题后，教师可以围绕关键问题收集和运用相关教学资源，

---

[1] 黄牧航. 中学历史学科核心素养命题重要概念辨析 [J]. 历史教学（上半月刊），2020（8）：6-11.

设计针对性的教学活动，引导学生在问题解决过程中提升学科核心素养。

## 二、解决策略

在教学实践中，教师应围绕教学主题、教学内容、核心素养的具体要求以及学情等方面提炼和设计关键问题。

### （一）围绕教学主题提炼关键问题

历史课程标准承载着党和国家的教育方针和教育思想，规定了历史课程的教育目标和教学内容，是国家意志在高中历史学科中的直接体现，是历史学科发挥立德树人育人价值的关键。历史课程标准的落地，需要依靠具有鲜明教学主题的课堂教学予以实现。因此，关键问题的提炼，要严格依据历史课程标准的要求，围绕教学主题进行。解决关键问题，能够突出教学主题对学生的价值引领，实现历史课程标准的总要求。

### （二）基于学科核心素养培养设计关键问题

历史学科核心素养是高中历史课程的总体要求，是学生学习高中历史课程之后最终具备的素养要求。如果我们机械地将素养目标表述为教学目标，将不利于课堂教学活动的具体落实和教学效果的检测。[①] 在高考历史科评价体系中，学科素养是考查理念和总体要求，是关键能力的理论基础；关键能力是学科素养的细化，是学科素养的具体体现。在命题实践中，学科素养发挥统领作用，关键能力是具体的考核目标，是实现学科素养考查目标的手段和媒介。[②] 叶小兵教授亦指出，所谓核心素养，就是面对陌生的、复杂的，甚至是不确定的情境，综合运用所学的知识、技能、方法，以及养成的情感态度等去解决问题的关键能力。[③] 可见，培养学生的历史学科关键能力是落实学科核心素养的关键。历史学科关键能力包括获取和解读历史信息的能力、分析历史问题的能力和历史探究能力三个方面。[④] 因此，教师在提炼关键问题时，要考虑关键问题在培养学生关键能力方面的意义和价值，要使关键问题的解决有利于达成培养学生关键能力的目标。

### （三）依据学情设置关键问题

培养学科核心素养是一个循序渐进的过程，不是一节课就可以解决的，这是由学情决定的。不同层次的学生对教师设置的问题的认识和解决存在差异，能力弱的学生可能仅仅能理解教师提出的"是什么"的描述性问题；能力强的学生则可以理解教师提出的"为什么""怎么样"的解释性问题。因此，教师在提炼关键问题时，学情是必须考虑的因素之一。教师在围绕某一主题开展教学活动时，不必追求核心素养培养的面面俱到，可以通过多次教学活动，最终实现学科核心素养培养的总体要求。从学科核心素养培养的广度来看，可以重点围绕某个或几个核心素养提炼关键问题，组织

---

[①] 陈志刚. 教学目标不应机械按核心素养五个方面进行表述［J］. 中学历史教学，2020（4）：3-5.
[②] 徐奉先. 基于高考评价体系的历史科考试内容改革实施路径［J］. 中国考试，2019（12）：59-64.
[③] 叶小兵. 简论基于核心素养培养的历史教学特征［J］. 历史教学（上半月刊），2017（12）：8-11.
[④] 徐奉先. 基于高考评价体系的历史科考试内容改革实施路径［J］. 中国考试，2019（12）：59-64.

教学材料，开展教学活动。从学科核心素养培养的深度来看，可以围绕某一核心素养的不同水平设置关键问题的难度。例如，本节课只围绕水平1和水平2进行，下节课可以围绕水平3和水平4进行。以唯物史观素养为例，水平1和水平2要求学生能够了解和掌握唯物史观的基本观点和方法，理解唯物史观是科学的历史观。从行为动词"了解""掌握""理解"来看，水平1和水平2对唯物史观的要求仅仅停留在认知层面。水平3和水平4则要求学生能够将唯物史观运用于历史学习、探究中，并将其作为认识和解决现实问题的指导思想。这就需要学生在深入认识唯物史观的基本观点和方法的基础上，能够在实践中以唯物史观为指导思想去解决问题。水平3和水平4的要求明显高于水平1和水平2，教师在培养学生唯物史观素养的教学活动中，可以降低关键问题的难度，让学生先认识唯物史观的基本观点和方法，在后续的教学活动再提升关键问题的难度，培养学生运用唯物史观的基本观点和方法解决现实问题的能力。

关键问题的提炼不是最终目的，教师还需要进一步围绕关键问题，设计解决问题的教学活动，引导学生在解决关键问题的过程中发展历史学科核心素养，落实历史课程的立德树人目标。

## 三、实践案例

本案例通过对统编教材选择性必修2《经济与社会生活》第一单元和第二单元部分内容的整合，提炼关键问题。关键问题是否合适，需要在解决关键问题的过程中，以能否实现学科核心素养的培养目标为评价标准。因此，我们将关键问题的提炼和解决作为整体案例予以呈现。

2-4 中西合璧的下饭菜——"水煮牛肉"与中外文明交流

### 中西合璧的下饭菜——"水煮牛肉"与中外文明交流

#### 一、提炼关键问题

步骤一：依据历史课程标准和学生的知识经验，整合教材内容，提炼教学主题

第一单元第2课"新航路开辟后的食物物种交流"，课程标准要求：了解新航路开辟后食物物种交流及其历史影响。在高一《中外历史纲要（下）》第7课"全球联系的初步建立与世界格局的演变"第一个子目"人口迁移与物种交换"中已经涉及物种交换的基本史实。故本课的教学立意主要是多角度分析食物物种交流对农业发展的推动作用，以及对人类社会生活和环境的影响。结合学生的知识经验，在新航路开辟后的食物物种交流中，辣椒是学生最为熟悉的物种。辣椒传入中国之后，逐渐改变了中国人的饮食结构，在学生的日常饮食中辣椒扮演着重要角色。

第二单元第4课"古代的生产工具与劳作"，课程标准要求：了解历史上劳动工具和主要劳作方式的变化；理解生产方式的变革对人类社会发展所具有的革命性意义。本课的部分内容在高一《中外历史纲要（上）》第2课"诸侯纷争与变法运动"中已有所涉及，第二个子目"经济发展与变法运动"涉及了"铁犁牛耕""社会转型"相关内容的

教学。从内容上看，"铁犁牛耕"是学生较为熟悉的知识；从学科素养上看，选择性必修2需要在此基础上进行整合，侧重对学生学科核心素养的培养。故本课的教学立意主要是帮助学生认识唯物史观中生产方式的变革对生产关系和社会变革的推动作用。

综合以上情况，围绕四川名菜"水煮牛肉"提炼教学主题。"水煮牛肉"是学生比较熟悉的一道菜肴，现代版"水煮牛肉"具有麻辣鲜香的特点，其主料是辣椒和牛肉。辣椒自明朝时期（新航路开辟后）逐渐传入中国，代表了"外国"的物质文明。牛肉背后的文化意义涉及中国的农耕文化。可以说，"水煮牛肉"作为一道下饭菜，是中外文明交流的历史见证。因此，通过单元整合，提炼教学主题：中西合璧的下饭菜——"水煮牛肉"与中外文明交流。

步骤二：围绕教学主题，结合学情，提炼关键问题

围绕"中西合璧的下饭菜——'水煮牛肉'与中外文明交流"这一主题，结合学生的情况，提炼关键问题。教师以贴合学生生活的素材《水煮牛肉的故事》为切入点：

## 水煮牛肉的故事

相传北宋时期，在四川盐都自贡一带，井盐采卤用牛作为牵引动力。当地用盐又极为方便，于是盐工们将牛宰杀、取肉切片，放在盐水中加花椒、辣椒煮食，其肉嫩味鲜，因此得以广泛流传，成为民间一道传统名菜。后来，菜馆的厨师又对用料和制法进行改进，使其成为流传各地的名菜。此菜中的牛肉片，不是用油炒的，而是在辣味汤中烫熟的，故名"水煮牛肉"。

其实，以上关于水煮牛肉的故事存在两个问题：第一，耕牛在中国古代作为重要的耕地动力，历朝历代基本都禁止随意宰杀。第二，辣椒是在明朝时期逐渐传入中国的，所以添加辣椒的"水煮牛肉"起源于北宋之说可能不符合历史真实。

围绕教学主题"中西合璧的下饭菜——'水煮牛肉'与中外文明交流"，我们一共提炼了三个关键问题：（1）添加辣椒的"水煮牛肉"起源于北宋之说是否符合历史真实？（2）在中国古代牛作为食物的历史情况是什么？（3）辣椒传入中国（四川）作为食物的历史情况是什么？三个关键问题之间存在主从关系，问题（1）是主问题，问题（2）和（3）是子问题。

### 二、解决关键问题

解决关键问题是为了培养学生的学科核心素养。学科核心素养的落实关键在于落实学科关键能力。史料的呈现方式和研读史料的过程决定了学科核心素养的落实情况。针对问题（2），教师出示中国古代关于牛的历史记载，引导学生开展以下活动：对中国古代关于牛的规定进行分类，并分析原因；判断宋代哪些牛是可以宰杀的。

| 时期 | 历史记载 |
| --- | --- |
| 西周 | 《周礼·地官司徒》：牛人掌养国之公牛，以待国之政令。凡祭祀，共（供）其享牛、求牛；……凡宾客之事，共其牢礼、积膳之牛；飨食、宾射，共其膳羞之牛；军事，共其槁牛；丧事，共其奠牛 |
| 战国 | 商鞅所定律法：盗马者死，盗牛者加（枷） |

续表

| 时期 | 历史记载 |
|---|---|
| 秦朝 | 秦律《厩苑律》：官有耕牛的考课、对主管官吏和饲养者的奖励 |
| 汉朝 | 《汉律》：不得屠杀少齿（小牛） |
| 北魏 | 高阳太守贾思勰所著《齐民要术》记载了多种牛肉做法，包括肉酱、五味脯、捧炙等 |
| 隋唐 | 《唐律疏议》：诸故杀官私马牛者，徒一年半；主自杀牛者，徒一年 |
| 宋朝 | 北宋初年《宋刑统》规定：诸故杀官私牛者，徒一年半；主自杀牛者徒一年。南宋刑罚更重：诸故杀官私牛，徒三年，但《庆元条法事类》记载：诸马牛死报本厢耆镇，即时验实开剥 |
| 元朝 | 蒙元多畜牛羊，宫廷菜谱中大量出现。元代忽思慧作《饮膳正要》记载了大量牛肉做法 |
| 明朝 | 《大明律》规定：凡故杀他人马牛，杖七十，徒一年半；私宰自己马牛，杖一百。耕牛伤病死亡，不报官府私自开剥，笞四十 |
| 清朝 | 清统一全国后，禁止任意屠牛。《大清律例》：凡私宰自己马牛者杖一百；若故杀他人马牛者杖七十徒一年半 |

"分类"的教学活动是引导学生在获取信息的同时对信息进行概括。分析"原因"的教学活动则是引导学生分析历史事件的因果关系。通过以上教学活动，我们基本可以得出，在中国古代农耕社会，牛在法律上是不能随意宰杀的，但是淘汰的牛上报官府，经过审批后可以宰杀。所以，北宋时期四川自贡地区盐工宰杀食用的牛是已经淘汰的，经过官府批准后宰杀的役牛。这一问题的解决有利于培养学生依据文献史料获取和解读历史信息的能力以及分析历史问题的能力。

第二个问题需要理清辣椒传入中国（四川）作为食物的历史情况。首先，需要理清新航路开辟后世界范围内的食物物种交流状况。教师出示新航路开辟后世界食物物种交流传播的空间示意图，通过问题1"对新航路开辟后食物物种交流进行分类"和问题2"概括新航路开辟后食物物种交流的特点"，帮助学生认识欧洲、亚洲、美洲、非洲之间进行食物物种交流的基本史实；通过问题3"结合所学知识，进行连线（"食物物种"与"影响"）并说明理由"，帮助学生多角度分析食物物种交流对农业发展的推动作用，以及对人类社会生活和环境的影响。

其次，聚焦辣椒这一物种在中国的传播情况。通过依据史料绘制的辣椒在中国传播的时空示意图，让学生认识辣椒传播至四川的路线和时间。出示相关史料，让学生概括出辣椒传入中国后在功能上的演变：从观赏花卉，到药用，再到食用，直到清末辣椒的食用价值才在四川地区逐渐被发掘出来。通过对中国古代牛肉的食用情况和辣椒在中国的传播情况的探究，我们基本可以得出添加辣椒的"水煮牛肉"起源于北宋的说法不符合历史真实。这一问题的解决重在培养学生依据图像史料（地图）来获取和解读历史信息的能力以及分析历史问题的能力。

| 具体内容 | 文献来源 |
| --- | --- |
| 丛生，白花，子俨秃笔头，味辣，色红，甚可观（中国最早关于辣椒的记录） | 明浙江高濂《遵生八笺》（1591年） |
| 辣椒，味辛辣，消水气，解瘴毒 | 清乾隆《南宁府志》 |
| 辣椒，……味辛宜酱，即北方之所谓秦椒酱也 | 清嘉庆《丰城县志》（1808年） |
| 遵义府志通呼海椒一名辣角，每味不离；或研为细末，每味必偕；或以盐醋浸为蔬，甚至熬油…… | 清道光吴其浚《植物名实图考》（1848年） |
| 惟川人食椒，须择其极辣着，且每饭每菜，非辣不可 | 清末徐心余《蜀游闻见录》 |

学科核心素养的培养不只是培养关键能力，同时还要在这一过程中培养学生的正确价值观。从小的历史视野看，我们仅探究了添加辣椒的"水煮牛肉"的起源问题；从大的历史视野看，"水煮牛肉"是一道典型的川菜，是中外文明交流的代表。因此，教师通过设计教学环节，打通微观视野和宏观视野之间的联系，实现了"以小见大"，让学生在探究"水煮牛肉"这道下饭菜的过程中理解中外文明交流。

"水煮牛肉"因辣椒而兴盛，辣椒改变了中国人的饮食结构，同时"水煮牛肉"也给世界人民的口味带来了变化。教师展示2014年全球干制辣椒产量，中国位居世界第二。在中国食辣分布图中，中国大部分地域已被辣椒"攻陷"。从数据和图片中学生可以发现，无论从产量上，还是地域上，辣椒这一外来物种已经给中国带来了巨大改变。教师展示一段"水煮牛肉"在辣椒发源地墨西哥广受欢迎的视频，让学生看到代表中华文明的"水煮牛肉"也在改变着世界人民的口味。从中学生还能得出"水煮牛肉"在墨西哥广受欢迎，并不是这道菜传至墨西哥即是如此，而是因为"水煮牛肉"蕴含了中国厨师的智慧，经过中国厨师的改良，加入了中国四川特有的豆瓣酱，才在墨西哥广受好评。

教师的教学设计使学生认识到辣椒从美洲传入中国，中国劳动人民用智慧创造了"水煮牛肉"这道经典菜肴，并用智慧对"水煮牛肉"进行改良，赢得了世界人民的好评。可以说，中国人民用智慧谱写了中外文明友好交流的篇章。教师出示2019年5月15日国家主席习近平在亚洲文明对话大会开幕式上发表的主旨演讲，回扣教学主题，提升学生的历史认识。

习近平主席指出，文明因多样而交流，因交流而互鉴，因互鉴而发展。我们要加强世界上不同国家、不同民族、不同文化的交流互鉴，夯实共建亚洲命运共同体、人类命运共同体的人文基础。

各种文明本没有冲突，只是要有欣赏所有文明之美的眼睛。我们既要让本国文明充满勃勃生机，又要为他国文明发展创造条件，让世界文明百花园群芳竞艳。

可见，"水煮牛肉"的百年传承与传播成为回应西方"文明冲突论"的很好例证。

综上，提炼关键问题是解决统编教材教学内容多、教学课时少与培养学生历史学科核心素养这一难题的有效路径。关键问题是基于教学重点内容、学科核心素养以及学情提炼的教学问题，有利于突出教学主题，优化课堂教学。学生在解决关键问题的过程中，可以发展历史学科核心素养。

## 教学关键问题 2-5　如何确定教学内容中的重点

统编高中历史教科书具有容量大、涵盖面广等特点，如何在有限的课时内完成教学任务，同时培养学生的历史学科核心素养是现阶段高中历史教师共同关注的问题。新版课程标准指出，教师应在分析和整合教学内容的基础上，将教学的重点提炼出来，通过重点内容（以下简称重点）的突破，带动整体内容的教学。以上表述既为教师解决上述问题指明了方向，同时也表明确定教学内容中的重点是影响教学目标和主题有效达成的关键因素之一。

### 一、问题分析

#### （一）什么是教学内容中的重点

课程标准在阐释"确定教学内容中的重点"时，分别运用了"教学重点""教学内容中的重点""重点内容"等概念。徐蓝、朱汉国在《普通高中历史课程标准（2017年版2020年修订）解读》中还使用了"重点问题""核心要点""有代表性的重点内容"等概念，这些概念虽然表述不同，但内涵一致，概指教学内容各部分中具有标志性、代表性、典型性的内容。标志性指具有里程碑意义的史事，如秦统一多民族封建国家的建立，汉代儒学独尊地位的确立，明清时期统一多民族国家版图的奠定。代表性指在历史的横向或纵向联系中具有普遍性特征的史事或知识，如战国时期的变法运动中，商鞅变法最全面、最彻底，能够全面反映这一时期变法运动的特质。典型性指具有一定特殊性的典型人物、事件、现象等。在历史课堂教学体系中，这些重点内容具有以下共同特点：

1. 重点是与教学主题有关联的，能够突出教学主题的内容

教学主题是能够拓展专题的现实意义和社会意义的问题。[①] 教学主题是课堂教学的灵魂，是课堂教学目标的直接体现，是教师构思课堂教学设计的基础。教师要围绕主题筛选、组织教学内容，通过重点内容的理解和运用，在解决问题的过程中突出主题。重点内容是能照应主题且与主题密切相关的素材和信息。以《中外历史纲要（上）》第2课"诸侯纷争与变法运动"为例，"经济发展与变法运动"一目以商鞅变法为重点，通过商鞅变法背景和内容的分析，学生深刻理解变法背后的创新精神，从而突出变革这一时代主题。

---

① 黄牧航. 文综：从专题教学上升到主题立意命题［N］. 中国教育报，2013-06-17（6）.

## 2. 重点是各部分教学内容中的关键和核心内容

教学重点是体现教学目标要求的最本质的部分，是集中反映教学内容中心思想的部分。[1] 从知识性角度看，教学重点应当是学科基本知识体系中占据中心地位的内容；从教育性角度看，教学重点应为蕴含丰富学科思想方法，有利于学生历史学科核心素养培养的内容；从思想性角度看，教学重点应当是体现国家教育方针和社会主流价值的内容。

重点具有层次性。一个单元、一节课甚至一节课中的每个环节都应当有其重点。在新课程背景下，一个单元或一节课的重点不可能是一个个具体的史实、知识或概念等，而是在一系列重要史事基础上概括归纳出的具有一定广度和深度的内容，也就是带有主题性质的史事，这种主题常常以单元或一节课的课题形式出现。例如，在专题"秦汉大一统国家的建立与巩固"中，如果将具体史事作为重点，那么秦的统一、汉朝削藩、开疆拓土、尊崇儒术等都是具有重要地位和深远影响的，都应当作为重点，这样就会造成教学重点泛化，如果我们把这些具体史事进行归纳就可以形成带有主题性质的史事，即"秦汉统一多民族封建国家的建立与巩固"是本单元教学重点，在此基础上还可以将"秦统一多民族封建国家的建立"和"汉统一多民族封建国家的巩固"分别确定为两节课的主题和重点。但是，这些主题性质的重点是宏观的笼统的，如果教学仅仅停留在这个层面，就会显得骨感和枯燥。因此，教师还应当在不同环节中选择具有代表性的内容并加以细化，从而使历史教学丰满起来。这些具体的在某个环节或领域中具有代表性的内容就是该部分的重点。课程标准以必修课程"春秋战国时期的政治、社会及思想变动"专题为例，指出这一时期政治、社会变动的主要表现是战国时期秦国的商鞅变法，在商鞅变法的诸多内容和措施中可将最核心的措施及其作用列为重点。例如，奖励军功——打破世卿世禄、贵族垄断政治的局面，提高军队战斗力；废井田开阡陌——井田制瓦解，实行土地私有；推广县制——废除分封制，建立了中央集权体制。以此类推，在本节课春秋战国时期的社会思想变动环节，教师可以将百家争鸣作为重点内容。

## 3. 重点是有利于培养学生历史学科核心素养的内容

课程标准强调高中历史课程内容的选择要始终贯穿发展学生历史学科核心素养这一任务。培养历史学科核心素养的过程实质是学生通过运用所学知识解决具体问题形成历史认识的过程。叶小兵教授指出，历史教学中的重点有多种类型。主要可分为两类，一类是知识性重点，如重要的历史事件、历史人物、历史现象、历史制度等；另一类是认识性重点，如重要的思想或观念、重要的阐释和理解，也包括重要的问题（这个问题带动了对历史的理解和认识，带动了一节课的教学）。[2] 历史教育以立德树人为根本目标，学生的成长不仅是知识的获取，更重要的是历史思维的拓展以及人格和个性的健康发展。与具体知识相比，认识性重点是高中历史教学内容重点中的重点。教师要围绕认识性重点设置问题和探究活动，引导学生在解决问题过程中把握历史学

---

[1] 叶小兵. 重点的选定 [J]. 历史教学，2005（9）：54-55.
[2] 叶小兵. 重点的选定 [J]. 历史教学，2005（9）：54-55.

科思想方法，形成历史思维，提升历史学科核心素养。

在认识重点问题时，要注意区分重点问题和关键问题。关键问题是指向单元主题的，重点问题则指向具体教学内容；关键问题是认识性方面的问题，主要是历史发展的成因判断和价值判断，而重点问题是史实性问题，指向具体事件、人物等；关键问题通过概括提炼形成，而重点问题通过筛选形成；关键问题引领教学活动，重点问题支撑教学活动；关键问题是选择重点问题的依据，重点问题是解决关键问题的依托。

### （二）为什么要选择和确定教学内容中的重点

处理好重点是提高教学效果的关键。只有把教材中的重点内容安排好，才能从整体上优化教学，上出一堂好课。但在实践中我们常能发现教学重点把握不准的现象：有的重点选择不准，在细枝末节上大书特书，偏离了教学主题；有的没有重点，平均使力，面面俱到，造成教学任务完不成；有的重点太多，造成无法聚焦，不能深入；有的虽然选准了重点，但活动设计不科学，甚至只是教师自言自语，唱独角戏，造成课堂沉闷无趣。出现这些现象的主要原因是教师对课程标准和教材缺乏深入理解，把握不住历史事件、概念、规律的本质及它们之间的联系，抓不准教学的重点。例如，在一节《中外历史纲要（上）》"辛亥革命"的课上，教师精心准备了大量新颖的素材，创设了贴近时代和学生的历史情境，设计了概括、分析、评价等能力层次的问题链，花费大量时间探讨辛亥革命的时代背景，而辛亥革命的历程和意义则一带而过。课程标准要求了解孙中山三民主义的基本内容，理解辛亥革命与中华民国建立对中国结束帝制、建立民国的意义及局限性。这就需要将教学重点放在辛亥革命价值的探讨上，教师应当引导学生把辛亥革命放在不同的时空框架下，运用历史唯物主义观点和方法，在研习史料的基础上通过自主和合作探究活动形成客观全面的认识。这一探究过程是高阶思维的过程，也是产生情感共鸣和涵养家国情怀的过程。因此，确定教学内容中的重点对实现课堂教学目标有重要意义。

#### 1. 有利于突出教学主题

教学主题是统领课堂的核心。教学重点是确保教学主题落实的关键。在确定教学重点的基础上，教师对教材内容和教学资源进行取舍、重构、统整、融合，形成教、学、评相互促进的学习网络。非重点内容可以通过教师概述、学生阅读教材等方式进行略讲，重点内容则要通过补充资料、挖掘细节、深入讲述、设计探究问题、开展探究活动等方式引导学生深入理解，形成主题认识。

#### 2. 有利于优化教学过程

首先，依据重点对教学内容删繁就简，可以使教学脉络更加具体清晰。其次，对重点内容进行深入讲解，补充相关材料，可以使课堂更加丰富充实，教学更加具体生动。最后，围绕重点内容的设计探究问题，可以在促进学生深入学习与理解重点内容的基础上，运用重点知识解决具体问题，提升历史学科核心素养，实现从教教材到用教材教的转变。下面以"从人文精神之源到科学理性时代"单元为例，分析确定单元教学重点和优化教学过程的意义。

【案例】《中外历史纲要（下）》第四单元第8课"欧洲的思想解放运动"

本节课内容包括文艺复兴、宗教改革、启蒙运动、近代科学的兴起等，知识点多、概念多，时间跨越五百年，经历了不同社会阶段。如果平铺直叙，可能需要好几节课才能讲完，而且会支离破碎，难以使学生形成整体而全面的认识，难以突出教学主题和立意。为此，在分析研究内容的基础上，教师将"全面认识人文主义思想"作为教学主题，在此基础上将"探讨人文主义思想的价值"作为教学重点。价值问题是对历史的论证和评判，指向历史解释素养，而要对人文主义思想的价值进行探讨，就必须了解人文主义的发展历程及背景，因此围绕教学重点的解决设计了四个由浅入深的探究活动：

2-5 欧洲的思想解放运动

活动1：制作用世纪表示的时间轴，梳理人文主义的发展历程。

活动2：根据所学，概括每个阶段人文主义的含义，结合地图说明它们之间的联系。

活动3：依据材料分析人文主义与资本主义发展和资产阶级革命的关系。

活动4：依据史实论述启蒙运动时期的人文主义思潮。

这四个由浅入深的探究活动形成了清晰、严谨的学习探究链条。"探讨人文主义思想的价值"这一教学重点的确定独具匠心。首先，该教学重点包含了知识层面的要求，学生只有知道人文主义发展的知识链条才能对其价值进行探讨；其次，该教学重点的核心是历史认识方面的要求，学生只有探讨人文主义思想的价值，才能形成对人文主义思想的整体认识；最后，学生要想全面认识人文主义思想的价值，需要运用唯物史观的相关观点和多种学科思想方法，通过分析、综合、论证、评价等探究活动才能形成综合认识。

### 3. 有利于培养学生的核心素养

准确地确定教学重点内容，有助于学生开展探究活动，通过解决问题提升学科思维，涵养历史学科核心素养。

在上述案例中，教师根据教学重点设计了四个探究活动。在活动1和活动2中，学生通过利用历史年表和地图等工具对人文主义的发展历程加以描述，实质是落实课程标准对时空观念素养水平2的目标要求；活动3对人文主义与资本主义发展和资产阶级革命的关系进行探究，学生需要在唯物史观指导下，以相关史料为依据，对人文主义思想发展与资本主义发展和资产阶级革命的关系进行推断和分析，落实唯物史观、时空观念、史料实证、历史解释等素养的综合培养。在这一过程中，学生不仅进一步厘清了知识之间的内在联系，还通过知识的运用，学习了学科思想方法。活动4将人文主义思潮放在具体的时空框架下进行评价，既培养了学生的高阶思维，又培养了学生全面、客观地认识历史与现实问题的意识，涵养了学生的家国情怀。

## 二、解决策略

在确定重点时，可以从以下三个维度进行选择。

### （一）依据知识在学科体系中的地位确定重点

顾名思义，历史学科教学重点是指在历史学科体系中具有关键地位和深远影响的内容。关键地位是指该问题在横向历史截面中具有中心地位和辐射作用的史事。深远影响是指在人类文明纵向发展进程中具有划时代意义和长期影响的史事。总体来讲，历史学科教学重点一定是历史发展进程中最重要、最基本的，最能反映时代风貌和历史大势的事件、人物、现象等。重大史事往往构成了历史学科的基础知识，亦是历史知识结构中的支架式的重点知识。缺之，历史课程的基础性就会被削弱。[①] 具体来讲，这些内容应具备以下特征：

一是具有突出地位，能突出体现时代风貌。在确定历史学科教学重点时，首先要关注历史的横向联系，关注其在特定时空框架中的地位和作用。例如，宋代加强中央集权的措施对整个宋代政治文明都产生了重大影响，也对宋代经济、社会、文化产生了广泛影响，因而应当成为这一教学内容的重点。关注历史发展的横向联系时，既要关注同一时期同一国家不同社会领域发展之间的联系，也要关注不同国家不同地区之间的区别与联系，以及人类文明的发展。例如，中国的四大发明对本国历史进程产生的影响较小，但对世界文明的发展却产生了非常重要的影响，因而也应当是教学内容的重点。

二是在历史发展进程中具有重要地位。也就是从历史发展的纵向联系中认识和确定历史人物、历史事件的地位与作用。只有那些在历史进程中起、承、转、合的部分才可能成为历史学科教学重点。"起"是指在某一领域起源的相关史事；"承"是指在历史进程中有承前启后作用的史事；"转"是指在历史进程中具有划时代地位和转折意义的史事；"合"是指某一历史序列走向成熟或最终归宿的标志性史事。例如，在"中国统一多民族国家形成与发展"这一历史主题中，清朝前期奠定了今天统一多民族国家疆域版图的基础，在该主题教学中自然占据重要地位。

三是对当今社会发展有重要影响。修昔底德在评述《伯罗奔尼撒战争史》时指出：学者们想得到关于过去的正确知识，借以预见未来（因为在人类历史进程中，未来虽然不一定是过去的重演，但同过去总是很相似的）。[②] 因此，对当今人类有重要影响或借鉴意义的史事自然具有重要地位。

### （二）依据知识在教学过程中的作用确定重点

在确定重点时，还要考虑它对突出教学主题和实现教学目标的价值以及教学过程的逻辑，结合单元主题、单元教学结构、课时教学目标等要素综合确定。例如，《中外历史纲要（上）》第4课"西汉与东汉——统一多民族封建国家的巩固"，在旧的模

---

① 叶小兵. 整合设计：中学历史课程新走向[J]. 教育科学论坛，2012（11）：11-15.
② 修昔底德. 伯罗奔尼撒战争史[M]. 谢德风，译. 北京：商务印书馆，1978：21.

块教学中，在以制度创新为主题的背景下，汉代在政治、经济、思想方面的制度是重点，但在新课程体系中强调"统一多民族封建国家的巩固"这一主题，因而教师要把汉朝削藩、开疆拓土、尊崇儒术等巩固统一多民族封建国家的举措作为重点，通过这些内容的分析认识统一多民族封建国家建立及巩固在中国历史上的意义，而制度创新只是作为国家巩固的多项举措之一，重要性已经大大下降。

## （三）依据历史学科核心素养培养需要确定重点

基于历史学科核心素养培养的教学有三大场景：历史情境、问题引领和探究活动。例如，秦朝的建立虽然很重要，但学生早已熟知，所以不需要将其作为重点。重点是秦始皇建立统一多民族封建国家的举措，教师可以通过设置问题，补充资料，关注细节，在教学中渗透学科思想方法，使学生在分析巩固措施的基础上提升学科思维和历史学科核心素养。

时代性是历史教育的重要属性。教育者要站在时代的高度，在尊重历史事实的基础上，以当代的人的感知审视、记叙、诠释、总结历史，论古明今，鉴往知来，古为今用、洋为中用，汲取富有时代意义的历史智慧。[①] 随着社会主义现代化建设迈入新时代，历史教育的格局、任务、话语体系都发生了重大变化。在此背景下，历史学科教学重点的确立与解决要有利于践行社会主义核心价值观的基本要求，继承和弘扬中华优秀文化、革命文化，发展社会主义先进文化，加强法制意识、国家安全、民族团结、生态文明和海洋权益等方面的教育，培养良好的政治素质、道德品质和健全人格，使学生坚定中国特色社会主义道路自信、理论自信、制度自信、文化自信，引导学生形成正确的世界观、人生观、价值观。

## 三、实践案例

下面以统编《中外历史纲要（上）》第19课"辛亥革命"为例，简要分析确定重点的程序。

之所以选择本课内容，是因为辛亥革命在中国近代史中具有重要地位，头绪多，内容多，学术研究多，分析视角多，在此基础上可以形成不同的主题，而不同主题的确定也决定了关键问题的不同和教学结构的不同，从而教学内容尤其是重点内容的选择也不同。

### "辛亥革命"教学重点内容的确定[②]

步骤一：理解课标要求，确定教学主题

课程标准要求：了解孙中山三民主义的基本内容，理解辛亥革命与中华民国建立对中国结束帝制、建立民国的意义及局限性。

基于课程标准要求和学科核心素养培养制定教学目标：以史料

2-5 辛亥革命

---

① 李月琴. 略论历史教育的时代性 [J]. 历史教学问题，2007 (6)：102-105.
② 本案例提供者为史玉梅、万稚文。

为线索呈现辛亥革命历程，认识以孙中山为首的革命党人为挽救民族危机所做的努力；通过辛亥革命历程分段和特点概括，自主建构史实，提高提出问题和解决问题的能力；将辛亥革命置于不同时段中，理解其进步性和局限性，认识今天继承辛亥革命精神的重要价值。

  **确定教学主题**：对于本单元或本节课的主题，不同时期不同教师关注视角不同，主题立意也不同。主题不同决定了本节课的价值立意不同，关键问题和重点内容的选择不同。在新课标、新课程价值体系下，本节课重点内容应放在中华民族探索民族解放、民族复兴道路的历程中，将教学主题确定为"民族解放之路的探索"。

  **步骤二**：围绕主题确定关键问题

  关键问题为突出主题和价值立意最重要最核心的问题，一般为认识性问题。依据关键问题的含义，本节课探究的关键问题可以确定为：在不同时空框架中认识辛亥革命的历史价值。

  **步骤三**：整合教学内容，设计教学结构

  本课设计尝试从社会生活实际出发设置情境，引导学生在现实中回望历史，促进教育教学理论与教学实践融合，促进学生学科核心素养和关键能力的提升。通过对教学内容进行大胆整合，设计了三个教学环节。

  环节一：寻觅辛亥革命踪迹。

  环节二：建构辛亥革命历程。

  环节三：探究辛亥革命价值。

  **步骤四**：分析教学内容，围绕主题需要，确定各环节的重点

  在环节一中，我们通过美国檀香山文化广场、日本东京大仓酒店、广州黄花岗公园、武汉鄂军都督府、江苏南京总统府、北京外务府等历史遗迹，引导学生了解兴中会成立、同盟会及三民主义、黄花岗起义、武昌起义、南京临时政府和《中华民国临时约法》、清帝退位和袁世凯就任大总统等具体史事。由于革命党人足迹遍布世界，内容丰富，不可能面面俱到，且本环节也不是本节课的重点，因此只选择重点遗迹进行介绍。本节课的教学主题为民族解放之路的探索，选择东京大仓酒店和南京总统府重点分析同盟会和三民主义、南京临时政府成立和《中华民国临时约法》等，选择的依据是从思想、组织、行动等角度呈现辛亥革命的基本历史脉络，引导学生初步了解辛亥革命的历程，为进一步深入认识辛亥革命扫除知识障碍。

  在环节二中，我们通过建立辛亥革命大事时间轴，引导学生对时间轴进行分段、分类，从不同角度分析辛亥革命的特点。重点从整体上理解"辛亥革命是一次伟大的反帝反封建的资产阶级革命"这一知识点。

  在环节三中，我们分别将辛亥革命放在20世纪初救亡图存之路的探索历程、中国近代革命历程、中华民族复兴之路探索历程、中国政治文明演进历程、亚洲近代民主革命历程等不同的时空框架中，通过比较、分析、综合等思维活动，引导学生全面认识辛亥革命的历史价值。辛亥革命内涵丰富、价值广泛。围绕本节课教学主题，我们将本环节的重点确定为"辛亥革命是一次完整意义的资产阶级革命""辛亥革命精神后

世流芳"。

**案例点评**：本案例对重点的选择和设计体现了以课程标准为导向、以历史学科核心素养为落脚点、关注学情等特点。首先，围绕主题确定重点，体现了教学的价值立意。本节课的各个教学环节都选择了相关重点史事、重点知识、重点问题进行分析和探究，都围绕"辛亥革命是一次伟大的资产阶级革命，是争取民族解放之路的一次重要探索"等内容展开。其次，根据学生认识生成的逻辑设立三个教学环节，从史料辨析入手建构基本知识和重要历史认识，体现了对学情和认知规律的尊重。最后，每个环节选取一至两个重点内容进行分析，保证在建立基本结构的基础上提高教学效率，遵循适量和可接受原则。

综上，教学重点的确立体现了教师对课程标准和学科内容的深度理解以及对学情的准确把握，反映了教师的教学素养。只有科学准确地确立重点，并以此为核心设计教学活动，才能高效地完成教学任务，培养学生的历史学科核心素养。

## 教学关键问题 2-6　如何规划课堂教学结构

有学者认为，任何好的教学都是呈"结构化"的。① 新课程实施以来，教育理论与学习方式的变化引起了课堂教学结构的改变。课堂教学是教学活动的核心，课堂教学结构设计的好坏直接影响课堂教学效果。课堂教学结构日益成为教学研究的重要内容，科学合理地规划课堂教学结构对课程改革深化背景下学科核心素养的培养至关重要。

### 一、问题分析

#### （一）课堂教学结构的基本概念

学术界对课堂教学结构的理解可谓见仁见智。何克抗教授从"要素关联"角度出发，认为课堂教学结构是在教育思想、教学理论和学习理论指导下，在某种环境中展开教学活动的稳定结构形式，是课堂教学过程中教师、学生、教材和教学媒体等要素相互联系、相互作用的体现。② 有学者基于"要素组合"的观点，认为课堂教学结构是指课堂教学过程中时间、空间、主导、主体、媒体、流程等要素之间的关系和比重，是牵一发而动全身的"牛鼻子"。③ 所谓课堂教学结构，即课堂教学过程的布局，是指为实现教学目标，在特定的教育思想、教学理论的指导下，参与课堂教学的教师、学生、教学内容等教学系统内部各组成要素按照空间分布或时间顺序有机联系和相互作用开展教学活动的稳定结构形式，也就是上课的具体形式。

课堂教学结构是诸多要素共同参与并相互作用的系统。有学者认为，课堂教学结构的要素主要有教师、学生、内容、手段、时间、空间六个方面。也有学者提出教学结构包含教材、教师、学生、手段、目标、时间和空间七种要素。无论什么类型的课程，在从设计到实施的过程中，都是由教学理念、教学目标、教学对象、教学内容、教学环境、教学媒介、教学手段和教学效果等多种要素构成的有机集合体。围绕着这些要素，又衍生出若干子结构，包括知识结构、时间结构、信息传递结构、认知结构、师生活动结构、讲练编排结构等。④ 这就要求教师要合理排列各个要素，科学设计课堂教学结构，提高课堂教学的效果和质量。良好的课堂教学结构需要系统内部各个要素互相配合。因此，课堂教学结构各个要素之间的关系不容忽视。不同的教学目标和教学内容需要采用不同的教学方法和教学策略。教师在设计课堂教学结构时，要综合考

---

① 刘徽. 课堂教学结构模型的构思与验证 [J]. 全球教育展望，2015（10）：3-15.
② 何克抗. 教学结构理论与教学深化改革：上 [J]. 电化教育研究，2007（7）：5-10.
③ 陆恕. 模块化的课堂教学结构 [J]. 人民教育，2013（Z2）：8-12.
④ 冯磊，黄伟. 课堂教学结构研究的进路与焦点综述 [J]. 中小学课堂教学研究，2017（Z1）：7-14.

虑并处理好课堂教学结构的要素组成及其关系，使教学逻辑清晰明了。

历史课堂教学结构需要历史知识逻辑、教师教学逻辑与学生的认知规律、思维方式和学习需求高度契合。教师只有深度理解教学内容，明确教学目标，提升教学立意，充分考虑学生特点，设计合理可行、符合实际的课堂教学结构，才能收获良好的教学效果。从课堂教学结构的各环节来说，各教学要素的排列组合和有序波动可以推动课堂教学过程有效完成，使课堂教学结构体现出完整性、有序性、目的性和有效性特征。任何好的课堂教学都是呈结构化的，但不存在适合所有课堂的教学结构。教学结构中的所有要素错落有致地分布在课堂的时空之中，相互之间形成了精确搭配、精密组织、精巧链接的关系，整个课堂教学活动由此形成了难以分割、和谐井然的有机关联。因此，课堂教学结构也具有多样性、灵活性、动态性、功用性和整体性特征。

（二）设计课堂教学结构的必要性

历史课程是最基本和最重要的教育理念，是全面贯彻党的教育方针，切实落实立德树人根本任务，坚持育人为本、德育为先，使历史教育成为形成和发展社会主义核心价值观的重要途径。历史学科教学以学生实际需要和身心发展规律为基本要点，以唯物史观为指导，对人类历史发展进行科学阐释，引导学生认清历史发展规律，正确认识和评判历史与现实，形成实事求是的科学态度以及正确的世界观、人生观、价值观和历史观，增强民族意识、国家意识、文化认同和世界意识，拓宽国际视野。因此，历史课堂教学结构的设计是历史学科核心素养的直接要求，教师需要在历史学科核心素养和新课程理念的引领下，从课堂教学结构的内涵和特点出发，将各个要素合理排列，统一于学生主体、教师主导的课堂教学结构中。学生发展核心素养科学回答了21世纪基础教育要"培养什么样的人"的问题。基于历史学科核心素养的历史课堂教学是将历史学科核心素养有效转化为学生能力的重要步骤，也是引领历史课程教学变革的行动指南。历史课程结构的设计、课程内容的选择、课程的实施等，都要始终贯穿发展学生历史学科核心素养这一任务。在结构设计上，要在体现基础性的同时，构建多视角、多类型、多层次的课程体系。在内容选择上，要精选基本的、重要的史事。在课程实施上，进一步改进教学方式、学习方式和评价机制，将教、学、评有机结合，促进学生的自主学习、合作学习和探究学习，提高实践能力，培养创新精神。

课堂教学作为学校教学的基本组织形式，大致经历了"教师中心""学生中心"和"教学协作"三个发展阶段。赫尔巴特的"四段教学"和凯洛夫的"五环节"等课堂教学结构模式体现出明显的"教师中心"特征。虽然课堂教学结构围绕着学生的"学"进行过不少探索改进，但在现实情境中很少有教师能找到适合自己的课堂教学结构，也很少有教师能够在课堂教学结构中充分考虑学生的主体地位和自己的主导地位，这使当前的课堂教学结构仍存在未摆脱"教师中心"的束缚、弱化教师的指导作用、教学效果难以保证等弊病，无法保证每个学生的个性化发展。"如何学、学什么与能否学"在学生的学习过程中是紧密结合的，这也就决定了历史课堂要将历史学科逻辑与学生的认知逻辑相结合，使学生在已有基础上了解史事，建构史实，在求证、辨析与整体联系之中理解历史，从而形成对历史规律的认识，真正理解历史变迁的深层逻辑。将教材知识逻辑、历史学科逻辑与学生认知逻辑结合贯通的关键是教师的教学逻辑。

教学逻辑是隐藏于课堂教学结构与流程中的各教学要素和各教学环节的逻辑关系，是教师对教材知识、学生认知和学科规律进行的重组与改造。合理、清晰的教学逻辑是顺应教材知识逻辑和学生认知逻辑的，能够反映真实的建构过程，有助于形成行云流水、浑然天成的课堂教学结构。

课程教学结构直接决定着课堂教学质量。核心素养体系引领历史课堂教学结构变革。在核心素养理念下，课堂教学过程应更加倡导学生在教学活动中的主体地位。现有课堂教学结构仍受传统教学理念的束缚，面临师生功能错位、教学逻辑不清晰甚至课堂教学情境创设缺失或不当等结构不完整、不符合学生认知逻辑等问题。因此，优化课堂教学结构设计是十分必要的。

## 二、解决策略

历史课堂教学结构的设计是在先进教育理论和历史教学思想的指导下，合理组合教学要素，设计教学活动环节，通过恰当的教学方法将教学内容和教学主体组成有机结合的整体，为学生历史学科核心素养的培养奠定基础。

### （一）历史课堂教学结构的类型

以学科课程为课程形式、以班级授课制为教学组织形式、依据教学任务、遵循人的认知发展规律来划分的课堂教学有不同的类型及其内在结构。在采用不同的教学环节和教学方法完成不同教学任务的过程中会形成不同类型的课堂教学结构。选择适当的课堂教学类型与结构，更有利于教师合理科学地设计历史课堂教学结构。

根据教学方法的不同，历史课堂教学可以分为以教师讲授和师生谈话为主要教学方式的讲谈课，以师生与生生讨论交流、理解问题、评价判断为主要教学方式的讨论课，以及以主题学习、体验学习和探究学习为特征的，以小组合作学习为主要形式的探究活动课。讲谈课是目前比较常见和主要的教学类型，与以往的讲授课不同的是，讲谈课多辅以讨论、探究等活动，其结构为教师提供材料或创设情境、开展问题探究的讨论活动或谈话等。讨论课包含班级讨论和小组讨论两种方式，有提出问题、思考交流、倾听回应、总结反思等环节。探究活动课包括课前进行课题设计、开展探究活动和形成探究学习结果等环节，课堂教学的基本结构是成果展示、问题答辩、总结评价。

根据学习方式的不同，课堂教学可分为同步学习、分组学习、个别学习等类型。[1] 同步学习是在教师指导下全班学生一起进行的学习。分组学习是以小组为单位进行的自主学习。个别学习是学生在教师指导下进行的自主学习。中学历史课堂教学通常以同步学习为主，以分组学习和个别学习相配合。基于学习方式的教学结构主要包括以下环节：教师提出问题并给予提示、学生思考提问或讨论、教师发问总结或检查效果。

根据教学任务的不同，课堂教学一般分为单一型和混合型两种。单一型课堂教学

---

[1] 于友西. 中学历史教学法 [M]. 4版. 北京：高等教育出版社，2017：111.

包括导言课、讨论课、活动课、复习课、练习课、考查课和讲评课等。导言课多用于新学期、新单元或新专题教学前，其目的是激发学生的学习兴趣，培养学生良好的学习习惯，介绍说明此后一段时间内历史学习的内容、目的、范围和线索以及相关要求与方法，其结构包括组织教学、介绍学习内容及其目的和方法、提出学习要求。讨论课是围绕主题讨论交流，相互启发、探索求知的课型，其结构一般包括确定主题、搜集资料、讨论交流、归纳总结。活动课是包含讨论课、辩论课、调查研究等多种活动的特色课型，其基本结构包括确定主题和活动形式及目标、开展活动、成果展示和评价总结。其目的是在相对独立宽松的空间中展开探究活动，培养学生获取知识、迁移运用知识及合作学习的能力，以弥补课堂教学的不足。复习课的基本结构是说明要求、梳理要点、练习巩固、讲解复练，通过梳理归纳使知识系统化、结构化，帮助学生增强记忆，加深理解。练习课和考查课主要是在复习课后进行作业练习或利用试题考查学生知识掌握情况的课型。讲评课主要是在练习课和考查课后，针对学生作业情况或得分结果进行分析，发现问题并及时改进的一种课型，其基本结构包括公布结果、分析问题、改进学习。在实际的中学历史新授课教学过程中，为了及时复习，巩固新知，提升学生的历史学科能力，通常会采用混合型课堂教学，针对教学任务也会采用多种教学方法与学习方式。混合型课堂结构包括组织教学、复习旧知、新课导入、创设情境、学习新知、巩固总结和作业练习等。

(二) 设计历史课堂教学结构的原则

近年来，课堂教学结构设计受新课程改革的影响日益显著。各学科的课堂教学结构设计也紧跟课程标准的变化而变化，以培养学生学科核心素养为目的。无论是课程目标与内容的选择、教学设计的指导思想，还是考试评价和教材编写，均指向学科核心素养的落实。高中历史必修、选择性必修、选修三类课程的涌现使历史课堂教学结构更加多样化。综合实践课、校本课程、跨学科课程等不同课型将推动历史课堂教学结构更具特色。

课堂教学结构要更加关注学生的学习过程，充分尊重和发挥学生的主体性，在科学阐释人类历史发展，利用正确的思想导向和价值判断叙述、评判历史的过程中促进学生自主学习、合作学习和探究学习。培养创新实践能力是历史课堂教学结构变革的不懈追求。历史课堂教学要围绕"教学主题"，选取能够持续使用并贯穿整个课堂的教学资源，不断刺激和诱导学生追问和探索的好奇心，通过设计一系列具有挑战性的、有历史专业知识内涵的、基于深度学习的问题情境，以及真正有价值的学习活动，让学生在全身心参与的沉浸式学习过程中探究体验、批判质疑，开展有意义的历史学习，从而有效引领学生建构历史思维，提高学生课堂学习思维的广度、深度、角度、敏锐性和创新性，关注学生的问题生成及知识内化、转化和外化的实践行为，使学生形成独立思考、合作探究的实践能力，并从学习过程中获得积极的历史情感体验。

课堂教学结构要与信息技术深度融合。当前，信息技术的发展已经打破了传统课堂教学的有限时空，教育方式和学习认知方式发生了深度变革。信息技术提供了更开放的教学边界，信息化的教学环境也提供了更丰富的教学资源，并在激发学生学习兴趣和改变教师教学方式的过程中，促使课堂教学结构发生变革，推动深度学习持续生成与发展。在信息技术的支持下，学生凭借已有认知建构历史概念、理解历史变迁将更加便利、更加深刻。历史课堂教学越来越走向以学习者为中心的模式，不受时空限制的课堂教学过程将变得更便捷、智能，呈现出动态性、开放性、交互性等特点。在与信息技术深度融合的开放互动的历史课堂教学过程中，教学的"情境"不断变换，认知的"焦点"不断转换，学习的"意义"不断建构，学习的"智慧"不断生成。

### 三、实践案例

历史课堂教学结构是以完成教学任务为目的，结合历史学科特点和教学一般规律，将教学内容、教学目的、教学方法和教学手段等要素有机结合的课堂教学的基本框架。如何设计混合型历史课堂教学结构才能取得最佳教学效果呢？

首先，教学立意是课堂教学结构设计的起点。历史学科的教学立意就是教师从学科知识逻辑出发，根据特定的教学内容，结合学生的认知逻辑，选择相应的课程资源，从某种独特的视角出发整合教学过程各环节，在学生学习方法、历史学科能力和情感价值观维度上提炼的核心概念和见解。围绕教学立意，历史课堂教学结构设计将教材内容、历史学科发展与学生认知逻辑相结合，借助相应的课程资源，创设学生能够开展历史建构的教学情境，设计由浅入深、由表及里的问题帮助学生理解和认识历史。课程标准是教师确定教学立意、明确教学目标、设计课堂结构的依据。学生通过学习产生的行为变化通常包括行为主体、行为动词、行为对象、行为条件、表现程度五个要素。[1] 教师可以按照以上要素，结合教学内容陈述历史教学目标，即学生（行为主体）在什么样的行为条件下，通过什么样的行为方式（行为动词），做了什么事（行为对象），达到了什么样的预期结果（表现程度）。例如，《中外历史纲要（上）》第20课"北洋军阀统治时期的政治、经济与文化"，主要讲述20世纪一二十年代北洋军阀统治时期的社会面貌。辛亥革命后，社会秩序未能在较短时间内重建，袁世凯复辟帝制、北洋军阀相互混战造成社会动荡，民生随之凋敝。在中华民族危机不断加深的背景下，不同阶层展开了各种形式的救亡图存运动，民族工业迎来了短暂的春天，工人阶级的队伍不断壮大，新文化运动打出了民主和科学的旗号，远在万里之外的14万华工在世界面前努力捍卫国家尊严。在这段黑暗的历史中，中华民族的脊梁和精神在社会各个阶层身上得以传承。课程标准对本课的要求是：了解北洋军阀的统治及特点；概述新文化运动的主要内容，探讨其对近代中国思想解放的影响。根据教材知识逻辑、学生认知逻辑与课程标准的要求，本课教学立意确定为：学生全面认识北洋军阀统治时期的社会状况。围绕教学立意，根据课程标准和教材内容，我们可以通过了解袁世凯复辟帝制、北洋军阀割据混战、段祺瑞破坏《中华民国临时约法》和拒绝恢复国会等史实，理解北洋军阀统治时期的政治特点；知道二次革命、护国运动、护法运动，认识革命党人为维护民主共和进行了一系列政治斗争，认识革命党人颁布发展实业的

---

[1] 郑林. 基于学生核心素养的历史学科能力研究[M]. 北京：北京师范大学出版社，2017：148.

法令促进经济发展，改变社会风俗；从文献、图片等资料中提取历史信息，分析民族资本主义出现"短暂的春天"的原因；知道新文化运动的主要内容，认识其对近代中国思想解放的影响；从民国初年各个阶层的救国行动中，体会爱国、救亡图存的民族精神；从民国初年经济的发展、思想的解放中，体会这一时期的变革为中国革命孕育了新的力量，从而全面认识北洋军阀统治下的中国社会状况。

其次，学生的学习不是自然发生的事情，既不具有完全意义上的自发性和自动性，也不具有绝对意义上的独立性和自主性。而且历史是过去的事情，学生只有在形象、直观、鲜活的情境中，才能认识和理解历史。因此，选择相应的课程资源进行新课导入与教学情境创设是教师组织历史课堂教学时必不可少的关键环节。教师可以借助教学情境，引领学生在"鲜活"的情境中感知历史，激发学生想学、爱学、乐学的学习兴趣。也可以通过概述、提问或演示课件等方式复习学过的内容或创设教学情境，用较短的时间导入新课。以《中外历史纲要（上）》第20课"北洋军阀统治时期的政治、经济与文化"为例，本课教学导入与教学情境创设可以设计为：

出示袁世凯、冯国璋、段祺瑞、张作霖等历史人物的照片，提出"看到这四位历史人物，你会想起初中时学到的哪些历史知识？""你对北洋军阀统治时期的印象如何？"等问题。在学生回答的基础上，教师再次提出问题："如何看待北洋军阀统治时期的中国社会？"

然后复习学生已有的知识，利用已知和提问创设教学环境，激发学生的学习兴趣，进入新课学习。

最后，教师在培养学生的历史学科核心素养时，要引导学生在解决学习问题的过程中理解历史，在说明问题的过程中解释历史。只有在以学生为主体的教学活动中，通过讨论交流、合作探究等教学方法理解和运用知识，才能使学生逐步学会全面、发展、辩证、客观地看待和论证历史问题，发展和提升历史学科核心素养。为学患无疑，疑则有进，小疑小进，大疑大进。以学生为主体的教学活动设计和不断提出的问题，是教学过程设计的关键和学习新知的重要切入点。学生只有在已知史事的基础上，通过史料研习和主动探究的学习活动，对有价值的史料进行分析，用实证的方式不断解决问题，才能有效学习新知，加深历史理解，提升历史认识。例如，《中外历史纲要（上）》第20课"北洋军阀统治时期的政治、经济与文化"可设计如下教学活动与问题：

环节一：依据史料，了解民国初年的社会问题，理解各派力量的探索行动。

出示时间轴，回顾上节课的知识，标出关键历史时间（1912年）及重要历史事件（中华民国成立），并出示民国初年社会状况和外国侵略干涉中国内政的材料。

2-6 北洋军阀统治时期的政治、经济与文化

提问：中华民国成立后，中国的社会状况如何？

学生通过提取信息，概括分析，总结当时中国社会存在的外部问题为外国侵略，不独立，无地位；内部问题为社会动荡，经济落后，思想守旧。

追问：当时中国社会的各种力量是如何解决这些问题的？

环节二：依据教材，对重要史事进行梳理，绘制民国初年重要史事图。

1. 北洋军阀的统治

学生自主学习概括袁世凯统治时期在政治、经济、思想方面的措施，有集权、称帝、尊孔复古、颁布发展实业的法令措施等。

(出示北洋军阀统治时期军阀割据示意图。)

追问：袁世凯去世后中国社会出现了什么新问题？

观察地图，分析袁世凯去世后中国社会出现了军阀割据混战的局面。军阀的背后还有帝国主义的支持。

(出示北洋军阀割据时期的大事，通过历史大事件的梳理，总结北洋军阀割据时期统治的特点：军阀割据混战、政局动荡。)

追问：北洋军阀的统治没有解决中国的问题，那还有哪些力量在解决？他们是怎样解决的？

2. 革命党人的努力

出示材料，讲述当袁世凯专制独裁、段祺瑞拒绝恢复临时约法时，革命党人进行了一系列的维护民主共和的斗争。通过列表格、绘制时间轴等方式展示二次革命、护国运动、护法运动。引导学生了解革命党人的努力没有完全解决民国初年社会的问题。

3. 民众的行为

出示1915年清华大学学生抵制并烧毁日货的图片和实业救国的材料。

提问：民众的行为针对的是中国社会的什么问题？他们采取了哪些方式？结果如何？

4. 先进知识分子的主张

出示《青年杂志》封面、陈独秀、李大钊等图片，引导学生回顾旧知。

提问：面对社会问题以及1915年袁世凯复辟帝制、尊孔复古，先进知识分子提出了哪些主张？先进知识分子的行为是针对中国社会存在的什么问题？他们采取什么方式？结果如何？

环节三：综合解读史实，全面认识北洋军阀统治时期的社会状况。

回顾本节课所讲的主要内容，民国初年的社会状况，北洋政府、革命党人、民众和先进知识分子所做的努力，列出主要史事，并对这些史事进行再次梳理。回顾所学，探究知识之间的联系，并予以说明。回到教学导入时的问题"如何看待北洋军阀统治时期的中国社会？"学生提出自己的观点，并通过讨论的方式，对史学家的观点进行评述，教师进行点评总结，升华情感。

在上述教学案例[①]中，学生能够在井然有序的课堂教学结构中，在已有知识的基础上建立起新旧知识之间的联系，在情境中了解民国初期的重要史事并绘制史事图，然后运用总结归纳、分类比较、因果联系与综合分析等学科方法对史事进行加工整理，进而认识和理解北洋军阀统治时期的社会状况。在学习新知之后，为了促进学生知识的系统化和结构化，教师还要对本课所学知识进行回顾总结，并布置随堂或课后作业对知识加以巩固。

---

① 本案例提供者为王璐。

综上，历史课堂结构设计需要从整体上理解和把握历史学科核心素养，在坚持学生主体地位的基础上，贯通教材知识逻辑、学生认知逻辑、历史学科逻辑与教师教学逻辑，围绕科学合理的教学立意，克服教学过程各环节的弊端，不断优化课堂教学结构与教学方式，提高历史课堂教学质量，促进学生历史学科核心素养与学科能力的提升。

### 教学关键问题 2-7　如何开发与利用教学资源

在高中教育阶段中，历史学科作为重要的课程，对于培养学生完善的知识体系、增加学生的文化积累有着重要作用。在历史课堂上，学生可以加强对国内外历史事件的全面了解和掌握，对历史的发展趋势形成全面认知，完善历史思维模式。教师可以通过有效开发与利用教学资源，解读和运用文字史料，结合教学经验，将其中的内在教学价值充分挖掘出来，培养出具备较强历史思维能力的人才。教师开发与利用多重教学资源，可以打破原有的固定教学模式限制，加强对高中历史教学模式的创新探索，引进新型、高效的教学模式，构建历史品质课堂，使学生能够在历史课堂中形成情感共鸣，不断强化自身的历史学科思维，提升学科核心素养。

#### 一、问题分析

##### （一）教学资源开发与利用现状

目前的高中历史教学课堂主要采用灌输式、论证式、表演式等教学资源运用模式，使得高中历史课堂普遍低效。

**1. 灌输式**

灌输式课堂是高中历史教学活动中最为常见的一种模式，同样以教师为课堂的主导中心。灌输式课堂十分注重高考中的考试重点，基本以考试难点和大纲中的知识重难点为主选择教学内容，历史知识体系难以完整、系统地展示出来，学生学习的过程较为被动。在灌输式课堂的知识讲解中，学生跟随教师的教学思路，在固定的框架内，限制了在历史课堂中思维的创新探索和发展。虽然教师在灌输式课堂上也会适当增加师生的问答互动环节、展开中外史实的对比活动等，但是受限于教师的课前教学框架固定，学生缺少自由发挥的空间，教师根据备课中的内容设置了标准答案。教师运用历年的高考真题对学生进行考核和训练，虽然达到了提高历史成绩的目的，解决了历史问题，但不符合新课程改革提出的新要求。即使学生的历史成绩有所提高，但是历史知识的运用能力、历史思维和综合素质仍旧得不到有效培养，因此，灌输式课堂是亟待改进的教学资源低效使用模式。

**2. 论证式**

论证式课堂是立足于教材中的结论这个核心，运用论证结论的教学资源开展课堂教学活动，由教师展开分析和论证的教学活动，在验证历史结论正确的过程中，采取分析、归纳等方式。运用论证式课堂展开高中历史教学，教师通常会讲解历史知识，照本宣科地强化学生对历史知识的记忆效果。论证式教育模式的可操作性较强，能够有效地提高学生的历史知识记忆力和历史考试成绩，达到应对考试的目的。但是这样的教学资源使用仍旧是低效的，因为论证式使用教学资源时，学生缺少对历史问题的深入探索和思考，教师按照教材结论教学，在历史知识的讲解中学生通常会获取标准答案，并且形成记忆和了解，但是却缺少多角度的历史探索，无法形成对历史的独特见解，导致学生的独立思考能力、创造性思维发展均受到了一定程度的限制，在一致的答题模式和正确答案引导下，学生的质疑精神被限制，对既定的历史结论难以提出大胆的质疑和从更多角度进行探究，违背了核心素养培养的要求，使得高中历史教学低效。

### 3. 表演式

表演式课堂以教师为主导，结合具体的课本内容，在表演形式中完成教学。教师会在进行课堂教学活动之前通过彩排和准备，按照固定的套路展开教学表演，结合教案设计教学资源，设定固定的问题和提问方式以及知识讲解方式。在高中历史公开课当中，运用表演式教学模式的概率最高，这样可以有效应对上级的听课检查，因此受到了历史教师的普遍喜爱和运用。但是却也同样使得教学资源使用的灵活性和多样性受到了不同程度的限制，难以对学生的思辨思维形成有效的培养，缺少对历史事实的思辨和深入探究。学生的主体地位被忽视，教师成为课堂上的主导角色，师生之间对于教学资源的互动和交流不足，使得高中历史的教学课堂效率较差。[1]

### （二）开发与利用教学资源的意义

教学资源的使用可以解决问题探究和体验历史等问题，起到提高学生史学素养的作用。长期以来，我国的应试教育理念深入人心，在应试教育下，教学资源的低效使用导致了课堂低效，教育者逐渐认清了教学资源开发与利用中存在的缺陷和不足问题。按照教师讲解课本内容、学生听讲的普遍固定模式，学生对大量、枯燥的历史知识难以形成深刻的理解，记忆历史知识的过程更是有较大难度。高中历史学科内容抽象、信息量大，并且有着深刻的内容，按照传统的教学资源使用方法很难完成教育目标，因此高中历史教学资源开发与利用的创新势在必行。开发与利用教学资源是保证良好历史教育效果的重要手段，教师只有加强对历史品质课堂的构建和深层次探索，才能创新高中历史的教育新模式，大大提高历史教育的整体质量。

在新课程改革的深入推进下，高中历史教学迎来了全新的改革要求，不仅要打破传统的死记硬背历史知识点的教育模式，更要将历史现象背后的深刻内涵传授给学生，帮助学生加深对史料的掌握，体会其中深刻的历史内在含义，使高中生构建起完善的历史知识体系，培养学生学科核心素养，加强学生对历史问题、原因、过程、意义等大量知识点的掌握和真正理解。有效开发与利用教学资源是落实新课程改革理念的必要手段。通过对教学资源的有效利用，构建历史品质课堂，能够打破原有的高中历史课堂教学模式，将古今中外的历史重要事件和相关知识点融入学生的学习过程中，使学生加深对各个重要历史事件的了解和掌握，加强对历史发展规律的探索和全方位了

---

[1] 高源. 新媒体辅助下高中历史教学应用研究［D］. 大连：辽宁师范大学，2020.

解，强化学生的历史思维能力，构建起正确积极的世界观、人生观、价值观。提高学生的历史学科核心素养，为学生未来的成长和成才奠定基础。构建历史品质课堂已经成为新课程改革背景下的必要转型方向，高中历史教师应加强对教学资源有效开发与利用的深层次探索。

## 二、解决策略

### （一）教学资源选择的原则

第一，教学资源的选择应重视其来源的真实性，区分第一手与第二手教学资源。

第二，教学资源的选择必须证明其作为史实的客观性，需要选择未加工过的原始史料。

第三，教学资源的选择应能够提供移情和想象氛围，应选用细节描述或感染力强的原始或筛选过的史料。

第四，教学资源的选择需提供分析历史原因或概括历史规律的基础，需要选择与学生学习内容类似、与学生水平相符合的一系列经过加工的史料。

教学资源的使用不应与教学评价脱离，结合上述四则教学资源选择的原则，以"考察董仲舒思想作用"为例，根据课程标准规定的四个学业质量水平，选择以下四则考查类教学资源材料。

试题1：_____（时间），董仲舒的新儒学体系适应_____的需要，逐渐成为中国传统文化的主流思想。

试题2：董仲舒曾经对汉武帝说："唯天子受命于天，天下受命于天子。"又说："国家将有失道之败，而天乃先出灾害以谴告之，不知自省，又出怪异以警惧之，尚不知变，而伤败乃至。"上述观点（　　）

A. 迎合了加强中央集权的统治需求　　B. 体现社会大变革时期的时代需要
C. 融合佛道思想，形成儒学新体系　　D. 完全背离民本思想，走向消极反动

试题3：建元五年（公元前136年），增置五经博士，元朔五年（公元前124年）开始创办太学，为五经博士置弟子员50人。宣帝时，五经博士增至12人。弟子也代有增加，到公元146年，太学已多至三万人。太学大量扩充的社会根源是（　　）。

A. 中央集权制度最终完善　　B. 儒家思想得到广泛传播
C. 儒家政治势力日益膨胀　　D. 儒家教育取得发展进步

试题4：儒学现代化是当今思想文化界一个热门话题，"如何评估当代新儒学在当下中国的发展状况与现实意义"等问题是思想学术界目前争议和探讨的问题，也是社会各界关注的问题。

当今世界国际环境仍然存在许多不安定的因素，自美国发生"9·11"事件以后，恐怖事件不断发生，超级大国想用霸权主义来消灭恐怖主义，却促使矛盾激化，那么应该如何来看待或者面对这样复杂的世界性的霸权主义与恐怖主义的问题呢？董仲舒有这样一个观点："大富则骄，大贫则忧。忧则为盗，骄则为暴，此众人之情也。圣者

则于众人之情,见乱之所从生,故其制人道而差上下也……今世弃其度制,而各从其欲。欲无所穷,而欲得自恣,其势无极。大人病不足于上,而小民羸瘠于下,则富者愈贪利而不肯为义,贫者日犯禁而不可得止,是世之所以难治也。"(《春秋繁露·度制》)这段文字的大意是:太富就骄横,太穷就忧愁,忧愁无法解决,只好当强盗;骄横就残暴。这是一般人的心态。圣人根据群众的情绪知道了乱是怎么产生的,因此就制定人的等级差别,并用制度加以限制……现在社会抛弃各种限制,顺从自己的欲望,自由发展,欲望是无穷的,发展的趋势是没有极限的。这样一来,上头富人不满足,下头平民更穷困。富裕的人越贪利又越不肯施舍,贫贱的人每天违犯禁令又无法制止。这样,社会就很难治理了。

请简要谈谈你对于董仲舒观点的看法。

第五,教学资源的选择应拓宽历史视野,选择能够从其他角度表述的研究成果类史料。

第六,教育资源的选择应避免单一性,要全面评价历史史实,需要选择具有代表性的不同评价内容类史料。

结合上述两则原则,以"评价王安石变法"为例,选择以下不同时间、不同国家对王安石变法不同看法的教学资源。

材料一:《宋神宗实录》《宋史》:"急政""苛政",是"剥民兴利""聚敛害民",导致宋亡。

材料二:20世纪初,梁启超、胡适认为王安石变法是"社会主义学说的先行者"。

材料三:列宁评价王安石为"中国十一世纪的改革家"。

材料四:邓广铭、漆侠等肯定王安石变法的效果。

材料五:美籍华裔历史学家黄仁宇认为,王安石的多项改革,涉及将当时的中国进行大规模的商业以及数目字管理,是人类思想反抗的文明成果,使人类有了摆脱野蛮统治的可能和方向。

(二)开发与利用教学资源的措施

1. 激发学生的情感共鸣

通过对低效教学资源使用的问题分析,教师在使用教学资源的过程中,应加强对学生学习主体地位的关注,使学生的学习主体作用在课堂学习活动中得到充分发挥,激发学生形成强烈的情感共鸣,深入感悟和体会历史知识的内涵。这是因为在高中历史课堂上,涉及很多古今中外的大型历史事件,在教学活动中教师讲解此类历史事件并且要求学生深刻记忆知识点的过程难度较大,并且会让学生感到乏味和枯燥。情感共鸣的激发是必要的教学手段,能够将学生的学习积极性和主动性充分调动起来,构建起轻松、愉悦的历史课堂,促进整体的历史教学效率提高,创建起合理的课堂教学情境,使学生能够真正融入相应的教学情境中。以高中历史部编版教材中的"诸侯纷争与变法运动"一课的教学为例,教师可以将先进的信息技术手段融入教学活动中,通过为学生播放历史事件的视频、音频、图片、背景人物介绍等,让学生体会历史事件和人物的情感内涵，加强对学生历史思维的有效培养。①

## 2. 创新教学模式

通过对教学资源使用低效问题的原因进行分析可以发现，有效开发与利用教学资源会改变原有枯燥单一的教学模式，实现高中历史教学课堂模式的创新探索。教师应在原有的教学模式基础上，使教学模式更加多样化，实现历史课堂的创新探索，强化历史教学水平，加强对不同教学方法的灵活运用，同时引进参观日记法、自由研讨法等，用多样化的教学方法来提高历史教学活动的灵活性。教师可在真实的历史背景基础上，运用多种不同的教学形式组织和开展多样化的历史实践活动，保证历史教学活动的灵活、多样性，使学生能够在学习历史和参与历史实践活动的过程中，体会学习历史知识的快乐，感受学习历史学科的乐趣；使学生学习历史知识的兴趣和主动性被充分激发出来，实现个性化学习，构建起完善的历史知识思维体系。学生通过参与课外实践活动，如走进博物馆等，参观历史文物，感受历史文化气息。教师在博物馆中结合相关的教材知识开展教学，使学生能够在直观的感受中体会历史事件、认识历史人物，形成对历史知识的深刻了解和感悟，同时强化历史思维，加强对历史知识的记忆和掌握。例如，在讲述第一次工业革命的过程时，可以以工业革命的动力变化为切入点，针对动力由人力到自然力再到机械力的变化，学生通过阅读教材的结论描述很难认识到发明与变化之间的联系，教师可以通过分组活动的方式，指导学生搜集教学资源，分别了解哈格里夫斯、阿克莱特、克隆普特和卡特莱特的故事，以他们生平的时间顺序在课堂上进行分享。学生在教学资源查阅和讲述、倾听的过程中会发现四个人物之间的联系，棉纺织业包括纺纱和织布，前三个历史人物的发明都属于纺纱业，卡特莱特属于织布业，珍妮纺纱机的发明是因为织布业"飞梭"的技术改进，但因为珍妮纺纱机的线较细易断，织布业市场需要其进行改进，催生了阿克莱特的发明。阿克莱特的发明虽然改善了线细的缺点，但线过粗过硬，织布业仍然需要其改进。在此基础上，克隆普特将二者相结合，发明了骡机，纺纱业生产力急速提高，织布业与纺纱业相辅相成。为了适应市场的需求，卡特莱特发明了织布纺纱机。结构完整的教学资源搜集、分享和整合，不仅可以激发学生的学习兴趣，而且锻炼了学生调动有效资源建构知识体系的能力。

## 3. 保证教学资源开发与利用的开放性

教师在构建历史品质课堂时，应结合课堂低效的普遍问题，制订切实可行的历史课堂教学计划，并且在这一过程中应保持高中历史课堂的开放性。教师可运用开放式的教学方式，加强对学生的有效引导，结合学生的实际兴趣爱好和性格特点等，帮助学生加强对历史知识点的全面掌握。教师应向学生提供更加广阔的想象空间和创造空间，丰富学生的想象力，使其想象力和创造思维有发挥的平台。教师应高度重视学生的思维和心理变化，始终坚持以学生为主体这一重要的教学理念，灵活选择历史教材的内容，有针对性地提升学生的历史学科综合素养。以开放式的思维结合学生的兴趣

---

① 王瑛. 运用现代信息技术 优化高中历史教学［J］. 科学咨询（教育科研），2018（12）：143.

爱好选择其中的重大历史事件、历史奥秘、中外历史人物等专题内容，充分利用学生较为感兴趣的教学资源，向学生提供相应的信息、资料等，让学生自主展开深入的研究和学习。学生可以自己运用智能设备、互联网等搜索关于历史事件的资料，有针对性地结合自身的实际学习需求，展开知识探究活动。教师应保证历史课堂的开放性，满足新课改理念下的教育要求，实现对教学资源开发与利用方式的创新，促进教学资源的有效使用，构建起历史品质课堂。例如，在学习完《中外历史纲要》后，教师应教会学生搜集和处理史学信息的方法，围绕学习目标向学生布置任务：学习搜集历史上有关政治活动方面的资料，并能进行初步的归纳与分析。学生围绕这项任务完成以下教学资源的搜集：搜集近代以来中华民族反抗外来侵略斗争的图片、资料，分成专题举办展览，编写纪实报道；访问当地人大代表或政协委员，了解他们是怎样履行职责的；搜集有关史实，说明加强我国民主与法治建设的必要性和艰巨性；观看有关录像，了解新中国的外交成就。教学资源开发与利用的开放性，有利于进一步提高学生的阅读能力和通过多种途径获取历史信息的能力，锻炼学生对历史事实的分析、综合、比较、归纳、概括等能力，培养学生的历史思维和问题解决能力，落实史料实证、历史解释素养。

### 4. 有效使用影视资源

影视资源出现在历史课堂上的频率越来越高，它可以增强历史的生动性和趣味性，激发学生的学习主动性。影视资源在课堂上不能只作为一种辅助教学的手段，而是要加入研究性概念，真正做到用行动引领学生的思维培养。

正确甄别资料是有效使用影视资源的前提。影视资源既是教学资源，也是史学文本，记录着人们生存活动的历史，可分为文字资料、口述资料、美术作品、照片、视频资料等。使用影视资源的首要前提是知道资料所产生的事件、背景及原因，如思考"这份资料从何而来？作者是谁？它传递了什么信息，作者又如何达到这一目的？"等问题，以此推断资料的真实性和有效性，判断资料作者的立场对观点所产生的影响。

研究挖掘影视资源是有效使用影视资源的保障。影视资源除了可以激发学生的学习兴趣、发挥教学技术的辅助作用外，还可以提高学生的鉴赏能力。影视资源种类繁多，有电影、视频等，选择有效的影视资源需要以渊博的知识为背景。在课堂教学中，影视资源使用的多寡不是重点需要关注的问题，评估和思考其价值和重要性更为重要，这也是有效使用影视资源应该具备的意识。

## 三、实践案例

### "诸侯纷争与变法运动"教学设计

2-7 诸侯纷争与变法运动

角度：结合时事热点资源认识中国国家治理和制度建设的独特性和改革变法的必然性和重要性。

统编版教材中"诸侯纷争与变法运动"一课的学习要求有两点：一是理解战国时

期变法运动的必然性，重点是为什么变法而非怎么变；二是了解老子、孔子学说和"百家争鸣"的局面及其意义，重点是这些人是怎么理解当时社会变动的，是如何针对社会现实提出对策的。

本课可通过时事热点资源《党的十九届四中全会公报》导入："全会听取和讨论了习近平受中央政治局委托作的工作报告，审议通过了《中共中央关于坚持和完善中国特色社会主义制度、推进国家治理体系和治理能力现代化若干重大问题的决定》。"引导学生从历史中寻找解决当下问题的答案，从根本上认识在历史的发展与变迁中改革变法的必然性和重要性，以达到历史教学立德树人的要求，进一步引导学生从政治视角深入认识历史上国家制度与社会治理的重要内容。

步骤一：将多种教学资源进行结合，建构春秋战国时期的历史背景，初步感知变法的原因

通过春秋列国形势图、战国形势图、《国史概要》节选、《战国策》节选等多种形式的教学资源，引导学生分析从西周末（诸侯崛起，周王室衰微，宗法制、分封制被破坏，礼崩乐坏，政局动荡）到春秋战国（卿大夫崛起，礼崩乐坏更为严重，社会动乱，功利竞争，兼并战争激烈并实现局部统一）的社会变化。春秋战国时期政治方面的种种表现，都说明周朝政治秩序完全被破坏。学生概括出春秋战国时期的政治秩序呈现出一种混乱的状态。在学生理解的基础上进一步挖掘教学资源的深度，引导学生根据形势图的变化分析民族关系发展的转变，理解春秋时期社会剧烈变动，各派政治力量大分化大改组，社会中不尽如人意的弊端暴露无遗，思想家们力图提出稳定社会和安抚人心的原则，出于对现实的不满，他们不是向前看而是向后看，复古与怀旧成为一股思潮，老子和孔子便是这种思潮的代表。（引出第二部分的内容。）

步骤二：充分利用教材资源，以学生为主体概括并比较各学派在"治国"上的具体主张，分析其在国家治理和制度建设上的特点

面对礼崩乐坏、社会动荡的现实，孔子、老子分别创立了儒家、道家学派，提出自己的思想主张。春秋晚期到战国时期，学术思想空前发达，当时学派很多，主要有十个学派，合为"十家"。由于小说家没有系统化的理论，不能称其为一个学派，其他的九家又被称为"九流"。这些学派互相诘难、批驳，形成了"百家争鸣"的局面。春秋战国时期，争霸、兼并战争不断，儒家学说不适合富国强兵的需要，未回答君主集权问题，必然遭到统治者的冷落。

步骤三：激发学生综合运用教学资源的能动性，探究从春秋到战国不同时期变法的历史背景、任务和对应措施，总结经验教训

古今人群进化之大例，必学说先开，而政治乃从其后。诸子百家的学说影响社会现实，各国为了在兼并战争中立于不败之地，纷纷进行变法改革。为学生展示春秋牺尊（穿有鼻环）、公田、私田、男耕女织和春秋战国时期的水利工程等图片，以及诸侯、士大夫等不同阶级人群的表述材料。学生通过分析可概括出：铁犁牛耕、小农经济——富国；兼并战争、趋向统一——强兵，实现统一；制度瓦解、君臣易位——集权的历史背景，并对应商鞅变法中的相应措施（富国之策：废井田开阡陌，土地私有；重农抑商，

奖励耕织；统一度量衡；小家庭政策。强兵之策：立军功爵制；废世卿世禄制。集权之策：废分封，行县制；户籍制，连坐法；燔诗书，行秦律）。学生在探究过程中，能够感知到商鞅为实现强国选择充分有效地"用民"，就是用设置严密法网的方式把民控制在国家手里，最大限度地发掘民的潜能。商鞅采取设重刑的措施，让臣民因避刑罚之害而守法，但这种重刑论有了走向极端重刑的危险，成为日后激化社会矛盾的导火索。学生在探究和总结本课治国思想与治国实践的经验教训时，获得了推动中华民族实现国家治理现代化的宝贵财富，认识到需要把人民群众的利益摆在至高无上的地位，坚持让改革发展成果更多，分配更公平，并惠及全体人民，与本课导入的时事热点进行呼应，同时认识到中国政治制度发展的独特性和不断完善的重大意义。

综上所述，高中历史课堂教学对于促进学生文化素养的提高、健全人格的形成有着重要意义。透视目前教学资源使用低效的问题，加强对历史品质课堂构建的探索，可以实现教学资源的创新。有效开发与利用教学资源有利于进一步强化历史课堂的教学品质，切实提高高中历史课堂教学的成效，从而落实学生学科核心素养的培养。

## 教学关键问题 2-8　如何创设历史情境

历史的过去性特征使得历史教学中常会出现学生对历史学习不感兴趣的情况，他们认为历史遥远、与生活无关，这也导致学生与历史之间形成鸿沟，以今律古，对历史事件、历史人物的理解和评价有失偏颇。解决这一问题的重要手段就是在教学中尽量创设接近真实的情境。历史情境是指教师根据课堂需要，以史实为基础，以学生为主体，建构出来的包含时间、地点、有一定情绪色彩的、塑造历史人物形象的包含情节的生动历史场景。历史情境的创设有利于再现历史，增强教材子目之间的逻辑性，培养学生的历史思维能力。

### 一、问题分析

#### （一）什么是历史情境

新版课程标准提到高中历史课程的基本理念包括"以培养和提高学生的历史学科核心素养为目标"，课程实施该理念时应进一步改进教学方式、学习方式和评价机制，将教、学、评有机结合，促进学生的自主学习、合作学习和探究学习，提高实践能力，培养创新精神。教学情境是指具有一定情感氛围的教学活动。"境"是教学环境，即教学双方的关系。"情"指洋溢在"境"中的教学双方，即师生之间的情感交流。教师针对学生潜在的学习主动性，通过对课程内容的整合，把他们带入情境，促进学生带着问题意识和证据意识在新情境下对历史进行探索，在探究的乐趣中，激发学习动机，又在连续的情境中，不断强化学习动机。情因境生，境为情设，情与境和谐统一方为"情境"。

美国教育学家杜威提出情境教育的五步教学法，即"情境（暗示）—问题—假设（以引导观察，占有资料）—推理—验证。"教师预设一段情境，对学生进行潜意识的暗示，然后迅速抛出问题，引导学生利用现有资源大胆进行假设，逐步推理，最后对问题的答案进行有效验证。在此理论基础上可将历史情境的过程大致归纳为四个步骤：情境（暗示）—问题（引导）—探究（迁移）—反馈（运用）。

【案例】《中外历史纲要（上）》第四单元第 15 课 "明至清中叶的经济与文化"

在本节课中，如何理解中国航海活动和海上贸易在世界视野下的重要意义对于学生来说是重要内容。在教学设计中借助明代小说、外国人游记等文献材料，以及通过现代信息技术呈现白银流通的路线，为学生创设相关历史情境，以便学生认识到中外海上贸易给当时中国社会带来的巨大变化和对世界的影响。

就本课内容而言，情境创设旨在通过让学生体验明清时期的历史背景，从中国人、到中国的外国航海家、欧洲商船商人等多重视角感受当时中外的海上贸易。在此基础上，引领学生在探究学习过程中，认识世界视野下的中国航海活动和海上贸易，据此创设教学情境，设计了四个由浅入深的探究活动：

探究活动1：根据各阶段代表人物及其观点，梳理人文主义发展的过程。

探究活动2：根据所学，概括每个阶段人文主义的含义，结合地图说明它们之间的联系。

探究活动3：依据材料分析人文主义与资本主义发展和资产阶级革命的关系。

探究活动4：如何看待启蒙运动时期的理性主义思潮，依据史实进行论述。

## （二）为什么要创设历史情境

### 1. 创设历史情境有助于明确教学目标

教学目标在教学设计中占有重要地位，是教师通过教学预期让学生能够达到的学习结果。创设历史情境立足于学生课堂上思维的跃升，通过课堂上所获的经历和体验形成程序性的或者是框架性的知识，促进达成体验性或表现性教学目标。学生描述自己对历史事件的体验感受、心理想法，并在经历基础上表达自己的感受、态度和价值判断。例如，学习"中国原始人类主要遗址分布"时，元谋人、北京人、山顶洞人距今已有几十万年甚至上百万年的历史，学生无法通过时光机穿越到遥远的原始社会去看一下，教师也不能在历史课上带学生真实观察原始人类的遗址。在这样的情况下，教师可以搜集考古学家整理出来的图片和文字材料，让学生扮演成考古学家重构北京人生活的历史场景。学生在教师提供的历史地图、考古资料基础之上，自行查找材料，充分发挥自己的想象，探究北京人生活的一天。在情境中，学生可能会因为北京人的复原图去讨论北京人是否是外星人等话题，为避免学生天马行空的讨论偏离课堂主题的内容，教师应该引导学生讨论的方向，指导学生探究有兴趣并且有价值的问题，如学生可以一同探究"北京人穿着什么衣服"。在讨论过程中，教师应着重强调证据意识，在已有史料的基础上进行合理推测，推测结果言之有理、言之有据。在服饰问题的基础上，学生可以进一步根据北京人遗址中有大量炭屑的情况探究第二个问题"北京人会制造火吗"。学生在研究史料的基础上，自主重构北京人生活的历史情境，在情境研讨中发挥自身的主体性，进而形成对中华文明悠久历史的认同，形成民族自豪感，培养家国情怀。

### 2. 创设历史情境有助于抽象历史具体化

培养学生的核心素养，正是为"当代的中国"培养人，培养具备社会"基本常识"和基础文明教养的能够自主命运的中国人；为"世界的中国"培养人，培养在开放的中国和世界范围内交往竞争、开拓创新的中国人；为"未来的中国"培养人，培养能为全人类明道立法、制礼作乐的中国人。[①] 历史情境创设有利于学生从关注知识到关注生活、关注认知的转变，帮助学生贯通历史与现实，推动公民个体发展与社会进步相协调，提升学生的社会理解力和对社会主体价值的认知度。爱因斯坦曾说："教育

---

[①] 朱建国老师于2007年接受《中国教师报》的记者采访记录，原文标题为《为世界的中国培养人——记杭州外国语学校历史特级教师朱建国》。

无非是将一切已学过的东西都遗忘后所剩下来的东西。"教师通过情境创设引导学生将历史知识转化为处理现实问题的能力至关重要。

### 3. 创设历史情境有助于学生深刻理解历史史实

创设历史情境在一定程度上能够让学生参与历史，有利于拉近学生和历史的距离，充分体现学生的主体性，激发学生的学习兴趣。学生通过感知历史发生的情境，增强对历史史实的理解，通过观察、体验历史情境，得以在正确的逻辑关系中分析因果关系，在叙述历史动机中形成正确的历史观，正确看待和评价历史史实。

课堂的内容质量和文化气氛在多大程度上有助学生"发展"，既是发展性评价本身的评价标准，更是课堂质量和有效性的评价标准。[1]"全球联系的初步建立与世界格局的演变"一课围绕新航路开辟的影响展开，学生理解本课内容难度较大，创设情境无疑是推动学生主动探究学习的最佳策略，也是提高课堂质量和教学有效性的关键所在。创设情境，通过小组讨论进行设想探究：新航路开辟后，一位欧洲商人举办了一个朋友聚会，参加聚会的有航海家、商人、地主、天主教牧师，请依据所学知识，展开联想，模拟他们之间对话的情境（表2-8-1）。当学生站在不同主体的角度思考问题的时候，他们已经潜移默化地将新航路开辟的影响进行了分类，教师最后总结归纳新航路开辟对欧洲、亚非美洲、世界的不同影响就容易多了。

表2-8-1 模拟不同角色的对话

| 角色 | 模拟对话 |
| --- | --- |
| 航海家 | 以前我们在漫漫航线上只能吃咸鱼，现在我们能吃上甜甜的玉米了。尽管航海过程中有很多危险因素，但是在巨额利润的诱惑下还是有很多船员跟随我探险 |
| 商人 | 新航路的开辟使我发了大财，欧洲的贵族们最喜欢在我这儿买亚洲的茶叶、丝绸和美洲的烟草，最近物价上涨得可厉害了，我准备开一家股份公司 |
| 地主 | 自从商人们开始卖丝绸，我太太就只穿亚洲的丝绸衣服，每天早上还要喝一杯红茶。不过最近物价上涨得厉害，我们这些依靠收租为生的地主们生活有点艰难啊 |
| 天主教牧师 | 阿门，天主的福音传播到了世界各地 |

### 4. 创设历史情境有助于培养学生的历史思维

历史思维从来就不是为了过去而思考，它是人们认识和创造现实生活的需要；历史思维的发展源于现实生活的发展；历史思维必然要求逐渐的理性化，理性化的历史思维必然对现实产生巨大的作用。创设情境有益于加深学生对"什么是历史"的理解。学生通过探究情境深度挖掘新教材中的历史真相，与历史学的本质相契合。

利用问题创设情境是培养学生历史思维的有效途径，有利于加强史料实证意识，提高历史解释能力。"问题情境"即围绕教学目标，以问题探究的方式激发学生探究问题和解决问题的积极性和创造性的思维活动。它可以真正促进学生变被动学习为主动学习，由"学会"向"会学"的学习方式转变，是实现培养与发展学生核心素养的有

---

[1] 任鹏杰. 发展性评价应该根植于日常教学：教育评价需要关注的几个认识问题［J］. 中学历史教学参考，2007（8）：7-9.

效手段。以"第二次世界大战再省思"一课为例，导入部分开门见山，呈现多组战争中的残忍行为纪实图片和6个触目惊心的战争数据，使学生一下子就进入"第二次世界大战"这一特定的时空现场，对于第二次世界大战有了一个整体而有感性的认识。依托情境聚焦探究一个问题：第二次世界大战爆发的原因是什么？围绕主题将本课分为三个部分：博采众议，探寻诱因；穷经数典，援疑质理；渊渊深思，返璞归真。整个教学思路旨在通过分析、理解、归纳等策略完成教学目标，问题设计具有一定的针对性、启发性、新颖性、互动性。历史情境创设应包括时间、政治、经济、社会、思想、军事等多方面因素，为增强学生在历史情境中的思维深度，将与第二次世界大战相关的基础史实概括制成大事年表发放给学生，开阔学生的思维视野。对于同一个历史现象，不同人往往会有不同的见解，这与认识者占有史料的不同以及对史料的不同认识有关。课堂上的师生互动建立在了解第二次世界大战起因的多方观点、围绕第二次世界大战相关史实、聚焦第二次世界大战起因问题等前提之下，是激烈的思维逻辑思考，是师生之间思维的碰撞，有利于培养学生的史料实证核心素养。史料教学不仅是"论从史出"的过程，更应该是用批判性思维进行史料搜集与分析的过程。借助"合情"的史料和"合理"的提问，还原了第二次世界大战的相关历史情境，使学生设身处地地获取了一些贯通性认识，形成了用历史观点看问题的意识，确保了探究活动的严谨性和科学性。总结部分进一步"共情"，提出"第二次世界大战已经过去了几十年，我们今天为什么还要分析、研究它"的问题，激发学生思考第二次世界大战的现实意义。部分回答反映学生唯物史观概念内涵不清晰，无法用科学的历史观和方法论来看待和解决现实问题。授课老师在历史知识的基础上分析正义的力量是世界大战的阻止器，让学生们从事实、从情感上感受现今国家富强、人民幸福来之不易，认识到我们并不是生活在一个和平的时代，我们只是生活在一个和平的国家，应该自觉承担维护和平之重任、爱国之责、复兴之志，在面对复杂的国际形势时能够具有更加理性的判断。

## 二、解决策略

### （一）分析课程内容

新教材的内容时间跨度大、知识容量大，课程内容相对分散、枯燥，学生在学习过程中无法构建自身经历和历史知识之间的有效联系。同时，新教材增设了学习聚焦、历史纵横、学思之窗、思考点、史料阅读、探究与拓展等板块以及大量的图片、文字史料，丰富了学生能够获得的史料数量和种类。这种情况非常适合采用情境创设作为教学设计的中心。怎样的情境创设才是有趣、有效而且紧扣课程内容的呢？

第一，教师分析课程内容后应确定有趣和有效的问题作为情境探究引领。情境探究问题应以学生为主体，贴近学生生活经验，可以让学生根据自身的生活经验、知识储备和心理认知水平自主萌发探究兴趣，只有这样的情境创设才能激发学生的学习兴趣。

第二，教师要根据学生在情境中做出的反应，结合课程内容进行适度的点拨。这种点拨不是限制学生思维的发散，而是提高学生思维水平的催化剂。教师的点拨可以帮助学生分析自己的观点，用史料证明自己的推断，质疑同伴的想法，反驳同伴的观点。情境创设在质疑、反驳、再质疑、再反驳中逐渐深入，增强学生体验的乐趣，切身体验历史发生的情境。

第三，创设历史情境必须遵循"史必有证，论从史出"的原则。在情境探究中，教师应始终提醒学生紧密结合课程内容，对收集到的材料去伪存真，引导学生像史学家一样思考，沿着"提出观点—科学假设—分析论证—历史解释—质疑批判—形成观点"的思路探究，将课程回归到从材料到结论、从现象到本质的过程。

(二) 分析学生的接受程度

教学设计必须以学生为主体，提高学生的学习兴趣。教师创设的历史情境需要与学生的实际知识水平、实际思维水平和实际心理水平相适应，以激发学生的最佳学习心理状态。

心理学家维果茨基认为学生有两种发展水平：一是学生的现有水平，即由一定的已经完成的发展系统所形成的心理机能的发展水平，如已经完全掌握了某些概念和规则。二是即将达到的发展水平。这两种水平之间的差异就是最近发展区。最近发展区是指学生在有指导的情况下，借助教师帮助所能达到的解决问题的水平与独自解决问题所达到的水平之间的差异，实际上是两个邻近发展阶段间的过渡状态。基于维果茨基的最近发展区理论，可以将情境创设划分为"感知历史情境—构建历史情境—界定历史概念—加强时空观念—形成自我观点"，将情境创设向更深层次拓展，让学生能够在科学方法指导下搜集历史史料，梳理史料证据，概述历史现象，加强历史时空横向、纵向上的联系，进而分析历史事件本质，归纳出历史发展规律。

(三) 选择情境创设的形式

创设情境的途径多种多样。根据课程标准、教学内容和学生心理特点，科学合理地创设历史教学情境，让学生在情境中产生情感共鸣，从而激发他们探究的欲望，点燃思维的火花，不仅能有效提高课堂效率，更能培养学生的历史学科核心素养和丰富的情感。历史情境可以通过角色扮演、虚拟故事、换位思考、虚拟史料等方法来创设。

角色扮演法根据学生的心理特点，抓住他们的好奇心、求知欲以及模仿能力强等特点，通过创设特定的场景和角色，增强学生的主体性、参与性，使学生能够很快地融入，从而迅速吸收所需要掌握的知识并将其储存在记忆中。例如，在讲授《中外历史纲要（下）》的"中世纪的欧洲"一课时，教师可以使用角色扮演法进行情境创设。学生根据西欧封建制度编写课本剧，分角色扮演封君、封臣。这可以让学生更加深刻、通俗地理解"我的附庸的附庸不是我的附庸"。又如，在讲授"美国1787年宪法"时，为了让学生体验美国联邦政府三个部门是如何运作的，三权是如何制衡的，教师可以设置角色扮演活动，由教师扮演记者，另外请四名学生分别扮演美国总统、参议院院长、众议院院长和联邦首席大法官，然后以答记者问形式把三权分立的"制约和平衡"思想表达出来。再如，在讲授"秦统一多民族封建国家的建立"一课时，教师可以使用换位思考的方法进行情境创设，让学生分别扮演秦始皇、众臣，就如何治理天下展开议事，众臣给出自己支持的方案和依据，秦始皇给出意见，让学生深刻认识到秦朝创立专制主义中央集权的目的以及如何通过三公九卿制加强君主专制，如何通过郡县制加强中央集权。

教师可以根据课程内容、学生的认知情况、历史情境创设的难易程度等因素综合评估学生的接受能力，选择最适合的情境创设形式。一位老师在"新文化运动"一课中将1915年真实发生的历史事件整合在一张虚拟报纸中，学生通过阅读这张报纸了解新文化运动的背景、过程，感知当时中国社会的全貌。

## 三、实践案例

高中学生思维发展的程度要求教师的教学不能受限于历史教材，教师积极创设历史情境，有利于提高学生择取知识的能力，理性、系统地提高学生学习过程的质量。

2-8 两宋的政治和军事

### 两宋的政治和军事

角度：借助议题教学的课堂模式认识两宋时期在政治、经济、文化与社会等方面的新变化。

在教学实践中，对重要的历史议题展开深入探讨，往往更能调动学生追古抚今，质疑思辨。"两宋的政治和军事"一课在课程标准中的要求为：通过了解两宋的政治和军事，认识这一时期在政治、经济、文化与社会等方面的新变化。两宋时期天然地存在着充满争议性的议题，钱穆先生认为"宋是最贫最弱的一环。专从政治制度上看来，也是最没有建树的一环"。而《清明上河图》《东京梦华录》等内容却展示了宋朝政治新局面下社会文化和风气的变化。兼具真实性历史情境与思辨性历史问题的议题，能够激发学生思维碰撞，形成对宋朝政治制度的历史解释，渗透辩证法思想，突破重点。

步骤一：历史决策性议题探讨，探究宋朝官僚体制构建的阶级和社会基础

历史背景是历史教学的重要内容，教师为学生提供真实的历史背景材料，学生尝试去模拟解决历史上的问题并做出决策，有利于调动学生思维，形成动态课堂氛围。教师讲述韩南老登科及第的事迹，通过宋朝榜下捉婿的社会现象引出宋朝重视文官的社会现实，从而激发学生对宋朝政治制度的兴趣。

历史决策性议题探讨是师生在特定的历史情境中，通过史料实证进行科学性决策，并预测决策可能导致的结果，寻找可能的解决方案。围绕议题并结合历史地图等史料，拟订针对性的体验性问题展开探讨，将会产生不同的教学效果。这部分可设置议题："面对危机四伏的统治形势，北宋王朝的君臣应该怎样决策?"教师引导学生回到特定的历史情境，可围绕议题选取五代十国形势图、政局图片以及赵普和宋太祖的对话等不同形式的材料，为学生提供思考的"真实性"历史情境。根据情境，围绕议题提出有梯度的开放式问题作为促进历史学习的"发展性任务"。问题一：宋朝积贫积弱的局

面是怎样形成的？如果你处于当时的社会，能提出哪些对策，并说明理由。问题二：你的对策和庆历新政时范仲淹推行的措施有何差异？你的对策能解决当时的危局吗？学生从五代十国政局情况了解前代之弊，以北宋的疆域图说明其建立之初面临的外部压力，理解宋初实行防弊之政的历史必然性，从而进一步探究宋朝防弊之政措施中央与地方的行政关系，突出独具特色的官僚体制，使学生直观地感知新体制产生的作用和潜在的问题，归纳得出"强干弱枝，守内虚外""分化事权，内外相制"的结论。

步骤二：历史评议性议题探讨，正确评议王安石变法，感受士大夫们"以天下为己任"的精神觉醒

对于王安石变法的评价是本课内容中冲突性较高的议题。本课"学习拓展"提到"近千年来，关于王安石变法的评价，存在着相当大的争议。就此次变法某个方面的措施查找资料，了解其争议所在"。基于此探究内容，教师可将"你赞同还是反对王安石变法"作为历史评议性议题融入教学，在学生的对话情境中，引导学生对王安石变法的措施形成思辨，直观感受争议所在。对话情境可通过如下方式设置：

司马光说："擅长理财的人不过是善于克扣老百姓创造的财富。"王安石说："事实上不是这样的，善于理财的人不增加赋税也能使国库充足。"司马光说："天下哪有这样的道理？天地所创造的财富不在百姓手里，就在官府手里，你千方百计从百姓手里争夺财富，这种伤害比增加赋税还要严重呢。"

学生们的观点博弈一定程度上折射了学术界对王安石变法的评价，学生从冲突的不同立场深入考量，在情境中代入不同角色思辨同一问题的正反两方面。一些措施达到了富国的目的，增加了大笔收入，消除了财政赤字，但在执行过程中加重了人民的负担，引起了激烈争议。例如，青苗法是王安石变法中引起争议的一项法令，有学生提出此法类似于今天的银行贷款，打击了当时普遍存在的高利贷行为，对人民有利。也有学生认为这是国家向人民敲诈勒索，纯粹是为了增加政府的财政收入。通过对王安石变法措施的分析，学生总结出"变法措施不科学合理、用人不当、既得利益者的阻挠、官员的政治素质和自利取向"等种种原因，导致王安石变法的措施在执行过程中并未达到理想中的效果，由此得出改革的复杂性与艰巨性。基于真实史料情境进行的议题探讨有利于提升学生的历史评价能力，加深他们对变法内容的理解。

教师应根据学生的实际知识水平、实际思维水平和实际心理水平创设相应的教学情境，激发学生的最佳学习心理状态。历史情境的创设有利于再现历史，增强教材子目之间的逻辑性，培养学生的历史思维能力。

## 教学关键问题 2-9　如何引导学生开展学习探究活动

历史课程要将培养和提高学生的历史学科核心素养作为目标，使学生通过历史课程的学习逐步形成具有历史学科特征的正确价值观、必备品格和关键能力。课程结构的设计、课程内容的选择、课程的实施等，都要始终贯穿发展学生历史学科核心素养这一任务。在结构设计上，要在体现基础性的同时，构建多视角、多类型、多层次的课程体系。在内容选择上，要精选基本的、重要的史事。在课程实施上，要进一步改进教学方式、学习方式和评价机制，将教、学、评有机结合，促进学生的自主学习、合作学习和探究学习，提高实践能力，培养创新精神。

### 一、问题分析

#### （一）什么是探究活动

探究活动强调"探究"和"活动"两部分，探究是活动的前提和基础，活动是探究的体现和落脚点。只有通过活动，才能展示探究的主题和成果。只有通过探究，在充分搜集资料的基础上充分提炼，才能使活动深入而有内涵。探究突出学生的主体地位，明确主题，围绕目标，发挥集体合作的力量。历史探究活动是以学生活动为中心，教师指导学生进行探究的一种课堂教学形式。历史探究活动有以下特点：

历史探究活动具有科学性。历史探究活动应当在推行过程中以动态的方式引导学生以科学严谨的态度和方法看待问题、研究问题和解决问题，如对历史问题的考证，多种史料的互证、补证和印证等。

历史探究活动具有过程性。历史探究活动非常重视知识获取过程，探究活动往往需要一定的时间周期，在完整的探究解决问题的过程中，学生只有通过亲身参与才能切实体会理解，得到成长。

历史探究活动具有应用性。历史探究活动强调学生应用所学知识解决实际问题的能力，将学生对知识的内化和实时反馈放在突出位置。

历史探究活动具有参与性。历史探究活动提倡全体学生都能够积极参与其中，要求每个学生都能在探究活动的各个流程中找到自己的位置，以锻炼自己的创造思维和动手能力。所以，探究活动还强调学生的团结协作，让学生共同努力解决问题，以达到共同学习的目的。

历史探究活动具有主体性。历史探究活动强调学生的探究过程，在教师的指导下突出学生学习的主体性，教学充分考虑学生的基本条件和兴趣，突出教学的民主性，以保证学生的主体地位；尊重学生差异，从而真正做到因材施教。

历史探究活动具有开放性。历史探究活动突出了独立思考的重要性，学习过程、学习途径和学习成果都不是完全统一的单一的答案，学生的探究活动强调的是一个开放的过程。

历史探究活动具有体验性。历史探究活动注重学生的实际体验和真实经历，使学生在巩固已有知识的基础上，还能加深对知识的体验和理解，提高探究能力，获得思考感悟，丰富人生经历。

历史探究活动具有多样性。历史探究活动的过程是多样化的，这种多样化特征体现在探究主题、探究方式、探究结果以及对学生的评价等方面。

历史探究活动具有创造性。在一个开放和多样化的探究过程中，教师应引导学生积极学习，充分突出他们的主体地位，发挥他们的潜力，提高他们的创造能力。此外，比起非探究教学，学科探究活动的可变性和灵活性都更为突出，这不仅对教师提出了更高的要求，而且为教师提供了发挥教学潜能的机会。可以说，探究教学对教师和学生都具有一定的创造性。

(二) 探究活动的类型

探究活动是合作学习，也是一种互助性学习。在当前的课堂上，合作学习普遍采用的是学习小组的方式。学习小组最好由四人组成，如果人数多于四人，不设组长就容易组织混乱；如果人数少于四人，就难以产生多样的见解与思考，不利于学生进行探究性学习。

探究活动并非只有学习小组一种方式，学生的合作学习还有学师制探究、学友制探究、师生合作探究、网络合作探究、历史社团探究等多种方式。

学师制探究是一种由两人组成的探究活动，是"强弱组合"，以优秀生帮助学困生为主要方式。在优秀生帮助下，学困生能够跟得上学习的步伐。在帮助学困生的过程中，优秀生对知识的理解会变得更为深入和扎实，从而变得更加优秀，最终达到两位学生共同提高的目的。

学友制探究是由两人组成的合作探究活动，是"强强联手""优优组合"，两名优秀生携手共勉，互相帮助，互相学习，取长补短，共同进步，相伴超越自我，从而使强者更强，优者更优。

师生合作探究是教师与学生共同进行探究活动。例如，当前许多学校实行的导师制就是一种师生探究学习方式。

网络合作探究是指学生利用互联网与不同的人结成远程学习共同体（又称为在线学习共同体），在网络上开展的探究活动。学习者（个体或群体）及其助学者（包括教师、专家、辅导者等）共同构成学习主体。网络合作探究具有交流的开放性、时空的超越性、操作的交互性、传输的高效性等优势，其他各种学习共同体方式也都可以通过网络进行。

历史社团探究是学生在自愿基础上形成的各种文化、艺术、学术等团体，是由兴趣爱好相近的学生自发组成的。

(三) 新课程对探究活动的要求

新版课程标准提出，历史课程的目标是落实立德树人根本任务，体现历史课程的育人功能，培养学生的核心素养，引导学生初步树立正确的历史观、民族观、国家观、文化观，明理、增信、崇德、力行。在前人研究的基础上，通过切实的实践探究过程，在教师的启发指导下，尽量为学生提供自由充分表达、探究和讨论问题的机会。以学生的自主学习和合作探讨为基础，使学生能够提升探究能力，培养兴趣，提高历史学科核心素养。

在新课程背景下，历史探究活动要建立相互倾听的关系，即由学习者及其助学者共同构成的团体，他们彼此之间经常在学习过程中进行沟通、交流，分享各种学习资源，共同完成一定的学习任务，因而在成员之间形成相互影响、相互促进的人际联系。这可以使学生的主体性体现得更好一些，学生的自主、合作、探究学习体现得更强一些。相互倾听建立在每个人都是平等个体的基础上，每个人都是受尊重的，旨在建立一种自然、轻松、愉快的课堂氛围。在探究活动中，学生和教师都能感受到一种安全感，这种安全感让学生敢于发表自己的看法。探究活动不是只得出一种结论，而是落实到个人在同一学习小组学生的帮助下得出结论。通过合作学习，不同学力的学生都能得到最大程度的提升。

历史探究活动要关注学生心理需求，尤其是自我实现的需求。人类的普遍性倾向就是不断成长、自我实现、健康奋斗、追寻独特、渴望完美等，探究活动主题填补了知识的欠缺，活动形式塑造了求知能力。通过自己兴趣积累的知识能够长期保留，历久弥新，这得益于学生的需求不断被强化。

历史探究活动要尊重学生主体地位，学习节奏掌握在学生手中，从问题出发找寻历史足迹，得出结论。同时要将教室和课堂还给学生，尊重学生，师生应是一种平等的对话关系。"今天你们的资料搜集好了吗""老师，我想去你那里查查资料""老师，帮我看看这个逻辑关系是否正确""老师，我觉得这个话题比较有趣"等，类似的对话既突出了学生的主体地位，又建立了良好的师生关系。

历史探究活动要辅助优化学科课程，学科课程体系要具备完整性，因此在个别细节上仍有待完善。历史探究活动串联了知识与学生的兴趣点，头脑风暴式的讨论让知识扎根心灵，有了生命力，不断将已知的知识再次调动和整合，又将未知的知识填充进去，不断提高学科能力，促进学生核心素养的提高。

(四) 探究活动的价值

历史探究活动可以拓展课程内容，实现课程价值。学生通过高中历史课程的学习，进一步拓宽历史视野，发展历史思维，提高历史学科核心素养，能够从历史发展的角度理解并认同中华优秀传统文化和社会主义核心价值观，从而形成广阔的国际视野，树立正确的世界观、人生观和价值观。历史探究活动的开展使学生能够充分发挥能动性，转变学习方式。历史探究活动为学生提供一个开放轻松的学习空间，在活动课中，学生不是被动、单一地接受学习，而是主动参与课堂，确定学习目标，搜集历史材料，分析整理并汇总材料，对历史问题得出自己的解释和理解。或者进行小组合作，在小组中互助学习，共同完成探究任务，达成探究活动目标。

历史探究活动中丰富多样的问题情境有利于学生思维能力的培养与训练。学生学习方式的核心是思维方式，探究活动设置的问题情境能够激发学生进行各种思考和想象。由于活动具有开放性和综合性，学生在活动中会遇到各种问题，不断接受新的挑战，不停地转换思维去解决新的问题。这可以训练学生思维的广度和深度，从而培养学生形成完整的历史思维。

历史探究活动有利于学生形成团结合作的意识，培养协作能力。学生在自主学习中能够独立思考、主动探索。在与他人的合作中，学生不仅能积累一定的专业知识，又能在问题的探究和解决中提高创新意识和能力。在实践过程中，学生感知历史、理解历史，有利于培养学生的时空观念和历史解释能力，增强对祖国的认同感，树立家国情怀，提高历史学科核心素养。

历史探究活动能充分培养学生的学习兴趣。探究活动以多种多样的形式为学生设置了丰富的情境模式，这些问题情境有利于激发学生的兴趣，提高学生学习历史的热情。而兴趣又能激发学生发现问题，搜集材料探究问题。在活动过程中，模糊的历史人物变得清晰，能有效激发学生对历史的兴趣。学生通过探究活动产生对历史问题的兴趣和学习需要，进而转化为正确的学习动机，在问题的探究和解决中维持和巩固动机，促进对历史知识的理解与掌握。

历史探究活动有利于改变教学方式，构建新型师生关系。新课程的理念是"以人为本"，以学生为中心，强调在教学中学生要有较高的参与度，转变传统"以教师为中心"的教学方式。历史探究活动让学生以积极主动的姿态去完成探究学习的目标。教师组织学生选择他们感兴趣的探究主题，从中发现和提出问题，进一步通过活动解决问题。在活动中，教师不再主导，而是让学生自主学习、探究，教师只负责引导、启发，指出思考的方向。教师应鼓励学生对探究的历史问题进行质疑和创新，并尊重学生的想法和成果。整个活动的氛围是轻松的，交流是平等的。这有利于教师发现每一位学生的特点和优势，增强教师对学情的认识，以便更好地开展教学。对学生而言，平等的交流有利于拉近学生与其他成员和教师的关系，增进彼此的了解，构建民主和谐的师生关系。

## 二、解决策略

在历史教学中，教师应与学生积极互动，注意培养学生的独立性和自主性，引导学生质疑、调查和探究。这就需要注重探究活动主体的组建和做好探究活动过程的管理，从而促进学生在教师指导下主动地、有个性地学习。

### （一）探究活动小组组建策略

要建立、建设"自组织"性质的历史学习小组。当前课堂上的探究活动学习小组大多是教师事先按照一定原则分好的，如"组内异质，组间同质""强强组合""强弱组合"等，甚至就是同桌或前后桌。通常情况是，教师进行充分讲授后，接着布置要探究的题目，随着教师一声令下，学生迅速分组展开热烈讨论。有的课堂则干脆按照学习小组的形式布置学习任务，让学生直接进入合作学习状态。而且几乎所有的学习小组都有"组长""学师"等负责人,由负责人进行小组学习的组织、管理,以保障小组学习顺利进行。

事实上,这种分组是依靠自上而下的外部指令建立的,是一种典型的被动的"他组织"。在这种"他组织"学习小组中,学生仍然处于"被控制"状态,学生的主体性难以充分发挥,很难产生真正的对话与合作。

实行探究性活动就是要打破这种"他组织"的弊端,从而更好地发挥学生的主体地位。所以,学习小组应该是一个"自组织",而不是"他组织"。所谓"自组织",是指如果一个体系在获得空间的、时间的或功能的结构过程中,没有外界的特定干涉,我们便说该体系是自组织的。

要根据探究题目的特点,让学生自主地结成学习小组,这个学习小组是针对某个探究问题临时组成的,不是长期的。事实上,分组是培养学生合作意识、合作能力的重要方式。学生不是天生就善于合作、就知道怎样合作,特别是现在的学生,大多自我意识强,社交、合作能力弱,尤其是在与不是朋友、不熟悉的人合作时,其合作能力更弱,更应该加强培养。

同时,"自组织"学习小组建立后还要保持开放性,即要能够及时与外界产生联系。在小组学习过程中,开放性就是要保持学习小组成员及时更新、流动。例如,"走位教学法"体现的就是"自组织"学习小组的开放性。"走位教学法"的核心是"走",即学生在进行小组学习时,小组成员是可以"串组"的,可以进行小组间交流,可以与其他学习小组进行知识、信息、思维的交换和传递。

学习小组成员要对探究任务共同承担责任、共同做出重要决定,并且探究成果要互相依存。学习小组不但不能由教师指定组长,学生也不要自己选举组长,而是要小组成员共同负责、集体决策,分工合作完成探究学习任务。也不能以一个学习比较好的同学为核心,由其承担主要任务,其余学生仅仅是协助,而是要求小组成员必须共同承担该任务,并且共同负责其成果,这强调的是小组成员的平等参与。因此,学习小组的成员不应过多,多了就难以保证小组成员之间平等参与关系的确立。

学习小组成员共同做出重要决定,是指学生要共同做出合作探究的任务、内容、过程和成果方面的决定。学习小组必须共同做出的决定包括:合作探究的题目,可能出现的探究结果,在探究过程中要做什么、什么时候做,使用哪些工具,每个人负责什么工作、担任什么角色,等等。

### (二) 探究活动问题设计策略

#### 1. 基础性问题的设计

那些仅靠记忆和背诵就能得出答案的问题并不是基础性问题。例如,历史学科中的时间、地点、人物、过程等基本要素,如果只是简单地将其变成问题的形式,学生不需要经过思考,仅阅读教材、查找材料即可找出答案,进行孤立背诵、机械记忆即可掌握。这种学习是一种浅层次的学习,不是深度学习。深度学习的"深度"集中在"理解"和"创新"层次上,基础性问题主要解决基础知识的深层次"理解",这种深层次理解是"创新"的基础,所以,探究活动中基础性问题的设计非常重要。基础性问题的设计，要求教师从本质上对教材基本知识进行深度理解和把握，精确挖掘知识核心、整体结构以及背后的多元内涵，并明确各种知识之间的逻辑关系，打破知识间的孤立化和碎片化，并进行结构化的深度加工和开发。教师在帮助学生对基础知识进行理解、巩固、转换和内化的过程中，应将原始信息加工成完整的、有意义的知识，使学生超越浅薄、分散、狭隘、空洞、僵硬的浅层次学习，达成对知识内涵和意义的辩证理解，领悟其中蕴含的思想，并将它们融入原有的认知结构中，且能将已有的知识迁移到新的情境中。同时，还要在"变"中增"趣"，使学生能够享受历史学习的乐趣。

2. 挑战性问题的设计

历史学科挑战性问题的设计应该围绕核心素养，立足唯物史观，引导学生重新建构历史知识体系和历史概念体系，重新建构纵向跨度大、横向跨度宽的历史解释，基于思维重构进行开放性思考，重新划分历史阶段、提炼历史主题，史料考证、古为今用。

（1）挑战性问题要挑战学生的原有认知观点。如果教师设计的问题与学生原有的认知观点一致，没有引起学生的认知冲突，那就很难引发学生对这个问题进行深入思考和探究。如果教师设计的问题颠覆了学生原有的认知观点，使学生产生了强烈的探究愿望，那课堂就会高效开展，就会推动学生进行合作探究学习。随着问题的解决，学生的认识水平会得到提升。

（2）挑战性问题要挑战学生的原有认知结构。学生的认知结构包括知识体系、概念体系等。如果教师设计的问题过于简单，学生通过查阅相关资料，将知识纳入自己原有的认知结构中就能解决，这个问题就不是挑战性问题。如果解决教师设计的问题需要学生改变自己原有的知识体系、概念体系，建立起新的认知结构，完成质变，这样的问题才是挑战性问题。

（3）挑战性问题要挑战学生的判断力。如果教师设计的问题没有干扰因素，或者干扰因素不强，学生很容易进行识别和判断，那么这个问题就不是挑战性问题。设计带陷阱的问题，并不是要存心为难学生，而是要引发学生质疑，培养学生的审辩式思维能力。所以，教师设计的问题要能够引发学生对知识本身，以及对知识的发现、发展过程进行科学判断和价值判断，使学生的判断能力在解决问题的过程中不断得到提升。

（4）挑战性问题要挑战学生的思维广度。教师设计问题的面不能过窄，要对相关知识进行整合。一是要整合本学科内不同领域、不同方面的知识，二是要整合相关学科的知识，三是要整合学生、教材与生活的联系。这种综合性问题是对学生思维广度的挑战，学生在解决问题的过程中要对多元信息进行有机联系、分析和判断，不断拓宽思维的广度。

（5）挑战性问题要挑战学生的思维高度。教师设计问题的高度要高于学生当前的思维，问题在于要高出多少。如果高出的程度不够，那问题会很容易被学生解决，达不到挑战性。但如果教师设计的问题高出学生当前水平太多，学生没有解决的可能性，问题也就失去意义了。

教师设计问题的高度可以这样确定：凭学生个人当前的知识储备和能力，如果没有外力帮助，无论怎么"跳一跳"都摘不到"果子"。当然问题的入手要容易一些，使学生能够看得到"果子"，不至于产生畏难情绪。既然学生自主学习解决不了这个问题，那就需要与同伴进行合作探究，就要得到教师的启发和引导。最终，随着问题得以解决，学生完成质变，思维水平得到提升。

（6）挑战性问题要挑战学生的创新能力。培养学生的创新能力是教育的重要任务，更是当前和未来社会发展对人才的要求。挑战性问题要能够挑战学生的创新能力。但创新能力不一定在于学生创造出新的东西，主要在于学生对知识进行重新建构。学生举一反三、闻一知十的迁移能力也是创新能力。

### （三）探究活动过程管理策略

探究活动小组学习开始后教师要做什么？有的在讲台上注视学生；有的来回巡视；有的直接参与一个小组的探究学习；有的干脆准备下面的活动，任由学生自己讨论。在经过一段时间讨论后，教师针对每个学习小组探究出的结论进行点评、升华，然后探究结束。显然，这种探究活动注重的是合作学习的形式和结果，缺乏对过程的管理。

根据"过程哲学"的观点，过程不是一个单一、静态、封闭的实体，而是一个不断变革、转化、发展、生成的过程，是一个动态的平衡过程，是一个"观念历险"的过程。小组学习的过程也应该是一个使学生经历动态的、生成的"观念历险"的过程。小组学习的探究题目一定要使学生产生困惑，从而打破原先的思维平衡，使小组学习进入动态过程，学生则开始"观念历险"。学生的"观念历险"指的是学生在学习过程中亲历的学习冲突和波折，是对未知领域和新颖状态的历险，是一个探索和发现新知识的过程。

面对学生的困惑，教师不能直接解惑，而是要让学生自己走出困惑。教师也不能将学生引向自己预设的思维之路，克隆自己的思维，而是要以"生成""过程"的眼光看待学生的探究学习，要引导学生的探究由浅入深、由表及里、不断向纵深发展，使学生的思维平衡不断被打破。

在小组学习过程中，教师要帮助学生创造一种情境，促使学生之间产生不同观点的对立、碰撞，从而引发学生的认知冲突，使其始终处于积极的思维状态，不断体验到"观念历险"。学生可以不断拓展思路、生成能力、开启智慧，并在更高层次上继续思考，不断拓展思维的广度，延展思维的深度，使探究呈现出一个创新的过程，从以静止、封闭、僵化为特点的"是什么"的实体思维转向以动态、开放、活力为特点的"如何是"的过程思维、关系思维。

另外，教师设计的探究问题一定要难度适中，问题过难和过简单都会使学生思维始终处于同一水平线上，对学生形不成刺激，不能打破原有的思维平衡状态，导致思维不能被激活，思路被堵塞，学生的思维就如同在原地兜圈子。学生如果没有经历观念的跋涉和历险，小组学习的过程就不会是智力加工和智慧探险的过程，也就不会产生思维的升华。

同时，小组学习还要满足学生成为一个研究者、探索者、发现者的"审美"和"享受"需求。"过程哲学"认为，过程里的所有事件都是以享受为特征的，享受同真、善、美一样，也是文明的一个不可或缺的因素。所以，小组学习的过程也应该成为学生的一个审美和享受过程。要使学生产生审美和享受，小组学习就要满足学生的本质需求。那么，学生的本质需求是什么呢？在人的心灵深处有一种根深蒂固的需求，那就是希望自己是一个研究者、探索者、发现者，这种需求在孩子的内心世界更为强烈。当小组学习满足了学生成为一个研究者、探索者、发现者的愿望，使学生体验到观念历险的快乐和别有洞天的惊喜以及情感的高峰，领略到知识世界的美妙风景时，小组学习的过程对学生来说就是一个享受和愉悦的过程，是一个润泽心灵的过程，是一个审美的过程。

小组学习的过程必须是一个学生主动探究的过程。如果在小组学习的过程中，教师只是千方百计将学生引诱到自己所认定的结论或答案上，小组学习就成了一个带有强制性的、不自由的、满足教师自上而下的外在要求的过程，就不会成为学生的一个审美和享受的过程。

### 三、实践案例

#### "北美大陆上的新体制"探究活动设计

**教材分析**：本课教材主要围绕美国1787年宪法展开。为加强中央政府权力，北美13个殖民地独立后召开制宪会议，制定了1787年宪法，将政府权力一分为三：立法权、行政权、司法权分别归于国会、总统和最高法院，以实现权力的制约和平衡。该法虽有局限性，但所建立的民主共和制成为资产阶级代议制的典型。它不仅是美利坚民族赖以生存和发展的基本法，也深刻影响了世界其他国家的发展。因此本课内容的地位十分重要。本节课以民主为线索，设计了"民主的基石""民主的智慧""民主的完善""民主的比较"四个层层递进的教学模块。

**环节一**：课前预热

播放朗读《独立宣言》的视频。

**环节二**：出示探究活动学习目标

1. 能够说出美国1787年宪法的主要内容。
2. 理清联邦制的权力机构，了解美国总统、国会和最高法院之间如何制衡。
3. 比较美国总统制与英国君主立宪制的异同。

**环节三**：民主的基石

**步骤一**：出示探究活动规则

A. 角色模拟；B. "领导人"答记者问

**步骤二**：探究活动中基础性问题设计

总问题：美国三权分立的政治体制是如何运作的？

分问题：1. 国会众议院议长麦卡锡：① 请问您行使什么权力？您是通过什么方式当选议员的？任期多长？② 如果《贫民救济法》被总统否决了，有什么办法可以让这部法律生效？

2. 总统拜登：① 请问您行使什么权力？您是通过什么方式当选总统的？任期多长？② 有人说，美国总统是"无冕之王"，您同意吗？为什么？

3. 首席大法官罗伯茨：① 请问您行使什么权力？您是怎么当上大法官的？任期多长？② 总统是否可以因为私人恩怨下令解除您的职务？

**步骤三：** 史料研学

美利坚合众国宪法（1787年）（节选）。

**步骤四：** 学生共同体学习，合作探究（略）

**步骤五：** 教师探究过程管理和引导（略）

**环节四：** 民主的智慧

**步骤一：** 出示探究活动规则

根据史料探寻美国1787年宪法中存在的矛盾。

**步骤二：** 探究活动中挑战性问题设计

美国1787年宪法中存在着哪些矛盾？是如何解决的？体现了什么样的民主智慧？

争论一：我们要么在中央政府的领导下组成联邦国家度过危机，要么在地方政府的互相钳制中走向灭亡。

争论二：任何一级政府都是不可信的，级别越高、距人民越远、权力越集中和强大的政府，越需要特别的限制。

争论三：国会应由两院构成，议员名额按人口比例分配给各州；设立一院制国会，各州无论大小、人口多寡都有等额的代表。

争论四：北方认为黑人是奴隶主的财产，不应计算人口，奴隶主还应为这部分财产缴纳财产税。取消奴隶贸易。

南方认为按人口比例分配众议院议员名额时，黑人应计算在内，但在纳税时，应排除在外。保留奴隶贸易。

**步骤三：** 学生小组合作探究，解读宪法中蕴含的"美国精神"

民主、自由、平等、公正、法治、创新、独立、人权、探求、制约、限制、幸福、契约等。

**步骤四：** 教师探究过程管理和引导

各小组解读探究的美国精神类似什么？社会主义核心价值观。美国这个国家很特别，它的特别不在于它创立了一个新的国家，而在于它开创了一种新的体制。但是我们也要看到民主、自由、法治、公平、公正等思想不是美国所特有的，也不是哪一种民主模式专有的。世界上有两百多个国家和地区，两千多个民族，每个国家的发展道路都是不一样的，照抄、照搬任何模式都是不可取的，只有符合本国国情的道路才是最好的道路，只有结合了本国的国情，这个国家才会更加强大，人民才会更加自由，更加幸福！

**步骤五**：设计本课的学习效果评价

**课前准备**：课前两分钟到班级了解学生，调整情绪或准备教学用具。

**学习目标**（1）课堂中明确学习目标。（2）目标、教学、评价的一致性。

**活动设计**：（1）活动有明确清晰的规则，且全体学生在活动前知晓。（2）活动有趣，贴近学生生活实际体验，利于激发学生的学习兴趣（设计挑战性课题，学生有探究兴趣）。（3）活动间过渡自然。

**协同学习**：（1）组内成员间交流有倾听、询问、讲解、质疑和梳理等。（2）组间交流有展示、汇报等。

**师生关系**：（1）教师全班性讲授时长适宜。（2）师生间交流互动频繁。（3）教师在班级内走动，尽可能照顾到更多的学生。（4）对学生的个性问题进行针对性指导。

**价值引领**：结合本学科德育实施指导纲要，在教学过程中培育和践行社会主义核心价值观。

**案例分析**：本课采取小组合作探究的学习模式，体现了"以学生为中心"的理念。精心设计了基础性问题和挑战性问题，突出了重点，突破了难点。在课堂上积极创设教学情境，精心组织小组活动，师生间、生生间进行了有效的倾听和对话。课堂上，小组内积极研讨、倾听，充分交流、分享，在教师富有激情、层层深入的"教"与学生全情投入、协同有序的"学"中，师生共同完成了课程的学习目标。需要注意的是，本课内容较多、容量大，容易挤占学生合作探究的时间，需要重新整合教材。

建构主义学习理论认为，学生在获取知识的过程中，围绕一定的问题或信息，在他人的帮助下，通过主动学习或者自主建构知识，对学习内容进行深刻理解和感悟。学生的探究活动，首先是问题的提出，既设计基础性问题，又设计挑战性问题；其次是多维度史料的搜集；再次是探究主体对史料的分析论证；最后是相互交流倾听、评估和反思。在探究过程中，学生往往又会提出新的问题，引发思考，从而构建自己的知识体系，提高分析问题和解决问题的能力，培养创新精神，形成历史学科核心素养。

## 教学关键问题 2-10　如何利用信息技术手段优化高中历史教学

新版课程标准指出，高中历史教育要坚持反映时代要求，反映先进的教育思想和理念，关注信息化环境下的教学变革，关注学生个性化、多样化的学习和发展需求，促进人才培养模式的转变，着力发展学生的核心素养。新形势下，要落实立德树人根本任务，达成发展核心素养的目标，需要利用信息技术手段对高中历史教学加以优化。

### 一、问题分析

#### （一）什么是信息技术手段

利用信息技术手段优化高中历史教学，要明确信息技术指什么。信息技术可以从硬件、软件和科学方法三个方面来理解。硬件有录音录像类设备、电视机、电脑、投影仪、电子白板、网络等高科技产品，软件有各种教学辅助类软件和教学资源库，科学方法指如何把硬件和软件有效地运用于教育教学工作中。[①]

与传统教学手段相比，信息技术手段具有如下特点：第一，多样性。它传播的途径和媒介非常多，图、文、声、像等媒体无所不包，所以也叫作多媒体信息技术。它可以将信息以多种形式呈现出来，给学习者直观化、立体化的视听感受。第二，集成性。多媒体信息技术手段并不仅仅是对各种媒体进行简单叠加，而是使用特定的技术对其进行优化整合。第三，人机交互性。信息技术的运用离不开人，需要人与系统的操作与交互，具有较强的共享性和互动性。

基于以上特点与优势，信息技术在教育领域的重要性不断凸显。2018年教育部发布了《教育信息化2.0行动计划》，提出加快教育现代化和建设教育强国新征程，落实立德树人根本任务，因应信息技术特别是智能技术的发展，积极推进"互联网+教育"，坚持信息技术与教育教学深度融合的核心理念，……推动我国教育信息化整体水平走在世界前列，真正走出一条中国特色的教育信息化发展路子。在信息技术与国家教育深度融合已经成为大趋势的背景下，每位教育工作者都需要思考如何利用信息技术优化具体的学科教学，通过学科教学落实立德树人根本任务。

在高中历史教学中，传统授课方式仍然占据课堂，应试教育趋势比较明显，导致学生课堂积极性与参与性不高，教学评价方式单一，对学生激励效果有限。优化高中历史教学，首先要激发学生学习兴趣，提高学习积极性；其次要转变教学方式，注重开展探究性学习，以发挥学生的课堂主体作用；最后要开展过程性评价和多样性评价

---

[①] 负照平.信息技术与课堂教学的深度融合[J].教育.2020（8）：61-62.

以激励学生。总之，对高中历史学科教学的优化应以提高学生历史学习能力、落实历史学科核心素养为目标。

### （二）为什么要利用信息技术手段优化高中历史教学

新版课程标准指出，历史学习和历史认识的发展，都要建立在掌握历史信息的基础上。现代信息技术在历史教学中的运用，能够拓宽有关历史的信息源，开阔历史视野，使师生获取更多、更具体的历史信息，有助于教学重点和难点的解决。更重要的是，现代信息技术的应用能够有效地改变传统的教学方式，适应信息时代人们的个性化、多样化的学习习惯和学习方式，将学生的学习过程由封闭转向开放，由单一转向多样，由被动转向主动，促进教与学的互动和交流。现代信息技术在历史教学中的运用可以切实解决历史知识抽象、历史课堂枯燥、学生死记硬背等问题。因此，在历史教学中应用现代信息技术，是推进历史教学改革的重要内容之一，尤其是对教师教学方式和学生学习方式的转变具有重要作用。下面从高中历史教学的几个角度进行阐述。

#### 1. 有利于拓宽历史信息

历史是已经发生了的客观事实，具有客观实在性和不可逆性。因此，与其他学科相比，历史学科的内容具有过去性与不可复制性，学生的历史学习需要从各种材料中获取有效信息，形成对历史事实的认识。在传统的历史教学模式下，由于受各种条件的限制，学生查阅资料很不方便，教科书与教师基本上就是学生学习历史的全部信息来源。现代信息技术的发展使得应用互联网越来越成为人们获取信息的重要手段，学生可以非常方便、快捷地查阅自己想要的历史资料，并且这些资料可以通过图片、文字、声音、影像等多种形式呈现出来，学生得以在丰富的历史信息的基础上进行自主学习。此外，还有大量的以数字化形式储存于与网络相连的各种外部设备中的信息载体，如历史教学光盘等，也是学生学习历史的重要资源。有的学校还利用信息技术开发校园网，建立学校的历史课程主题网站、历史学习网络互动平台等。信息技术手段的使用大大拓宽了历史信息源，方便了教师的教学和学生的历史学习。

#### 2. 有利于解决教学重点与难点

高中历史教学中的重点内容指的是在整个知识体系中起主要作用的内容，难点指的是学生在日常学习过程中难以理解和掌握的部分知识点。高中历史课程的内容涉及面广，包含的史事多，所以更需要突出核心要点，通过重点内容的突破，带动整体内容的教学。[①] 高中阶段学生的学习任务非常繁重，让学生能够利用有限的时间快速掌握这些历史知识就显得尤为重要。然而，在以往高中历史课程教学过程中，针对重难点知识只是进行反复讲述，尚未采取多元化的教学策略来引导学生深入理解和掌握这些重难点知识。[②]

利用信息技术手段可以较好地解决这个问题：一是教师可以引导学生利用信息技术开展自主学习活动，如搜集与重点内容相关的历史素材。学生在搜集与整理素材的

---

① 徐蓝，朱汉国. 普通高中历史课程标准（2017年版2020年修订）解读 [M]. 北京：高等教育出版社，2020：192.

② 赵星. "互联网+"背景下高中历史重难点教学策略探究 [J]. 高考. 2020（12）：86.

过程中需要对比、分析、思考这些素材，从而加深对重点知识的理解并提升思维能力。二是教师可以利用信息技术将学生难以理解的内容采用视频、图片等方式展现出来，既可以充分调动学生的积极性，也可以将抽象的历史知识直观化，达到化繁为简、化难为易的目的，便于学生理解和掌握相关内容。

### 3. 有利于转变教学方式

长期以来，历史课堂照本宣科、"满堂灌"的教学方式使本应鲜活生动的历史课堂变得沉闷呆板。历史学科核心素养培养的对象是学生。所以，学生在教学活动中的主体性能否有效发挥是关键。课堂教学要以调动和发挥学生历史学习的积极性、主动性和创造性为核心，改变过去以知识立意为导向的讲授式教学，展开以养成学生的核心素养为目标，以学生的自主探究活动为中心的教学活动，真正实现以学生学习活动为整个教学活动中心的"学习中心课堂"。这就要求教师在充分理解教材基本知识及其中的历史内涵的基础上，明确所要达成的核心素养目标，将教科书中已成"定论"的内容借助典型材料转化为探究性话题。[①] 即通过开展探究性学习转变教学方式，以落实历史学科核心素养。

什么是探究性学习？探究性学习是指学生在学科领域内或现实生活情境中选取某个问题作为突破点，通过质疑，发现问题；进行调查研究，分析研讨，解决问题，并通过表达与交流等探究学习活动，以获得知识，掌握方法。[②]

在探究性学习过程中，学生通过信息技术手段可以搜集有关课题探究的资料，学生在寻找资料、探索并解决问题的过程中，需要全方位调动感官与思维，这个过程可以有效锻炼学生的历史观察能力、分析能力。学生也可以通过网络进行讨论，参与讨论的过程促使学生积极思考、迁移所学知识与能力、主动搜集与探究更多的相关历史知识。教师也可以通过网络对学生的学习过程进行指导，帮助学生及时调整学习策略。在信息技术手段支持下，整个学习过程以学生为主体，充分发挥了学生的主动性、积极性和创造性。

### 4. 有利于开展教学评价

教学评价指的是以教学目标为参考标准，借助科学手段对教学过程、结果做出的判断。教学评价是衡量教学效果的一个重要标准，也是教学管理部门制定科学决策的重要依据。高中历史教学评价是检查学生学业发展水平、知识掌握情况的一个重要途径，也是促进高中历史教学不断发展的助推器。但是，长期以来，受制于传统教学模式，我国高中历史学习评价存在以下问题：评价模式不完善、不开放；评价标准不明确；评价方法不够灵活；评价主体单一，过程性评价不受重视等。例如，教师是高中历史学习评价的主体，评价方式以闭卷考试为主，学生发展情况、学习过程在评价中得不到体现，评价的激励作用有限。[③]

---

① 徐蓝，朱汉国. 普通高中历史课程标准（2017年版2020年修订）解读 [M]. 北京：高等教育出版社，2020：195.
② 韦钰，罗威. 探究式科学教育教学指导 [M]. 北京：教育科学出版社，2005：41.
③ 吴凤银. 高中历史学习评价模式构建途径探究 [J]. 新课程导学. 2018（33）：83.

利用信息技术手段开展教学评价可以较好地解决这些问题。教师可以利用网络平台系统搜集和科学分析处理学生的有关信息，综合发挥评价在检测、诊断、激励、引导、调解、反馈等方面的功能。在评价过程中，可以随时发现学生在学习目标、学习内容、学习方法等方面出现的不足，及时指导学生加以改进。在明确评价标准的前提下，教师也可以组织学生通过信息技术平台进行自评与互评，在互动中改进自我。利用信息技术可以实现教师对学生的评价、学生之间的互评和学生自评，使评价更具有即时性、互动性、针对性和指导性，从而保障课程的有效实施。

## 二、解决策略

新版课程标准提到，当代的历史教学，不仅是将现代信息技术作为课堂教学中重要的展示手段，而且要着眼于如何利用现代信息技术改变学生的学习方式，如何促进学生历史学习的拓展和深入，如何为学生提供自主学习、合作学习和探究学习的开放空间，如何通过现代信息技术的整合更好地提升学生的历史学科核心素养。具体到课堂，信息技术手段对高中历史教学的优化作用，主要通过创设历史情境、开展探究性学习、进行有效教学评价来实现。

### 1. 利用信息技术创设历史情境

在高中历史教学中，教科书中的历史知识和历史结论有时很难引起学生的认同和共鸣。教师可以通过各种历史素材和问题设计"再现"历史情境，为学生提供一个与历史对话的机会，使学生学会站在特定的历史时空中感悟历史变迁，逐渐养成运用历史思维和历史方法解决真实情境中的问题的习惯。[①] 在创设历史情境之前，教师必须对体验、感悟、引导、思考等诸多因素进行分析和考虑，在此基础上通过信息技术手段搜索大量的素材，选取其中最合适的内容，辅以合理的问题设计来创设一个可以引发学生共鸣的历史情境，呈现历史境况。

【案例】《中外历史纲要（下）》第三单元第6课"全球航路的开辟"

学生在了解新航路开辟的背景与过程的基础上，需要对新航路的开辟所引发的文明碰撞进行全面的认识。但新航路的开辟距离学生年代久远，学生难以产生共鸣，得出理性认识。教师利用信息技术创设历史情境，引导学生从感性认识上升到理性认识。

**步骤一**：教师利用多媒体课件出示菲律宾马克坦岛双面纪念碑碑亭图片

介绍双面纪念碑的正面与反面分别用来纪念两位历史人物：拉普拉普和费尔南多·麦哲伦。

问题：为什么菲律宾政府将两位历史人物置于同一座碑亭进行纪念？

**步骤二**：教师利用多媒体课件出示碑文文字

拉普拉普：1521年4月27日，拉普拉普和他的战士们，在这里打退了西班牙入侵

---

[①] 徐蓝，朱汉国. 普通高中历史课程标准（2017年版2020年修订）解读 [M]. 北京：高等教育出版社，2020：196.

者，杀死了他们的首领——费尔南多·麦哲伦。由此，拉普拉普成为击退欧洲人侵略的第一位菲律宾人。

**费尔南多·麦哲伦**：1521年4月27日，死于此地。他在与马克坦岛酋长拉普拉普的战士们交战中受伤身亡。麦哲伦船队的维多利亚号航船在埃尔卡诺的指挥下，于1522年9月6日返抵西班牙港口停泊，第一次环球航海就这样完成了。

**问题**：如何看待双面纪念碑中的记述？

**步骤三**：教师出示纪录片《大国崛起·海洋时代》片段（新航路开辟之后葡萄牙、西班牙对亚洲、美洲的殖民掠夺）

学生通过视频可以从宏观角度了解新航路开辟之后不同地区人类文明面临的不同命运，结合拉普拉普与麦哲伦两位历史人物的个人命运，就能够得出对新航路开辟所引发的文明碰撞的认识，如打破了原本相对平衡的多元文明格局，给当地人民带来了巨大灾难，推动了欧洲资本主义发展等。

**问题**：你对新航路的开辟所引发的文明碰撞有哪些认识？

**案例分析**：在教学过程中，有学生站在反侵略的角度认为拉普拉普是民族英雄，麦哲伦则是侵略者；也有学生认为麦哲伦是对人类认识世界有重大贡献的航海家。学生对两位历史人物的评价实质体现的是他们的历史观，教师要利用多媒体信息技术出示关键词，引导学生全面看待新航路开辟所引发的影响，既要看到麦哲伦环球航行过程中侵略性的一面，肯定拉普拉普反侵略的行为，也要看到麦哲伦环球航行对人类认识世界的重要意义。

为了帮助学生得出认识，教师借助多媒体信息技术，将视频、音频、图像、文字等丰富多彩的内容融合到历史课堂教学中，通过生动的细节再现历史情境，让学生更直观、贴切地从微观与宏观角度感受新航路开辟的影响。这表明利用信息技术可以很好地创设情境，拉近学生与历史的距离，即为学生提供一个与历史对话的机会，使学生能够站在特定的历史时空中感悟历史变迁，在此基础上分析新航路的开辟所引发的文明碰撞，得出认识。

### 2. 利用信息技术开展探究性学习

新版课程标准倡导高中历史教学采用单元或专题的方式，而专题教学可以采用多种基于网络的学习方式，如深度学习、项目学习、微课学习、翻转课堂，以及课下自主学习等。例如，必修课程的大多数专题，时间跨度较大，所涉及的史事较多，教师不仅要进一步整合教材，而且要充分调动学生的自主学习兴趣，鼓励学生在课前和课后开展基于网络的学习与探讨，深入掌握所学专题的内容，并利用网络平台进行学习交流。教师也可以通过网络对学生的学习过程进行指导。

【案例】《中外历史纲要（上）》第七单元第22课"南京国民政府的统治和中国共产党开辟革命新道路"

本课涉及中国共产党开辟革命新道路的背景、中国共产党开辟革命新道路的过程、中国共产党开辟革命新道路的意义三个方面。这些内容有着一定的时间跨度，既包括一些重要的历史事件，又包括重要历史人物的活动；既涉及革命理论，又涉及革命运动等。为了使学生全面、深入地理解这些内容，教师除了进行课堂讲授之外，还可以运用网络环境下的深度学习方式，引导学生充分运用网络技术及资源，进行自主探究学习。

**步骤一**：教师与学生共同讨论并拟订本课学习内容的具体项目

将课本三个小目"南京国民政府的统治""工农武装割据开辟革命新道路""红军长征"围绕教学主题"中国共产党开辟革命新道路"整合为三个专题：透析中国共产党开辟革命新道路的选择，探寻中国共产党开辟革命新道路的历程，认识中国共产党开辟革命新道路的价值。分别探究中国共产党开辟革命新道路的背景、过程、意义。各专题下又分为若干小专题，如"透析中国共产党开辟革命新道路的选择"这一专题，分为"外在的民国""内在的民国"。"探寻中国共产党开辟革命新道路的历程"这一专题，分为"思考与行动""理论与实践""理论之验证"等小专题。

**步骤二**：学生分组研究学习专题

学生分为三个大组，每组负责研究一个学习专题。每个大组再分为若干学习小组，每个小组承担一个具体的研究问题。例如，承担"认识中国共产党开辟革命新道路的价值"的这一大组，再分小组对"井冈山革命斗争""长征""毛泽东思想""国际共产主义运动经验"等问题进行研究。

**步骤三**：搜集资料

在各组明确任务的基础上，分工活动，查阅相关的网络信息和图书资源。各小组对搜集的相关资源进行选择、辨析和整理，组建相应的资源库。在小组资源库的基础上，大组创建本组的资源库，形成本组学习专题的网页。

**步骤四**：成果展示

各大组将本组网页的核心内容制作成微课视频或演示文稿，在课堂上演示和解说。然后教师组织学生讨论，师生之间进行互动式答疑解惑。

**步骤五**：课后继续学习

开展课后继续学习活动，如各组开展跨组别的网页学习、本组对网页内容的充实与拓展、问题讨论与解答等。在学习活动中，教师通过网络对学生的学习过程进行指导。

**案例分析**：在上述探究性学习过程中，步骤一是结合教学内容，拟订通过网络进行探讨的专题；步骤二是通过学生分组落实每个进行网络研讨的专题；步骤三是学生通过网络对探究的内容进行资源搜集与整理；步骤四是在资源搜集与整理的基础上，学生之间、师生之间通过网络进行交流；步骤五是基于网络的探究性学习的继续深化。该案例的特点是通过运用现代信息技术使学习方式由教师为主体的讲授向以学生为主体的自主学习、合作学习和探究学习转化，充分体现了学生学习的个性化、交互式、拓展性。学生充分运用网络技术及资源进行自主探究学习的过程，也是学习活动从表层走向深层，学习过程从封闭走向开放，进而促进学生多方面素养得到发展的过程。

## 3. 利用信息技术实施教学评价

信息技术手段应用于教学评价主要通过反馈系统软件，如网页反馈系统、课上即时反馈系统、网络交流反馈系统、网络评价成绩系统等。网页反馈系统比较常见，如高中历史教师经常用到的问卷星。课上即时反馈系统最常见的是高互动遥控教学系统，学生使用简易的遥控器，就能通过电脑与教师进行互动，主要用于历史当堂小测验。网络交流反馈系统与网络评价成绩系统最常见的案例是慕课，但是慕课内容以高校教育资源为主，关于高中历史教学的慕课资源并不多。下面以网页反馈系统问卷星为例探讨信息技术手段应用于教学评价的方式与效果。

【案例】《中外历史纲要（上）》第五单元第16课"两次鸦片战争"

了解鸦片战争的背景对于学生理解鸦片战争的爆发、鸦片战争的性质与影响至关重要。高中学生经过初中历史学习对鸦片战争的背景已经有了一定的了解，为了让学生更深入地了解这部分内容，以及教师在了解学情的基础上进行教学设计，学生可以在课堂上运用多媒体信息技术对所掌握的这部分内容进行展示，教师通过设计网页制作的反馈系统（如利用问卷星）对学生的学习情况进行评价。

**步骤一：** 按组介绍鸦片战争背景

学生分成四个学习小组，在课前搜集音乐、电影、纪录片等影音资源，在查阅相关资料的基础上做成PPT，在全班轮流介绍本组整理的鸦片战争的背景。

**步骤二：** 师生打分

教师将提前设计好的网页反馈系统问卷星链接通过微信发到班级学生群里，学生展示结束后打开微信班级群里的链接，各个小组之间相互进行评价，既包括对本小组的评价，也包括对其他小组的评价。评价方式有打分、写出优点与不足并补充。教师也要对各个小组的表现进行评价。

**步骤三：** 评价反馈

评价完成后，教师打开网页反馈系统问卷星页面，将全体师生对各个小组的评价及时反馈给学生，与学生一起解读和分析评价结果信息。

教师在组织完成这项作业和评价时，可能会遇到一些问题，如学生的资料搜集只考虑自己的兴趣，与教师布置的任务关系不大；部分学生为获得高分，私底下交易致使评价不够客观等。教师在教学实践中应及时调整教学和评价策略。例如，在学生做PPT的过程中与其进行交流，引导学生准备符合要求的内容；在学生进行评价前明确评价标准，强调评价要客观、公平。

**案例分析：** 在该案例中，教师利用信息技术手段提前设置了网页反馈系统问卷星，在学生展示结束后，通过问卷星完成教师对学生的评价、学生之间的互评和学生自评。评价结束后教师将评价结果反馈给学生，共同解读和分析评价结果信息。在整个评价过程中，利用信息技术使评价更具有即时性、互动性、针对性和指导性。教师通过评价反馈可以及时调整教学策略，并对学生提出有针对性的学习建议，从而推动历史学科核心素养在教学中的有效培养。

综上，利用信息技术手段优化高中历史教学是由信息技术的特点与高中历史学科教学的需求决定的。但是，在运用现代信息技术进行历史教学的过程中，教师也要注意解决可能出现的问题。例如，对"海量"信息的甄别与选择、对虚假信息的判断与辨明、对虚拟情境与真实情境的确认和说明、对学生深度阅读与理性思考的引导等。教师要扬长避短，充分发挥现代信息技术的优势和长处，使历史教学充满新的活力，使信息技术成为诠释历史内涵、展示核心素养的利器。总之，在高中历史教学中，教师应当擅于利用信息技术手段，积极探索信息技术运用策略，以期达成培养学生历史学科核心素养的教学目标，落实立德树人根本任务。

## 教学关键问题 2-11　如何引导学生运用唯物史观的基本观点认识和解决历史问题

唯物史观是揭示人类社会历史客观基础及发展规律的科学历史观和方法论。人类对于历史的认识是由表及里逐渐深化的，要透过历史纷繁复杂的表象去认识历史学科的本质，需要科学的历史观和方法论。从这一层面上说，唯物史观使历史学成为一门科学，只有运用唯物史观的立场、观点和方法，才能对历史形成全面、客观的认识。新版课程标准将唯物史观作为历史学科核心素养之一，在认识层面和运用层面上均提出了具体要求，希望学生通过历史学习，认识和理解唯物史观的基本内涵和方法，并能够将其运用于历史课程的学习与探究中。

### 一、问题分析

#### （一）唯物史观的主要内容

##### 1. 唯物史观的产生

唯物史观产生于19世纪40年代，是西欧资本主义的物质生产、阶级斗争、自然科学和思想文化发展到一定阶段的产物。马克思、恩格斯在前人提出的各种唯物主义理论的基础上，根据时代的发展和无产阶级解放斗争的需要，针对新的历史实际对原有理论进行了改造和创新，建立了唯物史观，从而使人类认识世界、改造世界的能力和水平有了革命性飞跃。

马克思在1845年春写的《关于费尔巴哈的提纲》和1845—1846年同恩格斯合著的《德意志意识形态》标志着唯物史观基本形成。在《德意志意识形态》中，马克思和恩格斯阐明了从事实践活动的"现实的个人"是历史唯物主义的出发点，从而把唯物史观界定为关于人的实践活动和实际发展过程的科学，批判了青年黑格尔派的社会意识决定社会存在的唯心主义观点，论述了社会存在决定社会意识的唯物史观基本范畴，指出了社会物质生产在人类社会发展中的决定性作用，并在此基础上衍生出生产力和交往形式的矛盾运动是推动社会历史发展的根本动力这一基本观点。由于《德意志意识形态》当时未能公开发表，这一新的历史观是在马克思1847年写的《哲学的贫困》和马克思、恩格斯1848年合著的《共产党宣言》中正式公诸于世的。[①]

##### 2. 唯物史观的基本观点

唯物史观是一个博大精深的理论体系。它科学地揭示了社会结构是由生产力、生产关系（经济基础）和上层建筑三个层次的因素组成的。它阐明了三者之间的辩证关

---

[①] 林泰. 唯物史观通论 [M]. 北京：高等教育出版社. 2001：12.

系，既重视生产力和生产关系、经济基础和上层建筑的决定性作用，同时也承认上层建筑对经济基础、生产关系和生产力的能动的反作用。唯物史观还论述了物质生产与精神生产、物质生活与精神生活、社会存在和社会意识之间的辩证关系。

唯物史观的基本观点可以从以下六个方面进行阐释：

第一，社会存在决定社会意识为人类认识自身社会的历史演进确立了科学的理论基础。一切历史事件和历史现象都是人的行为造成的，而人的行为是由其动机、目的和意志支配的。人行动的意识、动机、目的和意志受到社会存在的支配和决定。因此，当我们分析历史人物的活动或历史事件的发展演进过程时，要能考察历史人物的意识、动机、目的和意志的发展变化。同时，我们还要从社会发展的实际情况及个人所处的实际生活中着手，对历史人物和历史事件形成全面认识。同理，如果我们将分析的范围扩大，上升为一个阶层甚至一个民族的发展演进历程，则要从大的历史背景和社会实际中去寻找规律。

第二，生产力决定生产关系。生产力是人类在生产实践中形成的改造和影响自然以使其适合社会需要的物质力量。生产关系是人们在物质生产过程中结成的社会关系，主要指人们在生产过程中形成的生产资料所有制关系、劳动和活动的分工与交换关系，以及与之相适应的生产成果（包括由劳动创造的生产资料和最终产品）的分配关系和消费关系。生产是一切社会进步的尺度，社会生产力的发展水平决定人类社会的进程。与生产力的一定发展相适应的生产关系，构成一定的社会形态和经济结构的现实基础，规定着社会形态的主要特征。

第三，经济基础决定上层建筑。经济基础是指由社会一定发展阶段的生产力所决定的生产关系的总和，包括生产分工关系、交换和分配关系、消费关系、所有制关系，是构成一定社会的基础；上层建筑是建立在经济基础之上的诸如政治、法律、哲学、艺术、宗教等意识形态以及与其相适应的制度、组织和设施。经济基础决定上层建筑，上层建筑又服务和反作用于经济基础。生产力的发展引起生产关系即经济基础的变化，随着经济基础的改变，上层建筑也会或慢或快地发生变革。

第四，社会形态从低级阶段到高级阶段发展。所谓社会形态，就是在生产力发展到一定阶段的经济基础和上层建筑的统一。实践中的人是社会意识形态的中心，人是历史的创造者，即人民群众是社会建设和社会变革的基本力量。在人类发展的进程中，引起社会形态更迭的根本原因，不是个人的主观意志或因个人而发生的偶然事件，而是因生产力的演变带来的社会生产方式的变革。因此，随着生产力的不断进步，人类社会也经历了社会形态的更迭演进，经历了由低级社会到高级社会的发展趋势。

第五，正确运用阶级分析法。阶级是与特定的生产关系相联系的、在经济上处于不同地位的社会集团或人群共同体。唯物史观的阶级斗争学说用生产的发展来解释阶级的起源和阶级关系的变化。正确运用阶级分析法就是要把人类社会的历史当作一个按照一定规律不断发展变化的客观过程，观察、分析和研究任何历史事件和历史人物都要有发展的观点，并且把问题提到一定的范围之内，联系具体条件进行具体分析。

第六，人民群众是历史的创造者。人民群众是物质财富的直接生产者，会影响精神文化的生产及发展程度。人类社会赖以存在和发展的基础在于物质生产活动的进行，这就决定了实现生产力的不断提高和生产方式的循序演进的决定性力量是广大人民群众。当然，人民群众创造历史，是在既定的社会条件和历史条件的制约下进行的。而人民群众这一群体也包含了不同的阶级和不同的身份。承认了群体内的差异，就能理解为什么不同阶级、不同角色的历史人物在历史进程的发展中发挥出了不同的作用。

### 3. 唯物史观的价值

在唯物史观诞生之前，尽管人们在文化和历史的发展进程中积淀了大量优秀成果，但从总体上看，还无法超越以天命观和英雄史观为代表的唯心史观的范畴。因此，在对一些历史事件和历史人物的解释与评价上存在着局限。而唯物史观出现后，人们对一些历史研究中存在的局限进行了深入、全面的分析。例如，研究历史事件的发展进程和历史人物的思想动机时，侧重探究其所处的社会背景，并归纳社会发展的客观规律；研究历史人物在历史进程中发挥的作用时，突破了英雄阶层、精英阶层，更加重视人民群众的生产和生活，并从研究群众生活的社会条件出发，寻找推动历史变革的条件。

因此，马克思创立的唯物史观是科学的历史观，在世界范围内产生了极大影响。这是因为在唯物史观的基本观点体系中，实践观点是首要的和基本的观点，是从总体上把握社会历史的基本观点，统摄着唯物史观的其他观点。生产观点是对实践主要内容的把握，是实践观点的具体化和深化。群众观点是对实践主体和生产主体的研究，是实践观点和生产观点的进一步深化。阶级观点是群众观点的具体化和深化，但要以实践观点、生产观点和群众观点为前提和基础。价值观点是对实践意义和目的的揭示。辩证观点是对实践一般规律的反映。历史观点是对实践过程的概括。唯物史观以实践观点作为自己的逻辑起点，以历史观点作为其逻辑终点。[1]

### （二）新版课程标准对唯物史观的要求

唯物史观是历史学科核心素养的灵魂，也是人类思想发展史上最进步的世界观和方法论。

### 1. 培养要求

新版课程标准把唯物史观作为历史学科核心素养之一，并提出了具体要求：了解唯物史观的基本观点和方法，包括人类社会形态从低级到高级的发展，生产力和生产关系之间的辩证关系，经济基础和上层建筑之间的相互作用，人民群众在社会发展中的主要作用等，理解唯物史观是科学的历史观；能够正确认识人类历史发展的总趋势；能够将唯物史观运用于历史的学习与探究中，并将唯物史观作为认识和解决现实问题的指导思想。

新版课程标准从两个层面对唯物史观提出了具体要求。

第一，在认识层面上，要通过历史课程学习，了解唯物史观的基本观点和方法，能够正确认识人类历史发展的总趋势。

简而言之，唯物史观的基本观点包括科学地解释了人类社会形态由低级到高级的发展，揭示了社会结构中生产力与生产关系、经济基础与上层建筑的辩证关系。唯物史观既重视生产力对生产关系、经济基础对上层建筑的决定性作用，同时也承认上层

---

[1] 陈辉. 重新认识唯物史观指导下的高中历史教学 [J]. 历史教学（中学版）. 2012（10）: 20—26.

建筑对经济基础、生产关系对生产力的能动的反作用。唯物史观还论述了物质生产与精神生产、物质生活与精神生活、社会存在与社会意识之间的辩证关系。唯物史观还强调了人民群众的历史作用。①

第二，在运用层面上，能够将唯物史观运用于历史的学习与探究中，并将唯物史观作为认识和解决现实问题的指导思想。

在培养学生的历史学科核心素养时，并不是让他们去背诵现成的历史结论，而是让他们通过历史课程的学习，认识和理解唯物史观的基本观点和方法，实现对历史事件的解释，对历史人物的评价，对历史阶段的分析，进而掌握科学的历史观和方法论。

### 2. 培养目标

基于新版课程标准对唯物史观的具体要求，高中历史课程应要求学生学习这一人们认识世界、改造世界的锐利思想武器，向他们普及人们对唯物史观这一科学历史观的认识，使他们尽可能了解这一揭示了事物本质、内在联系及发展规律的"伟大的认识工具"；要求学生通过对渗透着唯物史观基本观点、立场、方法的历史课程的学习，从思想上、行动上真正重视理论素养，逐渐形成对理论的浓厚兴趣，自觉致力于科学解释历史、科学解释世界；要求学生形成鲜明的实践品格，正确对待历史文化遗产，认真总结历史所遗留下来的"珍贵品"，不仅要在历史课程的学习中运用这一"伟大的认识工具"，不断培养对理论的兴趣，提高自己在理论上的洞察力，而且要由历史学习和研究的感性阶段不断向理性认识的高级阶段迈进。

### 3. 学业质量

历史学科学业质量水平分为4级，水平1为最低等级，水平4为最高等级。以唯物史观为例，核心素养与学业质量对照如表 2-11-1 所示。

表 2-11-1 唯物史观核心素养水平划分与学业质量对照表

| 水平 | 核心素养要求 | 学业质量 |
| --- | --- | --- |
| 1 | 能够了解和掌握唯物史观的基本观点和方法，理解唯物史观是科学的历史观 | 1-1、2-1：能够知道人类物质生活资料的生产是社会生活的基础，知道生产力是历史发展的决定因素，知道经济基础与上层建筑之间的辩证关系，了解人类社会形态从低级到高级发展的规律；能够理解唯物史观是科学的历史观 |
| 2 | | |
| 3 | 能够将唯物史观运用于历史学习、探究中，并将其作为认识和解决现实问题的指导思想 | 3-1、4-1：能够从生产力与生产关系、经济基础与上层建筑的辩证关系来理解历史上的发展变化和社会形态的演变过程，理解阶级斗争是推动阶级社会发展的直接动力；理解人民群众在历史发展中的重要作用；能够史论结合、实事求是地论述历史与现实问题 |
| 4 | | |

## 二、解决策略

唯物史观不仅是历史学研究的指导思想，也是高中历史课程实施的指导思想。作

---

① 朱汉国，何成刚. 新版课程标准解析与教学指导：高中历史 [M]. 北京：北京师范大学出版社. 2020：14.

为核心素养之一，唯物史观在高中历史课程中，既是理论、立场，又是目标、内容。它不仅是历史教材编写和历史课程设置的理论指南，也是教师实施课堂教学的核心内容，同时也是学生学习的重要目标。因此，教师在授课过程中，要在避免"贴标签"的前提下，充分渗透唯物史观的基本观点与研究方法，并可用专题形式呈现。

## （一）加强原理学习，把握唯物史观的基本内涵

唯物史观既是历史学科核心素养之一，也是历史课程的重要目标。但唯物史观的原理博大精深，在进行必备知识的学习中，教师应着重从社会发展的动力及要素、社会发展的规律和趋势等问题着手，着重分析"社会存在与社会意识的辩证关系""生产力与生产关系、经济基础与上层建筑两大基本规律的矛盾运动""社会历史发展的总趋势""人民群众是历史的创造者"等原理问题。

## （二）加强问题导向，培养唯物史观分析能力

在关键能力方面，唯物史观是一种运用理论分析、解释、评价历史问题的能力，要求学生能够运用唯物史观的基本原理，史论结合、实事求是地分析历史和现实问题，如正确分析历史事件的发展趋势、全面评价历史人物等。

以《中外历史纲要（上）》中的"从隋唐盛世到五代十国"一课为例，教师通过设置专题课程"历史人物评价——唐玄宗统治盛衰的史料研习"，渗透运用唯物史观评价历史人物的方法。

**学习内容设置**：唐玄宗统治时期的相关史实，初高中涉及了一部分，但对唐玄宗这一历史形象没有进行综合分析。唐玄宗是经历唐由盛转衰的重要人物，其统治经过了从励精图治到荒怠朝政的变化。对这一复杂人物进行全面的分析与评价，则能从一定层面上展现历史人物评价的角度与方法。

2-11 历史人物评价——唐玄宗统治盛衰的史料研习

**本课重点**：了解历代对于唐玄宗评价角度的相同点及不同点，并分析不同时期对唐玄宗评价的特点及影响因素。

**本课难点**：归纳和评析用唯物史观评价历史人物的方法。

**问题框架**：

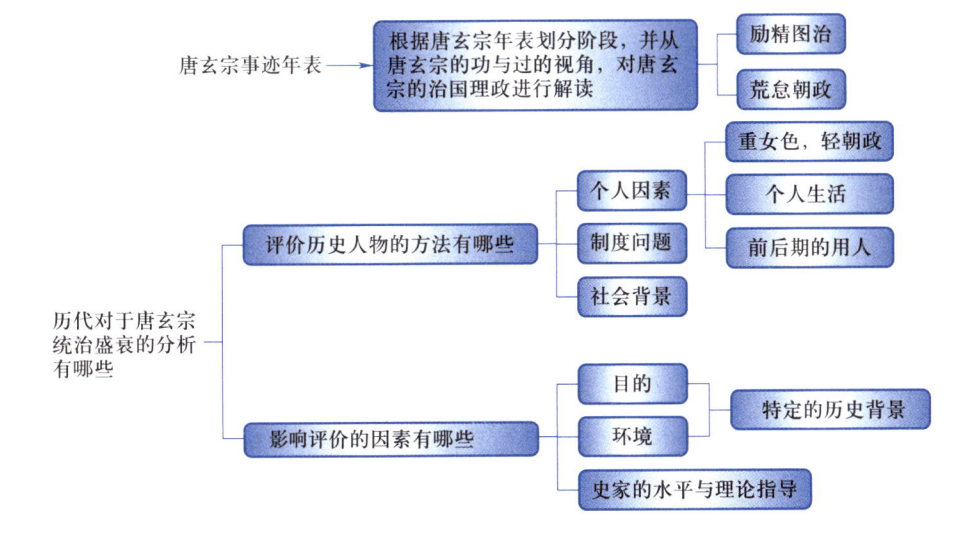

**案例分析**：在上述案例中，教师采取史料研习的方式构建"历史人物评价"专题课程，学生通过阅读与分析，进行归纳与思考。通过对材料的辨别与分析，注重历史人物评价角度的多样性，并总结出评价历史人物的方法和正确分析不同历史人物评价观点的方法。这一案例的特点是在对历史人物进行分析和评价的过程中，每个环节均采用了唯物史观的分析方法，并由学生归纳出用唯物史观评价历史人物的三项原则，即基于人物的历史活动，关注历史人物的客观性；多角度分析，关注历史人物的全面性；关注历史人物所处社会的客观情况，注重分析的科学性。

对于历史人物的评价，应在了解重要历史人物及其主要活动的同时，探究他们与时代的相互关系，科学地评价其在历史上的作用。因此，正确运用唯物史观，能够透过纷繁的历史表象，清晰地对历史人物及与人物相关的历史事件进行分析和评价。

### （三）加强情境设置，渗透唯物史观的价值导向

在必备品格方面，学生学习运用唯物史观由表及里、逐渐深化，透过历史的纷杂表象认识历史本质的方法，理解唯物史观的科学性，并形成实事求是、批判思考、全面分析的史学品格。在注重社会历史发展规律的客观性的同时，能够充分发挥个人的主观能动性，不断改革、创新，进而形成立足实际、不畏困难的精神品格，并将唯物史观作为认识历史和人类社会的正确途径。

在漫漫的历史长河中，无论出现哪一种历史事件和现象，都会牵动诸多因素。任何历史事件都不是孤立存在的，通过对史料的搜集、整理和辨析，定能窥探出当时社会发展的痕迹。社会的经济活动、政治活动以及思想文化活动，伴随着历史人物与历史事件的变化，呈现出同一时代特征下的共性和因个体差异而产生的个性。只有不断地寻找现象与本质之间的联系，才能破解更多"历史与人物之谜"。

因此，教师在授课时要以唯物史观为指导思想，在史事叙述和观点阐释上依据新版课程标准的要求和历史学科的要求，渗透和体现社会主义核心价值观，坚持正确的思想导向，力图科学、全面地对历史进行解释和评述，论从史出，史论结合。

## 三、实践案例

下面以《中外历史纲要（下）》中的"马克思主义的诞生与传播"一课为例，探讨如何将唯物史观的基本内涵融入授课过程中。

**环节一**：马克思主义产生的历史条件

从第一次工业革命入手，对资本主义生产力的发展进行剖析，对马克思主义诞生的背景加以介绍。

**环节二**：马克思主义的内涵

对理论来源、实践探索、马克思主义的具体内容进行分析，并从理论层面融入对唯物史观的理论前提、认识论和核心内容的介绍，引导学生借助唯物史观分析19世纪的资本主义社会。

**环节三**：《共产党宣言》的主要内容

从唯物史观的角度分析《共产党宣言》的主要内容。包括：资本主义产生和发展的历史，资本主义社会的阶级和阶级斗争的分析，资本主义必然灭亡、社会主义必然胜利是人类社会发展的客观规律，无产阶级及其政党肩负的世界历史性的革命使命，未来新社会的科学构想等。

**环节四**：马克思主义的世界历史意义

从对人类思想的影响和对无产阶级运动的影响角度进行分析。在对巴黎公社的评价上，教师可以引导学生运用唯物史观的认识方法分析巴黎公社失败的原因。

**案例分析**：在上述案例中，教师能够在授课过程中突出唯物史观的基本内涵，并将其与授课内容很好地融合。唯物史观作为历史学科核心素养之一，是马克思主义哲学的重要组成部分，也是对人类社会和历史规律的认识方法。因此，教师可以从第一次工业革命这一社会背景入手，对资本主义生产力的发展进行剖析，对马克思主义诞生的背景加以介绍。同时，将唯物史观的基本内涵与马克思主义的内涵相融合，引导学生依靠唯物史观分析19世纪的资本主义社会。在本课最后，通过设置评价巴黎公社运动的问题，引导学生运用唯物史观的认识方法进行分析，并从社会生产力发展程度的角度分析解释巴黎公社失败的原因。教师只有不断加强理论学习，才能在授课过程中将理论与史实互相渗透，并引导学生运用唯物史观的观点对历史问题进行分析和解释。

总之，只有积极掌握唯物史观的基本内涵和方法，才能培养学生正确评价、认识历史和掌握社会发展规律的能力。高中阶段的学习经历对学生形成正确的世界观、人生观、价值观和历史观具有重要影响。学生通过历史学习，了解和掌握唯物史观的基本观点和方法论，有利于在人生中的重要阶段构建正确的、全面的分析历史问题和评价历史人物的方法，进而发展科学的、辩证的思维方式，促进全面发展。

**教学关键问题 2-12**　　如何引导学生在特定时空框架中观察和分析历史事物

历史课程以培养和提高历史学科核心素养为目标，使学生通过历史课程的学习逐步形成具有历史学科特征的正确价值观、必备品格和关键能力。因此，学生在学习历史过程中，不能仅仅满足于掌握孤立的历史事件、历史人物和历史现象，更重要的是要把握历史的阶段特征和演变趋势，探究历史的变化与延续、原因和结果。要达成以上目标就必须把握在特定的时空框架中观察和分析历史事物的思想和方法。新版课程标准明确要求培养学生在特定的时间联系和空间联系中对事物进行观察、分析的意识和思维方式。任何历史事物都是在特定的、具体的时间和空间条件下发生的，只有在特定的时间框架当中，才可能对史事有准确的理解。可见，引导学生在特定的时空框架中观察和分析历史事物就是要培养学生的时空观念，这是学生认识历史的重要前提。

## 一、问题分析

### （一）什么是时空框架

何为时空框架？新版课程标准没有对时空框架做明确解释。我们只能把时空和框架这两个词放在高中历史教学语境下分开理解。

#### 1. 时空的内涵

时间和空间是历史事物发生的具体坐标，内涵非常丰富，我们在时空条件下深入理解历史事物，能够发现其中蕴藏的无穷乐趣。

（1）时空与历史的时空。时间和空间不仅受到历史学科的关注，地理、物理等学科也都在探讨时间和空间及其关系，因此每个学科都有自己对时间和空间的观点，即时空观。时空观是关于时间和空间的根本观点。地理、物理学科提到的时空观主要探讨"时间和空间是什么"，把时空当成客观的存在来研究。17—18 世纪，牛顿的时空观强调时间和空间的绝对性。爱因斯坦的相对论，强调时间和空间是变化的，时间和空间是物质存在的形式，物质运动与时间和空间密不可分。人们把这种时空观叫作自然时空观。在自然时空观下，我们更多地只能看到物质的运动与发展，缺乏人的活动与创造。与自然时空观相对应，还有一种时空观，即社会时空观。它与人类的社会实践活动紧密相连，历史学科关注人类在相应时空下的实践活动，所以社会时空观即历史时空观。区别于物理和地理意义上的时空观，它不单纯是钟表上滴答作响的摆针，也不单纯是地形图上的河流山川，而是人类实践活动的时间和空间，凸显出人的本质特征。在这样的时空观下，我们不仅看到了人类的发展轨迹，人类的创造成果，更看到了人类的丰富情感。在历史学中,离开人来谈时空没有意义和价值。马克思曾经提到,时间实际上是人的积极存在,它不仅是人的生命的尺度,而且是人的发展的空间。[①] 因此,我们要认识到历史时空的内涵,还要看到它的重要意义,那就是与人的生命价值紧密相连。

(2) 历史时间的内涵。历史时间包括什么？它包括年代时间和逻辑时间。例如,公元前221年秦始皇统一天下,这就是一个时间点,19世纪就是一个时间段,它们都是年代时间。公元前221年对中国来说是大一统帝国的开端,1840年是中国近代史的开端。19世纪中期是第二次工业革命时代,是资本主义世界市场形成的时代,是资本主义殖民体系形成的时代,这就是逻辑时间,是年代时间的价值与意义。历史时间应该是年代时间和逻辑时间的统一。但是二者的统一不能仅仅满足于知识层面上的认知。以下举例很有代表性,有学生问道"三国鼎立局面形成的时间是哪一年？"这看上去是一个简单的时间问题,年代时间是公元229年,逻辑时间是三国鼎立局面的形成。这种简单的知识层面的认知并不能回答学生对历史时间的困惑。其中隐含着理解层面的问题——三国鼎立局面形成的标志是什么？三国鼎立局面形成到底是指三股势力的形成（公元208年赤壁之战）,还是三家疆域的基本确定（公元221年夷陵之战）,抑或是三个独立帝王的并存（公元229年孙权称帝）？[②] 确定年代时间的价值和意义的标准是什么？公元前221年秦朝大一统国家建立,大一统的标准是什么？仅仅只是军事领土上的一统吗？学生通过对这个时间点的学习,学到的并不是时间点的本身,如三国鼎立到底是哪一年形成的,而是理解逻辑时间划分标准。这样的标准体现了历史研究者的主观认知和思维方式,教师可以尝试将历史研究者认识过去的思维方式分享给学生,让学生初步具有这样的思维能力。

(3) 历史空间的内涵。历史空间是与历史时间相对的一种物质客观存在形式。历史空间是指历史事件发生的具体地点、区域和环境。例如,新航路的开辟最早从西班牙和葡萄牙开始,后来扩展到西欧各国。在时空介绍中,西班牙和葡萄牙是具体地点,而西欧属于区域。环境则包含自然环境、政治环境、文化环境和社会环境等。古代中国与古希腊诞生了不同的政治制度,就与其特殊的历史空间密切相关,古代中国南稻北粟的农业格局,也植根于特殊的历史地理空间。

从表2-12-1可以看出,北宋以前,黄河中下游流域（中原地区）是中国古代的政治经济文化中心。南宋以后,中国的政治经济文化重心南移,江浙地区文风日盛,人才日多。可见特定的历史空间同样影响着人类的文化活动。

---

① 中共中央马克思恩格斯列宁斯大林著作编译局. 马克思恩格斯选集：第1卷 [M]. 2版. 北京：人民出版社, 1995.
② 夏辉辉. 历史学科核心素养的内涵与教学落点：以"时空观念"为例 [J]. 中国教师, 2017 (4)：49-53.

表 2-12-1　中国历代杰出人物最多的省份

| 时代 | 前汉 | 后汉 | 唐 | 北宋 | 南宋 | 明 | 清 | 民初 |
|---|---|---|---|---|---|---|---|---|
| 杰出人物最多的省份 | 山东 | 河南 | 陕西 | 河南 | 浙江 | 浙江 | 江苏 | 江苏 |

（4）历史时空的紧密联系。"时空"是历史的存在方式，是历史的本质呈现，是认识历史的起点，重构历史和对历史的解释都离不开"时空"。[①] 因此必须对历史空间与历史时间同时进行考查，任何割裂二者关系的言行都是错误的。

### 2. 时空框架的特征

框架有两种释义，一是指建筑工程中，由梁、柱等联结而成的结构；二是比喻事物的基本组织、结构。[②] 在高中历史教学语境下的时空框架指学生在历史学习中要获得清楚且完整的结构，而不是大量历史事物的堆砌。它包括特定的时间、空间，以及对应发生的历史事件共同构成的一个立体的历史框架（背景）。由此可见，时空框架具有立体性特点，时、空、事三者缺一都不能形成完整的时空框架；还具有逻辑性特点，存在于特定时空中的历史事件是有逻辑、有类别的存在。例如，探究宗教改革为什么发生在 16 世纪的德意志。16 世纪和德意志构成了特定的时空，文艺复兴的思想奠基，新航路和殖民扩张的资本主义发展，民族国家的确立和发展，德意志作为"教皇奶牛"的地位，这些对应的历史事件综合构成了宗教改革的背景，多角度、有逻辑地解释了它何以发生在这个时间和地点。然而这种时空框架绝不是任何历史学家或者教师制订的，而是由学生根据教材的事实人物叙述等赋予有意义的思考。在教学过程中，教师应当深入理解并在教学中逐步对每个环节进行把握，帮助学生最终形成一个宏观的时空架构。

### （二）为什么要在时空框架中观察和分析历史事物

对于历史的认知和理解如果深陷大量杂乱的具体的历史细节中，往往有种"不识庐山真面目，只缘身在此山中"的遗憾，要想"会当凌绝顶，一览众山小"，必然要借助时空框架这个宏观骨架。时空框架对于高中历史教学来说非常重要。

### 1. 有利于培养和落实历史学科核心素养

新版课程标准对五大核心素养中时空观念的概念表述是：在特定的时间联系和空间联系中对事物进行观察、分析的意识和思维方式。从概念的表述中，我们可以看出时空观念可以分解为三个部分：一是时空——特定的时间联系和空间联系，二是观念——一种意识和思维方式，三是方法——对事物进行观察和分析。由此可见，时空观念本质就是一种意识和思维，属于大脑活动的范畴。意识是人的头脑对于客观物质世界的反映。思维方式是指人们看待事物的角度、方式和方法，并能运用这种方式和方法形成概念和推断。它强调人的大脑的逻辑推理进程。也就是说，学生在面对历史事件和历史现象时，不仅要能够认识到特定历史事件发生的时间和空间，还要能够自主、有意识地在时空联系下对历史事件进行观察和分析，叙述与解释，甚至能够形

---

[①] 马维林. 我们赖以认识历史的时空观念阐释 [J]. 历史教学（上半月刊），2017 (3)：38-42.
[②] 中国社会科学院语言研究所词典编辑室. 现代汉语词典 [M]. 7 版. 北京：商务印书馆，2016.

成自己独特的历史理解。因此，培养学生在特定的时空框架中观察和分析历史事物就是培养学生的时空观念和关键能力。

### 2. 有利于提高学生的思维水平

学生对历史事件的认知是偏颇的还是客观的，是单一的还是多元的，都体现着学生的历史思维水平。提高思维水平的重要途径就是培养学生在一定的时空框架中，对历史事件进行观察和分析。首先，学生在特定时空中认识历史，能够形成对历史的客观认知。这对学生有重要意义。在不同的历史时空中，经济条件、政治制度、思想意识、社会情况不同，分析任何历史问题，都要从具体的历史时空环境出发考察问题，一切以条件、地点和时间为转移，脱离特定的历史时空，用当代人的思维方式和价值观去解读历史事件，就很容易误读甚至曲解。例如，在评价秦始皇时，有人认为他是千古一帝，有人认为他是最为残暴的君主。造成这种评价差异的重要原因就是把秦始皇放在不同时空框架下来分析。又如，鸦片战争中的历史人物，如果放在当时的时空框架中，我们应该看到他们的努力与进步、无奈与彷徨，而不能脱离当时的时空框架，仅仅简单得出他们落后愚昧的结论。其次，特定时空框架有利于学生形成对历史的整体认识。英国历史教育者施密特和李彼得不约而同地强调，历史教学极其重要的是为学生建构一个纵览全局、高度概括的观念框架，学生得以此串联各部分的史事以及较为专精的知识，从而形成对历史的整体认识。[①] 最后，学生运用特定的方法来观察和分析历史事件，有助于形成对历史事件的多元和全面理解，也有助于找到历史现象之间的内在联系。我们常用比较的方法发现历史的演变趋势，如中国古代货币经历了从天然货币到人工铸币、从金属货币到纸质货币、从文书重量到通宝和元宝等诸多变化，学生通过变化前后的比较可以准确把握中国古代货币历史的变迁与延续。主观与客观、内因与外因、政治与阶级、经济与文化构成了历史的多元性，全面而多元地看待历史现象，可以推动学生的思维走向深化和宽广，也会引发学生深入探究历史的兴趣，从而提高学生的综合思维水平和解决问题的能力。

## 二、解决策略

如何引导学生在特定的时空框架中观察和分析历史事物，可以从如何确立时空框架、如何观察和分析历史事物两个方面入手。

### （一）如何确立时空框架

#### 1. 引导学生明确和掌握特定的时空表达方式

时间的表达方式是一些表示时间的固定用法。例如，基本时间表达：日、月、纪年（王公、干支、公元、年号、民国）、年代、朝代、世纪、公元前（后）等。基本分期方式：史前、古代、近代、现代；先秦时期、秦汉时期；旧民主主义革命时期、新民主主义革命时期等。特定的历史现象（或概念）所表达的时间术语：大危机（大

---

[①] 徐丽．"时空观念"与"年代的思考"：中美历史课程目标比较研究[D]．青岛：青岛大学，2018．

萧条）时代；（中国近代）民族资本主义初步发展、进一步发展时期。

空间表达方式：黄河流域、长江流域、中原地区、江东、江南、关东、地中海地区、雅典与斯巴达、古罗马、英国等。

学生掌握这些时空表达方式，就能正确计算历史年代和空间定位，在此基础上，运用准确的时空表达方式（主要指历史年表）建构历史事物的时空框架。历史学者研究历史的第一项工作是为历史事件排序并且制作年表，为研究奠定坚实的基础。同样，学生想要更好地梳理历史事件，认识历史的来龙去脉，也应该将建立和使用历史年表作为历史学习的重要方法。

**【案例】**"光绪死亡之谜"的主题探究[①]

1908年11月14日傍晚，38岁的光绪皇帝死于中南海；15日下午，74岁的慈禧太后在故宫病逝。一个是被囚禁多年的皇帝，一个是统治中国近半个世纪的太后，两人在政治上势不两立，却在20个小时内先后去世，是巧合还是另有隐讳，百年来争执不断。下面是光绪去世前10天左右的相关材料。

**材料一**：初十日，上率百僚，晨贺太后万寿。上步行自南海来，入德昌门。侍班官窃见上正扶奄（阉）肩，以两足起落作势舒筋骨，为拜跪计。须臾忽奉懿旨"皇帝卧病在床，免率百官行礼，辍侍班"。上闻之大恸。时太后病泄泻数日矣，有谮（诬陷）上者谓帝闻太后病，有喜色。太后怒曰："我不能先尔死。"

**材料二**：（十一日，皇帝）心急跳，神衰，面黑，舌焦黄，而最可异者则频呼肚痛——此系与前病绝少关系者。

**材料三**：十一日，皇太后谕张中堂之洞曰："皇上病日加剧，头班用药不效，予因日来受贺、听戏劳倦，亦颇不适，你看如何？"张曰："臣家有病，吕用宾看看尚好。"皇太后曰："叫他明日来请脉。"

**材料四**：十三日，慈禧以光绪的名义发布上谕："著醇亲王载沣之子溥仪在宫内教养，并在上书房读书。"醇亲王载沣著授为摄政王。

**材料五**：十四日皇帝上谕：自去年入秋以来，朕躬不豫，当经谕令各将军督抚，保荐良医。所服方药，迄未见效。著各省将军、督抚，遴选精通医学之人，无论有无官职，迅速保送来京，听候传诊。同日太后懿旨：溥仪继为皇帝；令袁世凯等十人筹办皇帝丧礼。1908年11月14日下午5—7时（光绪三十四年十月二十一日酉时），光绪皇帝去世。

**探究活动1**：学生根据所提供的材料及自己的理解，按照发生的先后顺序，以"光绪死亡之谜"为主题编制大事记。（发生在同一天的事情，也应体现出先后。）

**探究活动2**：材料一、二、三之间存在某种内在联系，请就此给予简要说明。

**探究活动3**：能否认定材料四、五所述系太后精心布置的"善后"事宜？请说明理由。

**案例分析**：在该案例中，教师充分创设了历史情境，引导学生为一个历史事件梳理发展的时间轴，符合时空观念素养水平要求的"能够利用历史年表、历史地图等方

---

[①] 何成刚，沈为慧，陈伟壁. 历史教学中时序观念的培养［J］. 历史教学（中学版），2012（1）：18-24.

式对相关史事加以描述"。时间只是事件发生的次序,这里并不是只要学生建立过去事情的编年时序,而是要建立一种更有意义的描述和解释以取代简单的时序。教师在后面的两个探究活动中将学生的思维引向对该事件的历史解释。

上面的案例仅仅体现了同一空间下的时间延续,我们还可以整理同一时间不同空间的时空框架,如19世纪资本主义制度在欧洲大陆的扩展。还可以体现不同空间、不同时间的时空框架。当我们对更加复杂和长时段的不同的历史事件进行梳理时,地理空间便显得十分重要。例如,高中历史选择性必修了"古代人类的迁徙和区域文化的形成"这节课,教师首先引导学生依据课本为世界上三次古代人口的迁徙列出时间轴,教材中关于时间有多种表达方式,如公元前7世纪、公元前600年、公元前2千纪等,学生只有先统一时间的表达方式,才能列出时间轴。在时间轴上,除了要有时间的延续,还要标注出空间的移动,古代印欧人的迁徙涉及的地理空间有西欧、南欧、西亚、南亚等。

2. 引导学生进行时空划分,运用比较的方法把握的历史的演变

历史的时空划分包含对时间和空间两个方面的划分,即历史分期和空间分布。为了更方便地认识历史,历史学家按照不同的标准对历史时间进行划分,按照朝代更替、生产力发展、文明程度对时间进行分类,于是产生了历史分期。在没有历史分期的情况下,过去的时间只不过是分散的时间,没有一个框架来帮助我们理解它,导致我们对历史事件难以理解或者理解不准确。

历史分期是历史学家为了研究历史的需要而创造的。它具有主观性、多样性和变化性等特点。历史分期大体可以分成两种,一种是在历史编纂的过程中为了叙述方便而做的分期,是基于被描述的历史自然阶段特征的,如中国古代史的朝代分期——秦汉、隋唐时期等。另一种是依据讨论的历史对象的角度的性质,这种分期覆盖世界范围内人类的过去、现在和未来,也可能是对一个国家或者地区或者一个主题过程加以具体分割,如新民主主义革命时期、改革开放时期等。历史阶段是通过历史分期形成的。历史阶段有大有小,有长有短,不同的历史阶段往往体现出历史发展进程中的转折性变化。造成这些转折性变化的原因往往是重大的历史事件,甚至我们还会把它冠以历史阶段的名称,如工业革命时期、第二次世界大战后等。正如雅克·勒高夫提出的,"将事件切割成各个时期是必要,但是这种切割不是简单的按照年代进行,他应该体现出过渡、转折的理念甚至要突出前一个时期的社会、价值同后一个时期的不同。[①] 历史分期前后的不同,凸显出前一个阶段和后一个阶段的独特性。因此,历史分期的目的是为了更清楚某一历史阶段的历史特征,学生不仅要理解历史分期的必要性,还要掌握历史分期的主要方法,并通过分析、比较和综合,把握历史的变迁与延续。

在教学中,教师可以引导学生进行纵向分期和比较,即从时间观念出发,进行不同时期、历史阶段、发展层次的历史现象比较研究,通常适用于对同一民族、地域、

---

① 勒高夫. 我们必须给历史分期吗?[M]. 杨嘉彦,译. 上海:华东大学出版社,2018.

国家制度的不同发展阶段上的历史现象的比较研究①，如中国古代赋税制度的演变（表 2-12-2）。

表 2-12-2　中国古代赋税制度的演变

| 朝代 | 特点 |
| --- | --- |
| 夏朝 | 人头税 |
| 战国 | 人头税；货币税；实物税 |
| 东汉末期 | 人头税；实物税 |
| 唐朝中期 | 土地税为主；货币税为主 |
| 宋朝 | 赋和税合并；土地税 |
| 明朝 | 力役部分分摊到地税中 |
| 清朝 | 力役全部转化成地税 |

从表格中可以看出，两税法实施以前，赋税以人丁为主要征税依据；两税法实施以后，逐渐以土地为主要征收依据。两税法是中国古代税收制度上的转折，抓住关键的时间节点，有利于学生清楚地把握住中国古代赋税制度的演变规律。

教师可以引导学生以时间分期为基础，弄清楚历史事件的发展脉络、前因后果、变化与延续、联系与发展等，然后在此基础上建构符合逻辑的历史解释。还可以引导学生进行横向分期（空间分布）和比较，即从空间角度出发，进行不同民族、地域、国家的历史比较研究。

3. 引导学生进行时空联系，认识历史的来龙去脉

时空联系即在特定的时空框架当中，寻找诸多历史事件之间的内在逻辑关系。然而这些逻辑关系往往淹没在杂乱无章的事件当中，仅仅将它们按照时间排序还不足以达到目次，只有将它们按照一定的标准（常用的如政治、经济和文化标准）归类研究，再进行比较、分析和综合，才能概括其发展特征，分析其发生的原因和影响。

【案例】如何将它们"理出来"

史事：资本主义第一次经济危机，德拉克洛瓦的《自由引导人民》，迁海令，弗吉尼亚殖民地开辟，东印度公司成立，雍正设立军机处，风力水车，理藩院，归土归流，斯图亚特王朝复辟，光荣革命，西里西亚工人起义，均田免粮口号提出，英国圈地运动开始，牛顿《自然哲学的数学原理》发表，马丁·路德写成《九十五条论纲》，徽商形成商帮集团，关闭江浙闽三海关，马铃薯传入欧洲，《航海条例》颁布，阿克莱特发明水力纺机，《国富论》发表，英国废除《谷物法》，李贽提出"童心说"，昆山水磨调的形成，沃尔波尔主持内阁，四大徽班进京，莎士比亚创作《哈姆雷特》。

**环节一**：以空间为依据归类（中国和世界）

**环节二**：在空间维度下，按照时序归类

---

① 陈志刚，周珂. 析历史比较教学操作的要求［J］. 历史教学（上半月刊），2017（4）：3-9.

先将同一时代的历史事物先汇总在一起,再按时间顺序(进程)分成不同的阶段(大段或小段)。

**环节三**:在时空综合维度下,按照相应专题分类(政治、经济、文化)

**案例分析**:这个案例将纵向分期和横向分期综合运用,形成了综合的跨时空框架,在构建跨时空框架时,对历史史实进行多角度分类归纳,有助于提高学生的思维水平,并能帮助学生在特定的时空中构建充足的历史解释。例如,通过比较看出中西方的转变,西方成功向近代社会转型,中国依然延续封建社会的老路缓慢前行,在世界工业文明潮流中逐渐落后。

## (二) 如何观察和分析历史事物

确立时空框架只是完成了历史研究的基础工作,如何形成对时空中的历史事件的正确认识,才是历史教学的重中之重。

人类社会是按照一定的时序、在一定的空间中不断向前发展和演进的。人类要想生存,这个过程是永不停息的。其中最核心的特征就是变化。我们要正确认识和理解事物,就离不开发展的观点,离不开把握住变化的思维。[①] 我们看待历史事件和历史现象不能一成不变、不能故步自封,要用历史的眼光看待过去,要用发展的眼光看待未来。

### 1. 引导学生发展地审视历史

任何历史事件都有一个发展演变的过程,不是在短时间内形成的,在这个进程中,历史现象本身会有不同形式和程度的变化,既受到过去的制约,又对未来的历史进程产生或多或少的影响。随着时代的变迁,人们对历史的认识也会发生变化。因此,我们要引导学生从较长时段来把握历史的发展演变,用动态的眼光分析历史的过去、现在和未来之间的内在联系。作为中国传统文化主流思想的儒学,是社会历史发展的产物。它产生于春秋末期,崛起于两汉,于魏晋隋唐时期受到冲击,巩固于宋明,在与其他思想相互渗透的过程中,不断调整自身的内容和结构,不断融汇成封建社会的正统思想;在近代,随着西方资产阶级民主思想的传入,儒学的正统地位受到冲击,但仍然在一定范围内影响着人们的精神生活;在现代,儒学作为中国历史上珍贵的文化遗产,作为整个民族的集体记忆,重新焕发了价值,受到社会重视,成为社会主义核心价值观的重要组成部分,为人类文明进步服务。

### 2. 引导学生整体地看待历史

人们对历史的认识可以是片面的,但不能否认历史本身是一个整体,脱离了整体认识历史,具体的历史事件将从客观上失去其重大的价值与意义。因此,认识历史既要在具体历史事件的时空框架下理解,又要跳出杂乱的史实,超越具体和个别的细节,用整体的视角认识历史。从个别看整体,从整体看个别,二者缺一不可,否则对历史的认识往往会"一叶障目"。例如,认识中国的抗日战争是世界反法西斯战争的东方主战场;认识五四爱国运动在整个近代中国历史进程中的价值;认识近代中

---

[①] 黄牧航,时空观念的教学设计与学业评价 [M]. 广州:广东高等教育出版社,2019.

国大量海外移民的出现在整个世界移民历史进程当中的作用等。

## 三、实践案例

现代中国的经济建设是高三第二轮复习的一个重要专题。经济史专题本身就有比较强的时序性和阶段性，体现了特定时空框架和不同时空框架下对同一历史事件的不同认识。

### 现代中国的经济建设

**角度一**：在中国现代史的时空框架下认识社会主义计划经济体制

现代中国的经济建设经历了从社会主义计划经济体制到社会主义市场经济体制的转变历程，成就斐然，举世瞩目。然而其中有过曲折探索，有过徘徊不前、照搬照抄；同样也有拨乱反正，有快速发展、自主创新，如何认识曲折与成就，只有把它们放在当时特定的时空框架中理解，才能实现共情。

2-12 现代中国的经济建设

**步骤一**：以时间为依据，梳理现代中国经济发展的历程

学生将现代中国在经济上发生的重大事件在时间轴上列出简单的次序。

**步骤二**：划分现代中国经济建设的各阶段并说明各阶段特征

学生划分的阶段可以不同，只要能够说明划分依据，即可以1978年为时间节点划分两个阶段，也可以将1978年以前细分为三个阶段，1978年之后以1992年为时间节点再划分为两个阶段。本节课以社会主义经济体制的确立和发展为线索，采取三个阶段划分方式：1949年到1956年底包括土地改革、"一五"计划和三大改造，是社会主义计划经济体制确立时期；1956到1976年包括八大和八大二次会议的探索、大跃进和人民公社化、三年困难时期、八字方针调整和恢复等重大事件，是社会主义计划经济体制的探索和发展阶段；1978年以后包含70年代末农村经济体制改革，80年代城市经济体制改革，80—90年代改革开放成就，社会主义市场经济体制理论，是社会主义市场经济体制建立和重大发展阶段。

**步骤三**：在特定的历史时空框架中形成历史解释

**探究1**：新中国初期的经济建设为什么要同时开展"一化三改"

以重工业为主题的工业化建设对总体上还很落后的中国来说，不能不碰到诸多矛盾，突出的是资金、物资和人才的短缺。为使国家便于把有限的资金物资和技术人才集中使用到重点建设上去，就有必要强化国家实行统一调度的职能……这就与上亿户个体农民经营的小农经济、私人资本主义不能不发生矛盾，因为他们赖以生存的重要条件是市场，是自由贸易。

——《中华人民共和国专题史稿》

新中国成立初期通过"一化三改"确立了社会主义计划经济体制，在当时的时代背景和要求下，是有着一定的合理性的。可见将具体的措施与特定时空下的具体国情联系起来，有助于形成比较客观的历史认识。

**探究 2**：改革开放的必然性

1955 年我国国民生产总值占世界的 4.7%，1978 年，下降到 2.5%；1960 年我国国民生产总值与日本相当，1978 年只占日本的 1/4，在"文化大革命"结束时国民经济处于崩溃的边缘。

——邓小平文选

在中国现代史的时空框架中，我们可以清晰地看出中国的改革开放是改变当时中国现状最好的选择，是中国现代史上具有巨大转折性意义的事件。

**角度二**：在 20 世纪世界史的时空框架中认识现代中国的改革开放和社会主义市场经济体制改革

中国的改革开放放在中国历史的时空框架中，必然性和巨大价值毋庸置疑。当从世界史的角度来整体看待改革开放时，我们可以发现改革开放不仅对于中国来说是必要的，在世界上也是必然的。当时的国家领导人做出改革开放、进行社会主义市场经济体制改革的决策是适应了当时世界发展的总体趋势的英明决定。

**步骤一**：将时间和空间结合，建构 20 世纪以来世界历史上经济政策发展体系框架，梳理中外共时性大事

从时空框架中可以看出，20 世纪 70 年代中国的改革开放正处在当时的资本主义国家和社会主义国家的调整时期。纵观 20 世纪，资本主义有计划，社会主义有市场，社会主义与资本主义经济管理模式相互影响。

**步骤二**：比较苏联的新经济政策、罗斯福新政和改革开放核心政策的特点并进行独立探究

1929 年全球经济危机爆发后，以美国为首的西方国家借鉴苏联社会主义经济建设模式，加强了对经济的干预，成功摆脱困境，第二次世界大战后国家干预经济的模式盛行。20 世纪 80 年代以来，中国的改革开放也借鉴了西方市场经济管理的合理成分，逐渐形成了以国家宏观调控为主，逐步推行市场发展模式，取得了举世瞩目的成就，而西方国家大多推行混合经济发展模式，国家干预与市场调节相结合。经济管理模式并无国界之分，历史证明，资本主义国家和社会主义国家的经济发展可以相互借鉴，相互学习，共同进步。中国也不应该固守高度集中的计划经济体制，而应该解放思想，敢于突破，建立社会主义市场经济体制。

综上，引导学生在特定时空下观察和分析历史事物，是历史学科本质的体现，是培养学生历史学科核心素养的要求，是提高学生历史思维能力的有效途径。只有这样才能帮助学生在特定时空下理解历史的变化与延续、统一与多样、局部和整体。

## 教学关键问题 2-13　如何培养学生运用史料进行实证的能力和意识

新版课程标准强调培养学生的历史学科核心素养。史料实证素养是诸素养得以达成的必要途径。在历史教学中，要达成培养学生运用史料进行实证的能力和意识的目标，需要从理论和实践两个层面引导学生。

### 一、问题分析

#### （一）史料实证素养的内容解析

新版课程标准指出，史料实证是指对获取的史料进行辨析，并运用可信的史料努力重现历史真实的态度与方法。历史过程是不可逆的，认识历史只能通过现存的史料。要形成对历史的正确、客观的认识，必须重视史料的搜集、整理和辨析，去伪存真。对此我们可以理解为，史料实证包含两个层面的内容：一是具备史料实证的意识以及能够进行史料实证的态度；二是习得史料实证的方法，通过搜集、整理和辨析史料，形成运用史料进行实证的能力。

判断学生是否具备了史料实证素养，可以依据新版课程标准所列的水平分层要求进行验证：水平 1 的表征是能够区分史料的不同类型；能够尝试从多种渠道获取与该问题相关的史料；能够从所获得的材料中提取有关的信息。水平 2 的表征是能够认识不同类型的史料所具有的不同价值；能够尝试运用史料作为证据论证自己的观点。水平 3 的表征是能够对史料进行整理和辨析；能够利用不同类型史料，对所探究的问题进行互证。水平 4 的表征是能够比较、分析不同来源、不同观点的史料；能够在辨别史料作者意图的基础上利用史料；能够恰当地运用史料对所探究问题进行论述。

由此可知，水平 1 明确了史料实证素养最为基础的三个要求，涉及史料的类型区分、获取途径和信息提取等技术层面的要求。水平 2 的要求有所提高，强调对史料价值的判断与合理运用。教师在教学中，不仅要培养学生"凭证据说话，论从史出，史论结合"的意识，还要引导学生通过对史料属性的甄别来判断它的价值和可靠性，尽量采用有价值、有说服力的史料来研究和探讨问题，论证自己的观点。应该说，这些都是史料实证的基本要求。水平 3 进一步提出运用史料的能力要求，学生需要对史料进行整理、辨析，尤其是通过对不同类型史料的研究，形成史料之间的互证，以得出科学合理的解释。水平 4 强调学生在独立探究问题的过程中，通过比较和分析不同来源、不同观点的史料，尤其注重对作者意图的判定，来确定史料的真实性与客观性，并对史料进行适当取舍和规范运用。

#### （二）培养学生运用史料进行实证的能力和意识

培养学生运用史料进行实证的能力和意识的原因，可以从以下三个方面进行分析。

## 1. 史料是历史学的根基

人们对"历史"一词有着多种解释,但是最主要的解释有两种:一是已经发生了的过去的事情,即客观存在的人类社会发展过程;二是人们对以往发生过的事情的记载和研究,特别是对人类社会活动的记载和研究,这是人的主观对客观过程的看法。而历史学是记录和解释人类从古至今一系列活动进程的历史事件、历史人物、历史现象的一门学科,是人类精神文明的重要成果,是一切人文社会科学的基础。它所要解决的问题是通过对史料的考证、叙述和分析,不断发现、理解、解释、评判真实的过去,探讨发展规律,为当今和未来提供借鉴。[①] 史料是历史学的根基。傅斯年先生在1928年首次提出"史学便是史料学"的观点,他将中国宋代和清代的学术传统与西方实证主义学者的治学理念相结合,提出:"一分材料出一分货,十分材料出十分货,没有材料便不出货。"

## 2. 运用正确的历史观进行史料解读

史料实证的过程具有双重性,既要运用史料论证问题的方法和技能,又要运用正确的历史观和历史哲学对其进行解释。

新版课程标准将唯物史观放在首要位置,它构成了史料实证的哲学基础。运用马克思主义唯物史观的基本原理对史料进行正确解读,是培养学生运用史料进行实证的能力和意识的重要原因。马克思主义唯物史观蕴含了关于历史的本体论、认识论和方法论,英国史学家杰弗里·巴勒克拉夫在《当代史学主要趋势》中评价道:马克思主义的影响之所以日益增长,原因就在于人们认为马克思主义提供了合理地排列人类历史复杂事件的使人满意的唯一基础。他从五个方面阐释了马克思主义对历史学家的思想产生的影响:第一,它既反映又促进了历史学研究方向的转变。从描述孤立的——主要是政治的——事件转向对社会和经济的复杂而长期的过程的研究。第二,马克思主义使历史学家认识到需要研究人们生活的物质条件。第三,马克思促进了对人民群众历史作用的研究,尤其是他们在社会和政治动荡时期的作用。第四,马克思的社会阶级结构观念以及他对阶级斗争的研究不仅对历史研究产生了广泛影响,也特别引起了对研究西方早期资产阶级社会中阶级形成过程的注意。第五,马克思主义的重要性在于它唤起了对历史研究的前提的兴趣以及对整个历史理论的兴趣。[②]

## 3. 建构历史研究过程,提升历史思维水平

历史课程不是被动、单向接受的过程,而是积极主动、双向互动的建构过程。历史学科核心素养是学生在学习历史过程中逐步形成的具有历史学科特征的正确价值观、必备品格和关键能力。学生通过历史课程的学习,能够拓宽历史视野,发展历史思维,认清历史发展规律和发展大势,树立正确的世界观、人生观和价值观,取得具有历史学科特点的关键成就,这是历史学科育人价值的集中体现。[③]

因此,它要回答的基本问题是:在历史课程中,学生到底要学什么?有一点毋庸

---

① 徐蓝. 关于历史学科核心素养的几个问题 [J]. 课程·教材·教法,2017 (10):25-34.
② 巴勒克拉夫. 当代史学主要趋势 [M]. 杨豫,译. 上海:上海译文出版社,1987.
③ 徐蓝. 关于历史学科核心素养的几个问题 [J]. 课程·教材·教法,2017 (10):25-34.

置疑，那就是学生要学习历史知识。但是在学习这些历史知识的过程中，学生要具备比了解一般的历史知识更上位的东西，其中至少包括两点：其一，学生能够逐渐掌握学习历史的能力和方法，具有正确的历史思维，能够像一个历史学家那样去理解历史、构建自己对历史的解释；其二，当学生毕业以后，特别是不再以历史的教学与研究为其生涯或者并不从事与历史有直接关系的工作时，以往的历史学习留给他们的思维品质、能力、情感、态度、价值观，能够使他们终身受用，并能够带给他们成功的人生。①

## 二、解决策略

### （一）培养学生运用史料进行实证的能力和意识的理论策略

#### 1. 明白"历史是什么"和"史料是什么"

新版课程标准在必修课程和选择性必修课程基础上进一步延伸，设计了"史学入门"和"史料研读"课程，对于"历史是什么"和"史料是什么"做了明确的阐释。历史学研究的是人类社会发展的历程及其规律。探寻历史的真相，对历史进行实事求是的阐释，是历史学的科学价值所在。理解"历史"这一概念的内涵，认识到客观存在的历史与被记述的历史之间的联系与区别；理解历史学是研究人类历史发展进程及其规律的学科，是在一定历史观指导下对历史的叙述和阐释；认识历史学是人类文化的重要组成部分；理解历史学所具有的科学属性、社会功能及育人功能。②

史料指的是能够记录或反映过去发生、存在过的事情的文字记载和一切物品，过去遗留下来的所有文字记载和物品都可以作为了解、认识历史的资料。实证则是研究历史问题的基本方法之一。史家认识历史时，主要凭借历代遗留下来的各种史料间接地进行。③ 新版课程标准对史料的分类和说明如表2-13-1所示。

表 2-13-1 史 料 类 型

| 史料类型 | 主要包括 |
| --- | --- |
| 文献史料 | 主要文献史料包括：史书；档案与文书；文集、笔记、书信与日记；地方史志；报刊；碑铭与简牍；族谱、契约、账簿等 |
| 实物史料 | 主要实物史料包括：器物；建筑物；遗址、遗迹 |
| 口述史料 | 主要口述史料包括：回忆录与其他口述史记录；神话、传说、史诗 |
| 图像史料 | 主要图像史料包括绘画、雕刻、照片、古地图 |
| 现代音像史料 | 主要音像史料包括能反映不同历史内容的录音、录像及纪实性影视作品 |
| 数字资源 | 主要数字资源包括电子书、电子期刊、网页、多媒体资料等 |

---

① 徐蓝. 关于历史学科核心素养的几个问题 [J]. 课程·教材·教法，2017（10）：25-34.
② 中华人民共和国教育部. 普通高中历史课程标准：2017年版2020年修订 [M]. 北京：人民教育出版社，2020：37-38.
③ 徐蓝. 关于历史学科核心素养的几个问题 [J]. 课程·教材·教法，2017（10）：25-34.

史料是人们了解过去、认识历史的重要依据和基础。出于时代和认识上的局限，并非所有史料都能进入人们的视野。迄今为止，人们所能认识并可以搜集、运用的史料大体有文献、实物、口述、图像、现代音像等类别。搜集和整理不同类别史料的方法有所不同，但有共同的原则。运用史料就是理解历史，需要秉持大胆怀疑、多源互证等原则。对于不同类型的史料，只有了解其产生的具体情境，掌握读懂它的技能，才能对其反映的历史信息形成准确的认识。

对历史的叙述、理解、解释、评判等都要建立在史料证据的基础上。具有实证意识并学会运用证据，既是学习和认识历史的重要方法，也是学习和认识历史的核心问题，还是形成历史思维的重要途径。换句话说，一切从事实出发，从实际出发，是历史思维与历史方法论的集中体现。①

### 2. 掌握史料实证和历史解释素养之间的密切关系

史学研究不能止于史料实证，应在史料实证的基础上，对历史事件、历史现象，从不同角度、不同视角，做进一步的解释。史料实证属于历史解释。史料实证旨在通过可信的史料努力实现探求历史真实的目的，即进行事实判断，而事实判断从本质上说就是一种历史解释。历史解释不仅限于获得历史真实，即不能满足于事实判断，而应以史料实证为基础，在事实判断的前提下，结合相关史实，遵循一定的史观、原理和方法，对历史现象、历史事件的原因、意义与影响等进行深入探讨，实现对历史现象、历史事件的价值判断。也就是说，历史解释是事实判断与价值判断的结合。可见，史料实证是做出合理历史解释的基础与前提，是历史解释不可缺少的重要环节，史料实证在本质上属于历史解释的范畴。②

但历史解释较史料实证更为广泛。历史学不仅仅是一门单纯的史料实证学科，不能完全依赖史料实证进行解释，历史上遗留下来的史料数量不到原初材料的万分之一，史学家在研究历史问题时总是会有史料不足的苦恼。所以，在史料实证形成的历史解释中，还有一种可以被称为"逻辑推理式的历史解释"，而非"史料实证式的历史解释"。③

### （二）培养学生运用史料进行实证的能力和意识的实践策略

#### 1. 课堂教学示范过程中注重培养学生运用史料进行实证的能力和意识

新版课程标准对史料实证的教学设计建议提到，针对史料实证这一素养，教师在制订必修课程的教学目标时，要注重培养学生依据史料讲述历史的实证意识，使学生能够认识史料的不同类型及其价值，能够从多种渠道获取史料，从中提取有效信息，并尝试运用史料作为证据来论证自己的观点；在制订选择性必修课程的教学目标时，要注重培养学生整理、辨析、理解史料的能力，能够利用不同类型史料进行互证，对相关历史问题作出更全面的解释。

---

① 徐蓝. 关于历史学科核心素养的几个问题 [J]. 课程·教材·教法，2017（10）：25-34.
② 何成刚，沈为慧. "史料实证"与"历史解释"关系初探 [J]. 历史教学（上半月刊），2017（9）：48-52.
③ 何成刚，沈为慧. "史料实证"与"历史解释"关系初探 [J]. 历史教学（上半月刊），2017（9）：48-52.

### 2. 运用史料进行实证能力培养要突出学生在课堂教学中的主体地位

新版教材《中外历史纲要》与以前各版本高中历史教材相比，史料的篇幅容量和学习难度都有明显增加，内容更加多样化。总体而言，新的历史教科书主要由两大部分构成，一部分是课文，即教科书的正文内容；另一部分是辅助课文的部分，包括课前提要、补充文字、图片及图注、历史地图、文献资料、注释、活动设计、作业练习、附录等。其中，对原始资料的运用，可以说已成为新教科书的一个特点。这样，教科书就从传统上的"教本"向着"学本"的方向转化，使教科书成为"教本"与"学本"的结合，成为学生学习历史的有效工具。

在教学过程中，教师要指导学生正确解读教材史料的含义，分析解决基于史料的探究问题，避免停留在就题解题的水平上，毕竟教材史料往往是从历史文献中节选而来的。教师还应该根据教材主题、围绕历史文献、基于史学阅读，对教材史料做适当的挖掘与拓宽，指导学生对教材主题进行深度学习，在更高水平上培养学生的历史学科核心素养。

学生要认识历史，需要了解、感受、体验历史的真实境况和当时人们所面临的实际情况。因此，教师在进行教学设计时，要设法引领学生在真实的历史情境中展开学习活动，进而对历史进行探究。以往的教学往往不太注重情境创设，多是直接将某一个知识点提出来，让学生去记忆。如今我们要设计突出史料实证素养的学习实践活动，引导学生积极参与。

### 3. 明确史学阅读和史料实证的密切关系

史料阅读和理解能力的提升离不开史学阅读，阅读是理解的基础，理解是阅读的总结提升。

新版课程标准提出要培养学生阅读、理解和通过多种途径获取并处理历史信息的能力。这里说的"历史信息"，其承载方式就是各类历史材料，也包括历史的原始资料，仅依靠历史教科书中的课文叙述是远远不够的，必须充分运用与教学内容有关的历史资料。[1] 扩大阅读范围、提高阅读对象的质量是史料实证过程中的重要环节。

史学阅读的主要目的并不局限于获得主要史学认识。在史学阅读过程中，我们更要准确把握支撑不同史学认识的史料依据，以及研究人员是如何基于史料进行"论从史出、史论结合"的。只有通过史学阅读才能体会到，特定的史学认识与特定的史料依据有着一一对应的关系。只有真正领会"论从史出、史论结合"的深刻内涵，才能在教学实践中更专业地指导学生开展基于史料的问题探究。[2]

## 三、实践案例

### 北宋时期的文化成就——司马光和《资治通鉴考异》

我们在学习北宋的科技文化成就相关内容时，选取教学片段"北宋史学成就——

---

[1] 叶小兵. 历史教科书中对史料的运用 [J]. 历史教学（上半月刊），2004（7）：41-45.
[2] 何成刚，沈为慧. 史学阅读与史料教学 [J]. 历史教学（上半月刊），2016（11）：3-11.

司马光和《资治通鉴》",借用司马光修史的相关史料,和2020年北京市普通高中学业水平等级性考试历史试卷中第16题,设计了史料研习活动。

教材中有关司马光的修史原则介绍得很少,但这个问题很重要,它代表了中国史学从自发记录向依托史料客观研究的重要转变。司马光专门写就了一部史料考辨著作《资治通鉴考异》,开创了"考异式自注"的先河。[①]

**环节一:**

教师讲述:司马光在编纂《资治通鉴》的过程中收录了大量史料。

出示史料:

**材料一:** 关于隋末名将薛仁果的名字,《资治通鉴考异》提到《旧唐书》《新唐书》《柳宗元集》写作"仁杲",《太宗实录》写作"仁果"。而唐太宗陵墓前的昭陵六骏,其中一匹的铭文为"白蹄乌,平薛仁果时所乘"。《资治通鉴考异》认为石马铭文"最可据"。

**材料二:** 关于唐玄宗的生日,《资治通鉴考异》提到《玄宗实录》记载的是八月一日,但查询历法发现这一时间有误。玄宗时文人顾况有诗曰:"八月五夜佳气新,昭成太后生圣人(即皇帝)。"故而《资治通鉴考异》认为玄宗生日是八月五日。

**材料三:** 关于吐蕃赞普世系,唐代林恩撰写的杂史《补国史》记载,唐文宗时吐蕃彝泰赞普去世,其弟继位。此事《文宗实录》《旧唐书》都没有记载,《资治通鉴考异》参照《补国史》编入。

**问题1:** 司马光编写《资治通鉴》参考了哪些类型的文献史料,根据上述材料举例说明。

教师指导学生分析:

司马光参考的史料类型有:(1)史书。又可分为实录,如《太宗实录》;正史,如《旧唐书》;杂史,如《补国史》。(2)文集(和诗词),如《柳宗元集》、顾况的诗。(3)石刻、碑铭(或金石史料),如唐太宗陵墓前的石马铭文。

设计说明:本题重点考查学生区分史料类型的能力。本题指向水平1"能够区分史料的不同类型""能够从所获得的材料中提取有关的信息"。

**问题2:** 根据上述材料,说明《资治通鉴》在哪些情况下会采用官修史书以外的其他史料。

教师指导学生分析:

材料提到了三种情况:(1)当官修史书出现明显史实错误时,参照可靠的杂史、诗文等来编写。例如,材料二中《玄宗实录》关于玄宗出生日期的记载有误,司马光采用了顾况诗中的描述编写。(2)官修史书史事缺载时,根据杂史、小说的记载酌情补入。例如,材料三中《实录》《旧唐书》都没有记载吐蕃彝泰赞普去世这一史事,司马光根据《补国史》的记载补入。(3)多种官修史书记载相互冲突时,采择与历史

---

[①] 任柏林. 论《资治通鉴考异》的文献学价值[J]. 图书馆界,2019(3):67-71.

事件时间更近、错误可能性更小的其他史料。例如，材料一中正史与实录记载有冲突时，采用了唐太宗陵墓前的石马铭文作为最可据的史料。

设计说明：本题是历史情境的再现，重点考查学生运用史料解决历史问题的能力。本题指向水平3"在探究特定历史问题时，能够对史料进行整理和辨析""能够利用不同类型史料，对所探究的问题进行互证，形成对该问题更全面、丰富的解释"。

**环节二**：司马光取舍历史史料的原则

司马光《与范内翰祖禹论修书帖》：

其中事同文异者，则请择一明白详备者录之，彼此互有详略，则请左右采获，错综铨次，自用文辞修正之，一如《左传》叙事之体也。此并作大字写。若彼此年月者，修入正文，余者注于其下，仍为叙述，所以取此舍彼之意。先注所舍者云某书云云，今按某书证验云云，或无证验，则以事理推之云云，今从某书为定；若无以考其虚实是非者，则云今两存之。其《实录》正史未必皆可据，杂史小说未必皆无凭，在高鉴择之。

**问题3**：司马光自述其编写史书的主张有哪些？

教师指导学生分析：

从"事同文异者"这一点出发，"异"分几种情况分别处理：第一，"异"是详略不同，就平衡综合采纳；第二，"异"是时间不同，则一个写入正文，一个记入注释，并且加以说明取舍的原因。司马光主张以官修的正史、实录为基础，同时参考各种史料。

设计说明：本题重点考查学生阅读古文史料原文的能力，并通过史料自述，说明司马光取舍史料的原则。本题指向水平4"能够在辨别史料作者意图的基础上利用史料"。

综上，史料实证是诸素养得以达成的必需途径。在教学中，教师要引导学生了解搜集、整理、辨析史料的方法；掌握正确运用唯物史观解释史料的思想方法；通过史学阅读不断提升史料理解能力，进而不断提升史料实证素养。

## 教学关键问题 2-14　如何培养学生的历史解释能力

高中历史课程要以培养和提高学生的历史学科核心素养为目标，进而明确了唯物史观、时空观念、史料实证、历史解释、家国情怀五大核心素养。五大核心素养一经提出就引发了高中历史教学领域的研究热潮，如何界定核心素养、如何理解五大核心素养之间的关系、如何在教学中让核心素养落地等。在日常教学实践中，历史解释是用得最多、最广泛的，也是检验学生历史学习成果和能力最全面的体现。那么，如何培养学生的历史解释能力？我们认为应该有本质性的分析、操作步骤的解析等方面的研究，本文将针对这一问题展开探讨。

### 一、问题分析

#### （一）什么是历史解释能力

新版课程标准指出，历史解释是以史料为依据，对历史事物进行理性分析和客观评判的态度、能力与方法。所有历史叙述在本质上都是对历史的解释，即便是对基本事实的陈述也包含了陈述者的主观认识。人们通过多种不同的方式描述和解释过去，通过对史料的搜集、整理和辨析，辩证、客观地理解历史事物，不仅要将其描述出来，还要揭示其表象背后的深层因果关系。通过对历史的解释，不断接近历史真实。

依据以上表述，历史解释能力包含三个要点：一是搜集、整理、辨析史料；二是理解和描述历史事物；三是揭示深层因果关系。

#### （二）培养历史解释能力的意义

从整体上来看，五大核心素养本来就是历史教学应有之义，或者可以说它们是历史准专业学习的一些基本要求。在日常教学中，对于核心素养的培养应该是整体的，但是在学生日常学习中，历史解释应该是应用频率最高的、最基本的素养。进行历史解释是学生学习成果的完全体现，只有在正确价值观的基础上，在正确的时空背景下，以史料为依据，才有可能正确地理解历史事物并对其进行描述和解释。只有形成了一定的历史解释能力，学生才能够在接触新材料、新情境时，有效地对知识进行分析，解决历史问题。

### 二、解决策略

前面我们已经厘清了历史解释能力培养的三个要点，接下来，我们一一分析具体应该如何操作。

## （一）搜集、整理、辨析史料

从高中历史教学的实际情况来看，搜集和整理史料不常出现，也超出了一般学生的能力水平。学生做得比较多的，是辨析已经处理好的、包含不同类型的、意思相同或者有差异的若干史料，并运用这些史料解决问题。

同时，还有一个问题值得我们关注——如何在中学历史教学中理解"史料"？学术界对"史料"的讨论，较多地集中于对史料的分类，较少对"史料"进行定义。刘萍在《建国以来史料学的理论探讨》一文中总结了张连生对"史料"的定义：中国传统的史家大都将"史料"定义为"历史遗迹"或"历史痕迹"，这一类定义虽然强调了史料的"过去性"，但认为"史料"必须是人类历史的直接遗存的观点，容易把由后人记述的像《二十四史》《资治通鉴》之类的间接性材料排除在史料之外，定义范围过于狭窄；而与之相反的另一种观点则是把"史料"简单地定义为"历史资料"，认为史料是研究、编纂历史所用的资料，这种观点虽然将历史文献、实物史料、口碑材料等一些事实材料容纳进来，但也容易把各种理论材料（如史学理论观点）以及研究成果、研究动态，甚至一些通俗历史读物等都纳入"史料"的范围，定义范围太宽。由此得出了定义"史料"的两个原则：一是要能够概括可以作为历史研究的证据来使用的全部事实材料，二是要能够排除不能作为研究某一历史现象的证据来使用的某些事实材料。作者进一步将"史料"表述为反映某一特定历史事实的原貌的材料，认为这样定义不仅可以把当时历史遗留材料（即直接材料，如实物）和后期记述性材料（即间接材料，如正史）都包括在内，又能够把作为历史研究证据的"史料"（事实材料）和各种历史研究成果以及普通历史读物等区分开来。

严格意义上的"史料"，应该是能够反映历史事实原貌的材料，是用来研究历史事实的证据，即"史料"的使用应该是学术研究层面的意义。而中学生无论从能力还是学习要求来看，一般都不太可能达到学术研究的水平。所以，中学使用史料应该跳出研究的层面。学生在学习时可以不局限于运用严格意义上的史料，而是用包含史料和多种研究成果的材料来说明、印证、拓展教材内容，并且进一步拓展思维，探讨问题，提升素养。

## （二）理解和描述历史事物

学生首先要能理解历史事物，才能够对其进行描述。教师在此过程中应该做到以下三步：第一，厘清要解释的历史事物的关键概念；第二，选择合适的学者论述对关键概念进行解释；第三，展示反映历史事物原貌的史料，帮助学生接近历史真实，使学生能够从原始文献中抽象出关键概念，并对史实进行描述。

## （三）揭示深层因果关系

教师引导学生将一个子目、一课、一个单元内的若干有联系的问题形成一个知识体系。在此基础之上，学生和教师一起尽量地接近历史真实。

## 三、实践案例

### （一）课堂教学

在《中外历史纲要（上）》第 2 课"诸侯纷争与变法运动"的

2-14 诸侯纷争与变法运动

"列国纷争与华夏认同"这一子目中,有两个问题特别需要教师进行重点解析。

### 1. 如何评价春秋争霸战争

**材料一:**《韩非子·有度》:荆(楚)庄王并国二十六,开地三千里……齐桓公并国三十,启地三千里。

《韩非子·难二》:(晋)献公并国十七,服国三十八。

《史记·秦本纪》:(秦穆公)益国十二,开地千里,遂霸西戎。

教师提问:材料反映出来的春秋争霸战争的主要内容是什么?

通过分析材料,学生可以知道春秋争霸战争的主要内容之一就是兼并。

设计意图:学生直接阅读历史文献,认识"春秋争霸战争"的含义。

**材料二:**《孟子·尽心下》:春秋无义战。

教师提问:孟子所说的"义"是什么意思?

孟子所说的"义"即正义,由此可知当时的儒家知识分子对于春秋争霸战争是持否定态度的。那么,我们今天该如何评价春秋争霸战争?是直接遵从孟子的意见吗?

设计意图:学生阅读《孟子》选文,了解孟子的观点。

**材料三:**《楚国争霸地图》

教师提问:《楚国争霸地图》反映出什么历史进程?

地图显示了楚国从西周时期到战国时期所灭之国,学生由此可以直观地看到,通过兼并,楚国的地域不断扩大,从江淮一带扩展到了黄河南岸。

设计意图:展示《楚国争霸地图》,学生可以直观地认识楚国通过争霸战争实现的扩张,培养时空观念素养。

**材料四:**争霸战争加快了统一中国的步伐。大国在争霸和兼并战争中,开拓了疆土,扩大了地盘,比如山东诸小国为齐国所并,河北、山西诸小国为晋国所并,江淮、汉水诸小国为楚国所并,西北诸小国为秦国所并。这就使春秋初年为数众多的国家缩减成几个大国,实现了区域性的局部统一,为以后全国的统一起了奠基的作用。[①]

教师提问:材料四中的文字对春秋争霸战争的看法是什么?

现代学者研究认为,春秋争霸战争具有很强的正面意义,即实现了区域性的局部统一,加快了全国统一的步伐。楚国本身并非周分封的国家,长期被中原诸国视为蛮夷,因而楚国的这种扩张还实现了区域内的民族融合,促进了华夏认同。

教师提问:如何看待孟子和现代学者观点的不同?

孟子是战国时期儒家的代表人物,在各国长期纷争的时局之下,出于对自己国家的感情和饱受战争的痛苦,对春秋争霸进行批判,符合时代背景和孟子自己的身份。而现代学者以今人的价值观,从历史发展的角度来看待春秋争霸战争,肯定了战争对国家统一和民族融合的促进作用。我们身处当今的时代,应该采用现代学者的观点,

---

[①] 王凤美,周苏平,田旭东. 春秋史与春秋文明[M]. 上海:上海科学技术文献出版社,2007.

但也要理解古人的观点及其出发点,只有这样才能全面、客观地评判春秋争霸战争。

设计意图:展示对春秋争霸战争的两种不同评价,学生比较两种评价,理解二者不同的原因,在增强多角度理解和解释历史能力的同时,也深刻认识了古代中国统一的进程是历史发展的必然结果。

综合来看,教师有意识地以培养时空观念、史料实证、历史解释、家国情怀等核心素养为出发点,对"评价春秋争霸战争"这一教学内容进行设计,学生反馈效果非常好。

2. 如何理解和解释华夏认同(唯物史观,生产力,统一多民族国家)

**材料一**:华夏的称呼是在春秋时期(具体地说,是在春秋中期以后)产生的。西周及春秋早期,文献中只有诸夏的称呼。它指是以姬周族为首的政治联盟。这在春秋早期犹是如此。春秋中期后段,文献中始出现用"诸华"代替"诸夏"的做法。稍后,又出现了"华夏"的连称。华字含有"华美""文采"的意思,人们用它来代替"诸夏"的夏字,实同时含有对诸夏文化的赞美。所谓"中国有服章之美,谓之华",即表现了这一层意思。诸夏正由过去单纯的政治同盟向着民族共同体转化。①

教师提问:春秋时期"华夏"的含义是什么?

学生阅读材料可知,春秋时期的"华夏"指以姬周族为首的民族共同体,成员主要包括周的各个封国。"华"意味着对这个共同体文化的赞美。那么当时有没有与"华夏"相对应的群体呢?

**材料二**:

华夷五方的概念

《礼记·王制》:中国夷戎,五方之民,皆有性也。东方曰"夷"……南方曰"蛮"……西方曰"戎"……北方曰"狄"……五方之民,言语不通,嗜欲不同。

学生分析材料可知,为了突显诸夏联盟,强化诸夏的自我意识,西周时出现了对中原周边族群"蛮夷戎狄"的称呼,以强调区别。

教师提问:如何判断华夏文化更先进呢?

**材料三**:西周金文中夷字写作𢓵(《柳鼎》),从人从弓,意为带弓箭的人,是指以狩猎为生的部落方国。作为族称的夷有广义和狭义。狭义专指东方部落方国,广义泛指与华夏比邻和错杂居住的后进部落方国。四方的部落方国可以通称为夷,不必将东、南、西、北与夷、蛮、戎、狄分别相配。即使使用东夷、南蛮、西戎、

---

① 沈长云. 中国历史:先秦史[M]. 北京:人民出版社,2006.

北狄之称，也只是标明这些部落方国的地理方位，而不表示夷、蛮、戎、狄各为一族属。

炎黄时代，渭河上游的原始农业达到繁荣，然后随着炎黄部族迁徙传到中原，又随着炎黄部族与东夷部族交融而促进了黄河下游原始农业的发展。夏朝的中心地区豫西、晋南是当时农耕经济发达的地区，西周的中心地区镐京至洛邑之间也是当时农耕经济发达地区。商朝建国以后，农业也成为主要经济部门，大量有关农业的卜辞、甲骨文字田字字形以及谷物名称、农官职名都是证据。[①]

**教师提问**：为什么说华夏文化更为先进？

学生分析材料可知，华夏所处地区主要从事农业，而四夷的经济生产主要是采集狩猎，相较之下，农耕经济自然代表了更先进的生产力。

**教师提问**：那么华夏认同是什么含义，又是如何演进的呢？

**设计意图**：用学者的论述和当时的文献，帮助学生准确理解"华夏"和"蛮夷戎狄"的含义，并认识到当时华夏文化较之蛮夷戎狄文化更为先进，是由生产方式决定的，是一种客观事实，从而培养学生以唯物史观的立场对史实形成正确的认识。

**材料四**：《春秋形势图》

**教师提问**：地图（略）上用红字标出来的是华夏各国，用绿色标出来的蛮夷戎狄。从地图来看，当时华夏各国和蛮夷戎狄处于什么样的态势？

学生读图可知，华夏与蛮夷戎狄呈现相当程度的杂处。

**教师提醒**：从图中可以看到，蛮夷戎狄有一个明显的往中原挤的态势，这样一来，必然与华夏各国发生冲突。值得注意的是，当时楚也被视为蛮夷之一。

**材料五**：《春秋公羊传·僖公四年》：南夷与北狄交，中国不绝若线。桓公救中国而攘夷狄，卒荆，以此为王者之事也。

《论语·宪问》：管仲相桓公，霸诸侯，一匡天下，民到今受其赐。微管仲，吾其披发左衽矣！

**教师提问**：华夏与蛮夷戎狄之间的关系如何？华夏又是怎样看待蛮夷戎狄的呢？

学生结合材料可以知道，华夏和蛮夷戎狄发生了冲突，华夏各国特别注意区分自己和蛮夷戎狄。

**教师提问**：除了冲突与区分，二者之间还有别的关系吗？

**材料六**：春秋时期，在诸侯国势力膨胀，华夏族向周边扩张的同时，各少数民族也不断深入到华夏族居住的区域，这样就打破了原来各族之间的地域界限，形成了华夏族与夷狄各部犬牙交错的杂居局面，这为民族的融合创造了非常有利的条件。

这一时期，华夏族与夷狄各部之间的通婚现象相当普遍。例如，晋献公就曾娶过三个戎族的女子，五霸之一的晋文公，他的母亲就是戎族人。他早年受骊姬的迫害，首先就逃到狄人那里，后来他自己也娶了狄族的女子为妻。由于华夏族

---

[①] 张岂之. 中国历史：先秦卷 [M]. 北京：高等教育出版社，2001.

与夷狄已经杂居在一起，所以这种异族之间的通婚在一般百姓当中也会是经常出现的。

春秋晚期，华夏族对于夷狄而言，已不能说有很大的文化优势了。这也从一个方面反映了春秋时期民族交融所取得的巨大成就。①

教师提问：材料反映出什么情况？

学生分析材料可知，华夏与蛮夷戎狄杂居，互相通婚，极大地推动了民族交融，其重要成果是戎狄蛮夷融入华夏族，华夏族吸收了蛮夷戎狄的文化，华夏文化得到发展，在中华民族的形成历史上迈出了重要一步。

**材料七：** 中华民族在先秦历史上的发展过程分为两大阶段。第一阶段是夏、商、西周，发展形成了华夏族；第二阶段是春秋、战国，完成了中华民族的第一次大交融。春秋时代还属于"四夷"的秦、楚等国，在战国时期已经认同于华夏；中原诸国也承认了秦、楚是华夏族的组成部分，与齐、燕、赵、魏、韩并称七雄，形成七个地区性统一的多民族国家。在这个基础上，"大一统"理论指导下的七国争雄以秦统一中国告终，中国形成为全国性的统一的多民族国家。②

教师引导：民族交融为统一多民族封建国家的建立奠定了基础。

设计意图：用地图、文字等多种形式的材料，呈现出春秋时期民族交融的进程和成果，学生深刻认识到中华民族的早期发展历程，知道中华民族是以华夏族为主体，和周边族群不断的双向交融而形成的，进而理解和认同统一多民族国家的含义。

### (二) 评价

试题检测是高中历史教学最基础、最重要的评价手段。高质量的试题是提高学生能力，培养核心素养的重要手段，所以试题命制是教师开展教学的基本任务之一。接下来，本文以海淀区2021届高三上学期期末考试的试题为例，探讨以检测和提高学生论述论证和客观评判历史能力为导向的试题命制。

**材料一：** 19世纪，文化和时代特征

| 文化现象类别 | 内容 |
| --- | --- |
| 图书馆 | 19世纪的国家图书馆对本国的"印刷记忆"加以保护，同时汇聚各时代、各民族的知识。这些知识宝库的影响力是民族的，也是国际的。马克思在英国国家图书馆为反对资本主义的斗争完成了科学论证。流亡者也在这里酝酿革命计划，如中国的孙中山 |
| 博物馆 | 大革命的时代里，王室收藏变成了公共博物馆。1815年之后，各国收回了拿破仑掠夺到巴黎的战利品，并修建博物馆陈列这些艺术品。民俗博物馆的展品大多是欧洲人从被殖民地区掠夺而来的 |

---

① 许兆昌. 夏商周简史 [M]. 北京：北京师范大学出版社，2016.
② 沈长云. 中国历史：先秦史 [M]. 北京：人民出版社，2006.

续表

| 文化现象类别 | 内容 |
| --- | --- |
| 世界博览会 | 1851年,万国工业博览会在伦敦举行。1876年的费城世博会让世界看到了美国的科技和工业潜力。最先进的成就、最时尚的话题,往往是博览会的主题。博览会证明即使世界最偏远的地域和种族,也可以成为全球知识体系的一员 |
| 百科全书 | 民族主义者很早便意识到百科全书的价值:它是科学力量的总汇和文化地标,同时也是文化创造力的象征。在19世纪末,西欧北美各国都已拥有至少一套"百科全书"。各国都希望自己的百科全书能够成为汇集全球各时代、各民族的知识,记录科学最新成果的"万能宝典" |
| 社会报道 | 新的研究门类——社会报道和实证调查由此而出现。人们开始将注意力转向工人阶级的生活状况 |

——编自〔德〕于尔根·奥斯特哈默《世界的演变：19世纪史》

提问：依据材料一概括19世纪历史的发展特征，并加以说明。

**材料二**：在1870年后的40年里，全球性的大转型得以实现："发达"的西方或北方与欠发达的东方和南方之间，在经济增长、地缘政治、经济实力、国民收入等方面，出现了巨大的差距。西方人获胜的核心工具有二，这二者也是关联在一起的。其一是世界贸易和支付体系以及全球劳动分工。从中获益最多的，是英国及稍后的西欧和美国。其二是殖民地国家，正是它们使新的全球分工与世界贸易得以运转。这里所说的殖民地国家，也包括那些间接被殖民控制的国家，例如中国和众多拉美国家。西方国家利用军事、政治及债务优势签订"不平等条约"，以获准在低关税或无关税的情况下进入它们的市场。

——编自〔德〕贡德·弗兰克《19世纪大转型》

提问：阅读材料二，结合所学，评析19世纪后期的"全球性大转型"。

在这道题的命制过程中，有以下几个方面的考虑：

第一，以所学知识为基础。考试的基本出发点就是对所学知识进行检测，所以这一点的重要性毋庸置疑。

第二，打破思维限制。学生一般习惯于采用多级标题、从总到分的思维路径，在复习时也沿用这样的方式。但是我们教学的目标之一是希望学生能够运用所学知识解决问题，而不是简单地重复所学知识，所以在命题时要尝试打破学生的这种思维模式，反其道而行之，让学生能够对零散的具体知识和历史现象进行整合，总结某一时段的总体特征或者某一领域的主题。例如，上述试题中的第一问，提供了19世纪欧洲的一些具体的文化现象，要求学生从中概括出能反映时代特征的主题性大事件。

第三，以检测历史学科核心素养为深层目标。在命题时要以新版课程标准为依据，试题的立意和检测导向都充分体现对核心素养的关注。以上述试题为例，第一问要求学生能把握不同方面史事的时间和空间联系，进行一定程度的整合，并用一些历史学科术语对这些较长时段、较大范围发生的史事进行概括，并论证时代特征，着重体现了对学生时空观念、史料实证、历史解释素养的考查。第二问要求学生评析19世纪后期的"全球大转型"。学生就要解释"全球大转型"的含义，即西方国家确立了在全球的优势地位，资本主义世界体系最终形成。根据知识，学生知道这种优势地位的获得在相当程度上是建立在对广大殖民地半殖民地的侵略和掠夺基础之上的，所以学生在评析的时候，要能够将这一点明确出来，当然，也不能抹杀其客观存在的正面影响。这一问是要求学生在正确价值观指导下，对历史进行客观、全面地分析和评价。

综合上述课堂教学以及命题的实例，我们认为，要切实提高学生论述论证和客观评判历史的能力，需要做到以下几点：

第一，以扎实的专业知识为根本，如果专业知识不够，甚至是出现错误，那就很可能出现方向性错误，连常规的教学都难以为继，更遑论提高学生的能力了。

第二，依据新版课程标准，以落实历史学科核心素养为深层目标，在具体操作过程中，不要将核心素养僵化和割裂，应该是整体培养。

第三，充分考虑学生的认知水平，尽量选取形式多样的材料，在问题设置上注意层次递进、环环相扣，引导学生渐进地加大思维深度和广度，为培养学生解决问题的能力搭梯子。

## 教学关键问题 2-15　如何在高中历史教学中渗透国家认同和国际理解教育

在新版课程标准的五大核心素养中，家国情怀是诸素养价值追求的目标，是学习和探究历史应具有的人文追求，体现了对国家富强、人民幸福的情感，以及对国家的高度认同感、归属感、责任感和使命感。学习和探究历史应具有价值关怀，要充满人文情怀并关注现实问题，以服务于国家强盛、民族自强和人类社会的进步为使命。国家认同是家国情怀的核心内容。同时，在全球化时代，中国倡导共建"人类命运共同体"，国家认同教育与国际理解教育应当有机结合。高中历史课程应该引导学生了解世界历史发展的多样性，理解和尊重世界各国、各民族的文化传统，使学生具有广阔的国际视野，树立正确的文化观。

### 一、问题分析

#### （一）国家认同是历史教育的基本诉求

1. 国家认同的内涵与外延

国家认同指一国公民对自己归属哪个国家的认知，对这个国家的构成，如政治、文化、族群等要素的评价和情感，国家认同是族群认同和文化认同的升华，是现代国家公民最基本的身份认同。国家认同是现代国家的合法性基础，为国家维系自身的统一性、独特性和连续性提供重要保障。[1] 只有具备明确的国家认同，国民才能形成捍卫国家主权和民族利益的主体意识。

具体而言，国家认同包括政治认同、历史文化认同与民族认同等。政治认同表现为人们对国家基本制度的认可，对社会发展道路的拥护，对国家方针政策的支持。历史文化认同体现为对祖国悠久的文化传统、灿烂的文明、闻名于世的辉煌成就的自豪感。民族认同主要体现为一个民族的人们对其自然及文化倾向的认可与共识。在现代社会，每个个体一定属于某个民族，同时也一定属于某个国家，民族认同与国家认同应该共存于个体的观念和意识中，有机地统一在一起，而不是非此即彼。[2]

历史教育是增强学生国家认同的主要途径。高中历史教育的最基本诉求就是塑造青少年的国家认同，高中历史教材几乎所有内容都与国家认同有直接或者间接的关系。

---

[1][2] 青海省发展中的马克思主义研究中心. 实现民族认同与国家认同相统一［N］. 人民日报，2009-12-17（7）.

### 2. 历史核心素养中的国家认同

在五大历史学科核心素养中，家国情怀是诸素养价值追求的目标，国家认同是家国情怀核心素养的基本内容，具体来说包含四个层次：

（1）在树立正确历史观的基础上，从历史的角度认识中国的国情，形成对祖国的认同感和正确的国家观。

（2）能够认识中华民族多元一体的历史发展趋势，形成对中华民族的认同感和正确的民族观，具有民族自信心和自豪感。

（3）了解并认同中华优秀传统文化、革命文化、社会主义先进文化，了解中国各个历史时期的英雄人物，传承民族气节、崇尚英雄气概，认识中华文明的历史价值和现实意义。

（4）认同社会主义核心价值观，认同走中国特色社会主义道路是历史的必然，树立中国特色社会主义道路自信、理论自信、制度自信、文化自信。

### （二）国家认同与国际理解是辩证统一的关系

#### 1. 历史核心素养中的国际理解

历史教学中的国际理解包括：通过了解世界各主要区域文化，理解世界文化的多样性；认识世界各国、各地区、各民族对人类文化发展所作出的贡献，理解世界历史发展的进步历程。在此基础上，理解和尊重世界各国、各民族的文化传统，具有广阔的国际视野，树立正确的文化观。

#### 2. 国家认同与国际理解的关系

国家认同与国际理解的关系是什么呢？南京师范大学的张蓉教授指出，尽管存在着学理上的争论，但实际上各国都不可能脱离国家立场去开展国际理解教育。各国也认识到国家公民与世界公民是辩证统一的关系，只有合格的国家公民才能成为真正的世界公民。目前各国政府颁布的相关政策均明确要求培养具有全球素养的国家公民，因此各国的国际理解教育课程目标有着很大的共性，即基于民族性来培养具有国际视野的人才。[①] 也就是说，国际理解教育不能脱离国家立场，教育中的国际理解应该在国家认同的基础上形成。反之，国际理解教育也有利于国家认同的形成。因此，高中历史教学中的国家认同与国际理解之间是辩证统一的关系。

在人类文明史上，世界各国人民都作出了自己的贡献，形成了各自的文化传统。中华民族是世界民族之林中的一个成员。自古以来，中国就是在吸收外来优秀文明成果的过程中不断自我丰富的，同时中国也对外输出优秀文明成果，为世界文明的发展作出了贡献。在中国已经与世界密切联系成为一个息息相关的整体的21世纪，具有强烈的世界意识和国际视野，具有构建人类命运共同体的抱负，应该是家国情怀的应有之义。

国家认同与国际理解是家国情怀学科核心素养的基本内容。新版课程标准对家国情怀核心素养的水平分层要求如表2-15-1。

---

[①] 张蓉. 国际理解教育课程建设经验. 中国社会科学报［N］，2021-4-19（5）.

表 2-15-1 家国情怀学业水平

| 水平 | 素养 5　家国情怀 |
|---|---|
| 水平 1 | 能够发现历史上认同家乡、民族、国家的事例,知道中外优秀文化遗产的主要内容,认识社会主义核心价值观的历史依据,具有对祖国和人民的深情大爱 |
| 水平 2 | |
| 水平 3 | 能够把握中华民族多元一体的发展趋势,以及世界历史发展的进步历程,形成正确的世界观、人生观、价值观和历史观;能够表现出对历史的反思,从历史中汲取经验教训,更全面、客观地认识历史和现实社会问题;能够将历史学习所得与家乡、民族和国家的发展繁荣结合起来,立志为新时代中国特色社会主义建设、中华民族伟大复兴作出自己的贡献 |
| 水平 4 | |

其中,水平 1 和水平 2 对学生的要求从内容上说主要在知识点层面,如"发现历史上认同家乡、民族、国家的事例""知道中外优秀文化遗产的主要内容""认识社会主义核心价值观的历史依据";从认知层次上说主要在感性层面,如"具有对祖国和人民的深情大爱";从时间指向上说主要在已发生的历史过往层面,即了解过去发生的事情或者已经形成的现状。水平 3 和水平 4 则相应提升了高度,从内容上说提升至对中国历史与世界历史发展宏观趋势的把握,如"能够把握中华民族多元一体的发展趋势,以及世界历史发展的进步历程";从认知层次上说提升至理性层面,如"形成正确的世界观、人生观、价值观和历史观;能够表现出对历史的反思,从历史中汲取经验教训,更全面、客观地认识历史和现实社会问题";从时间指向上说由历史过往来到现实生活并指向学生未来行动的内在动机,如"能够将历史学习所得与家乡、民族和国家的发展繁荣结合起来,立志为新时代中国特色社会主义建设、中华民族伟大复兴作出自己的贡献"。

在高中历史教学中渗透国家认同与国际理解,涵养家国情怀,有利于帮助高中生确立积极进取的人生态度,塑造健全的人格,树立正确的世界观、人生观和价值观。

## 二、解决策略

### (一) 合理安排教学内容

#### 1. 合理开发与利用多种教学资源

(1) 充分利用教材资源,如教材中不同时期的中国历史地图,教师在教学中应高度重视并充分利用。利用历史地图合理设置教学活动,引导学生认识到我国辽阔的疆域是历史发展的结果,是不同时期中国人政治智慧的产物,符合我国各族人民的心愿。中华民族从文明产生之初,就形成了以中原地区为中心的多元一体的文明分布格局,并逐渐演变为统一多民族国家这一主流国家形态。正如学者所指出的,凭借疆域时空观念所生成的国家意象,特定历史时期国家对此疆域的占有或治理、该地理空间所附带的国家情感印迹等都会孕育其中,浸入此领土的家国情怀亦实现了由认知到情感的转换与升华。①

（2）适度发掘地方资源。我国幅员辽阔，全国各地有大量的历史文化遗存，甚至一些学校的校史上、校园中都有丰富的历史文化资源。教师将这些资源引入历史课堂，能够培养学生爱学校、爱家乡的思想情感。例如，一些学校的校友中有革命家、科学家或者其他领域的杰出人物，教师就可以引导学生进行研究性学习，或者在课堂上利用这些人物的事迹作为教学情境，从而让学生对杰出校友的崇敬之情油然而生，并学习他们对国家与社会的责任感，树立更加远大的学习目标和为祖国努力奋斗的志向。总之，通过培养学生对校园文化的认同、对家乡的热爱，有利于形成对国家的认同感。

（3）补充开发阅读资源。历史课堂只是学生进行历史学习的场所之一，学生有相当一部分的历史学习活动是通过课外阅读完成的。当代的历史读物非常多，但质量良莠不齐。教师可以利用自身经验，有意识地给学生提供有利于提升历史思维、渗透国家认同的优秀历史读物，尤其是可读性较强的历史人物传记、历史小说等。还可以通过组织读书交流会等方式，鼓励学生分享读书心得，引导学生在高质量的阅读与交流中涵养家国情怀，提升国际理解。

（4）合理利用现实资源。历史与现实之间具有连续性，中国以历史悠久、文明延绵不绝而著称于世。在历史课堂上引入现实话题，有利于学生建立现实与历史之间的连续性认同，从而渗透国家认同。例如，在新冠肺炎疫情期间，全国各地以不同形式援助武汉，在很短的时间内就控制住了疫情，向全世界证明团结起来的中华民族是可以战胜一切困难的。教师在有关抗日战争的教学活动中就可以引入这一现实资源，引导学生认识到，中华民族的团结抗战与中国人民抗击新冠肺炎疫情在精神上具有高度的一致性和延续性，从精神层面渗透国家认同教育。

## 2. 注重中外联系，渗透国际理解

（1）在中国史教学渗透国际理解。中国历史是世界历史的一部分，教师在教授中国史内容时，应该具备世界视野，寻找可以渗透国际理解的切入点。例如，在讲授汉代丝绸之路的开通时，教师应指出公元前后中国的秦汉帝国与西方的罗马帝国为古代东西方文明的两座高峰，中国丝绸传入罗马后深受罗马贵族的喜爱，而中国史书也记载了罗马使者来访的相关信息。因而，张骞通西域与丝绸之路的开通不仅是中国历史的重大事件，也是世界历史的重大事件。丝绸之路沟通了欧亚大陆不同区域之间的文明，它的开通体现了汉代中国人的对外开拓精神，为世界文明发展作出了重大贡献。

教师在讲授中国近现代史内容时，更需要有开阔的世界视野。例如，在讲授中华民族抗日战争的历史意义时，需要把抗日战争放到世界反法西斯战争的进程中，才能凸显中国人民抗日战争的伟大。中国自1931年九·一八事变之后便开始了艰苦卓绝的十四年抗战，是世界反法西斯阵营中抗争时间最长的。直至1941年底的珍珠港事件后，美国等国才对日宣战，中国对日作战的国际大环境才发生根本转变。作为欧洲强国的法国，在面临德国法西斯全面进攻时只抵抗了不到两个月便投降了。相比之下，

---

① 王德民，赵玉洁. 论历史教育的家国情怀 [J]. 历史教学（上半月刊），2018（3）：21-25.

中国作为一个弱国能够坚持抵抗并给予日军不断的打击，为世界反法西斯战争作出了巨大贡献，理应得到充分的国际尊重。

（2）在世界史教学中把握中国立场。这里的中国立场不是指对任何历史现象的评判只考虑中国一国的利益，而是要站在中国立场上，明辨是非，作出对世界历史应有的公允评判。

首先，应该平等对待世界各国、各地区的文明。世界各国、各地区的文明之间是平等的，没有高低贵贱之分。在历史教学中，教师应该充分肯定世界各国的优秀文明成果，对不同地区的文明避免刻意美化或者丑化。例如，在讲授古代美洲文明时，应充分肯定美洲原住民印第安人创造的灿烂文明，并指出印第安人培育了马铃薯、玉米等农作物，这些作物传向世界各地后，丰富了全世界人民的物质生活，这是美洲印第安人对人类文明作出的贡献。

其次，应该明辨是非，对历史现象作出正确的价值判断。例如，在讲授第二次世界大战时，应对德、意、日法西斯的侵略战争与屠杀暴行予以充分谴责，对包括中国在内的世界反法西斯阵营的正义行动给予充分肯定。又如，在讲授世界殖民体系的瓦解与新兴国家的发展时，应对第二次世界大战后殖民地、半殖民地地区人民反对殖民统治、争取民族独立的斗争给予充分肯定和同情，并指出这些斗争有利于形成新的、合理的国际政治秩序。

最后，应当肯定国际合作，倡导和平与发展的理念。例如，在讲授第二次世界大战后资本主义国家的新变化时，可以着重指出，1929—1933年世界经济危机期间资本主义各国之间的贸易战加剧了经济危机，是第二次世界大战的重要诱因，而战后在关贸总协定等组织推动下各国加强了合作，推动资本主义世界新一轮的稳定增长，两者对比可知国际合作的重要性。而近年来伴随全球化的深入展开，美国却大搞贸易保护、控制移民等所谓"逆全球化"的措施，不利于全球合作的开展。

（二）创设真实情境，避免生硬灌输

新版课程标准在多处提到创设情境的重要性。例如，在"中外历史纲要"模块的"教学提示"中提到，在教学过程中，教师要注意通过历史情境的设计，让学生体验当时人们所处的历史背景，感受当时所面临的社会问题。

国家认同与国际理解作为家国情怀核心素养的重要内容，与其他核心素养相比有其特殊性。认同感是一种心理与情感倾向，带有很强的主观性。在历史教学中渗透国家认同与国际理解，教师应该尽可能地创设真实情境，避免生硬灌输。

1. 运用史料，还原历史情境

教师在讲授戊戌变法时，为了烘托民族危机空前的背景下康有为等知识分子救亡图存的急迫心情，可以借助康有为《应诏统筹全局折》的史料，对时局进行分析：

职窃考大地百年来，守旧诸国，削灭殆尽。有亡于一举之割裂者，各国之于非洲是也；有亡于屡举之割裂者，俄、德、奥之于波兰是也；有尽夺其政权、利权，而一旦一亡之者，法之于安南是也；有遍据其海陆形胜，而渐次亡之者，英之于印度是也。此皆泰西取国之胜算，守旧被灭之覆辙……然自东师辱后，泰西以野蛮鄙我，以黑奴侮我。故所派公使，皆调从非洲，无一调自欧洲者。……十年前吾幸无事者，诸国方分非洲耳。今分地已讫，无地可图，故聚谋以分中国为事，剖割之图，传遍大地，掣画详明，绝无隐讳。

——康有为《应诏统筹全局折》

学生借助这则材料返回1898年的历史现场，从康有为的视角认识当时的世界局势：中国已经被西方列强视为"野蛮"之国，世界其他地区已被瓜分殆尽，下一步列强将图谋瓜分中国。在此情境之下，学生极易与历史人物康有为产生共情——这里的"情"就是爱国之情。

### 2. 结合现实，引出历史问题

教师在讲授欧洲的启蒙运动时，可以引导学生将社会主义核心价值观与启蒙运动的思想主张对照，让学生发现，社会主义核心价值观中的自由、平等、法治在当年欧洲的启蒙运动中也有出现。教师可以趁机设问：当年欧洲启蒙思想家是在什么背景下提出这些主张的？这些理念在今天被世界各地广泛接受说明了什么？同样的词汇，在启蒙运动中和在社会主义中国中有何异同？这样就能建立启蒙运动与中国近现代历史之间的联系，引导学生认识到启蒙运动的世界意义，也认识到近代中国对世界先进文化的吸收与借鉴，提升国际理解。

## 三、实践案例

**教学片段**："全民族浴血奋战与抗日战争的胜利"教学部分环节

教师在讲授《中外历史纲要（上）》第24课"全民族浴血奋战与抗日战争的胜利"时，充分开发了地方资源——北京汇文中学的校史人物，在还原真实历史情境的前提下探究历史问题，渗透国家认同。

2-15 全民族浴血奋战与抗日战争的胜利

**环节一**：导入部分，出示一组图片材料（图2-15-1）

图2-15-1 杨季豪

教师介绍照片：第一张图是牺牲于抗日战争时期的北京汇文中学校友中十五位航空烈士的照片，第二张图是盖有"北京汇文学校教务处"字样的十五位航空烈士之

———杨季豪的中学入学照片，第三张图是杨季豪在空军军机上的留影。

教师介绍完照片后提问：汇文中学校友杨季豪是怎样的一个人？他是何时、在何种情况下牺牲的？让我们带着问题来学习本课。

设计意图：北京汇文中学是北京百年老校，其校史与中国近现代史上很多重大事件有直接关联，从这里也走出了很多革命烈士、杰出科学家等。这是很好的历史课程资源，可以充分利用。校友杨季豪是牺牲于淞沪会战期间的航空烈士，以他的照片设置情境导入本课，能瞬间抓住学生的注意力，学生内心对该人物命运的关切也会油然而生。

**环节二**：正面战场的抗战之淞沪会战，教师出示资料

考入航校后，就立志为保卫祖国不惜流血牺牲，我是属于全民族的，国家养兵千日，用兵一时，抗击敌人的时刻来到，需要我去顽强抗敌，随时都有可能牺牲。

——杨季豪致二姐杨沁的家书（1937年）

该机砰（砰）然一声，落于过兵桥（南京大校场东约三公里）立时起火，机内四人，驾驶员杨季豪及其他二员殉难。

——国民政府《空军战斗要报》（1937.10.23）

1937年10月23日，第30队由汉口飞京。当晚十时赴淞沪轰炸日军阵地。烈士所驾马丁机3005号右发动机被敌弹击伤，乃用单发动机飞返南京。落地时，机头下坠起火，殉职。

——《空军忠烈录》

教师补充讲述：杨季豪所驾的轰炸机由国民政府从美国进口，是当时世界上最先进的轰炸机，价格昂贵，数量极少。

问题设计：结合三则材料思考，杨季豪完成轰炸任务时军机受伤，返航南京时为什么没有选择跳伞逃生？这与当时抗战的总体局势之间有什么关系？

学生回答：杨季豪没有选择跳伞，应该是认为该军机极为昂贵，他和战友希望迫降成功从而保住这架军机，可惜失败了。当时敌强我弱，中国工业基础太差，包括轰炸机在内的先进军事装备都是进口的，所以杨季豪和他的战友在极度危险的情况下仍不惜搏命保住军机，最终牺牲。

设计意图：通过史料还原空军烈士杨季豪牺牲时的历史情境，学生加深了对包括淞沪会战在内的正面战场情况的认识，也为杨季豪这位校友烈士的牺牲精神而感动。

**环节三**：结束部分，教师出示材料

1939年3月14日，西南联大校务委员会常委会第一百零四次会议上，常委会主席梅贻琦报告：

西南联大本年度杨季豪先生纪念奖学金业经杨季豪先生纪念奖学金委员会决定，给予航空工程学系四年级生方孝淑及三年级生沈元二名，每名国币壹百伍拾元。

教师补充：原来杨季豪在空军服役时，曾为清华大学（抗战时期并入西南联大）航空工程学专业捐款1500元作为奖学金。1939年，西南联大航空工程系三年级学生沈

元接受了"杨季豪先生纪念奖学金"的资助。沈元后来到英国帝国理工学院航空系深造，新中国成立后成为我国著名的空气动力学家、航空工程专家、中国科学院院士。

问题设计：只有二十多岁的杨季豪，为何给航空工程学专业捐款成立奖学金？杨季豪与沈元素不相识，人生经历各异，却因为这一奖学金的设立和颁发联系起来了，谈谈你对此的感想。

设计意图：利用史料设置情境，深挖杨季豪的故事，让学生对这位烈士校友有更加全面的认识，为学校能够培养出这样的英雄人物而自豪，从杨季豪、沈元为代表的一代年轻人身上看到他们追求国家独立、民族复兴的强烈愿望，并为危难时刻中国能走出一大批爱国军人、科学家而感动，进而萌生努力学习、为国奋斗的志向。

## 教学关键问题 2-16　如何设计贯穿课堂教学过程的评价工具

课堂教学评价是教育评价的重要组成部分，课堂评价能及时发现课堂中存在的问题，对于学生学习能力的提升、教师教学质量的提高都有重要意义。高中历史课堂教学评价的实践研究对历史教学的开展很重要。通过对高中历史教学进行实践研究，设计规范的贯穿课堂教学过程的教学评价工具，完善教学评价体系，可以有效促进高中历史教学的发展。

## 一、问题分析

### （一）课堂评价的概念与定位

课堂评价属于学业评价，是"师生运用评价工具收集、分析和解释学生学习信息，进而对学习状况做出解释并提供建议以改善学习的活动过程"[1]。课堂评价是教师在课堂层面实施的评价，其作为课堂教学的有机组成部分，对提高课堂效率、促进学生学习具有重要意义。

通常我们认为的评价应该发生在教学环节完成之后，是对教学过程与结果的价值判断。依据这样的观点，评价与教学属于两个不同的阶段与环节。但是根据课堂评价的概念，评价应当发生在教学过程中，与教学同属于一个环节。教师在日常教学中对学生的评价无处不在，评价与教学实际上是相融的，有很多学者认为"评价即教学"，教、学、评三者是一个有机的整体。在课堂教学中，课堂评价时刻发挥着检测学生学习情况的作用，贯穿教学准备、实施与反思的全过程。

### （二）进行课堂评价的原因分析

#### 1. 高中历史课堂评价的现状

课堂教学评价是教育评价的重要组成部分，很多教师在高中历史课堂中也一直用各种教学评价方式来检验学生的学习成效。但是在传统的高中历史课堂评价中也存在一些亟待解决的问题。

首先，课堂教学评价的意识薄弱。受传统教学模式的影响，在教学过程中普遍存在教师是教学活动的组织者和主体，忽略了学生在教学活动中的主体地位的现象。新课程改革后，很多教师关注教学活动的完成情况和学生对知识的掌握情况，重视教学中存在的具体问题，但是对课堂效率关注不够，忽略了在教学环节中对学生进行及时评价。教师对高中历史课堂教学评价不够重视，就不能及时发现教学中存在的问题，

---

[1] 郑东辉. 试论课堂评价与教学的关系[J]. 课程·教材·教法，2014（12）：33-38.

不能对学生的学习效果进行及时评估，进而影响教学质量和课堂教学任务的完成。

其次，课堂教学评价的方式单一。在应试教育体系下，教师更多的是通过考试成绩来了解学生的学习情况和自己的教学成果。这种简单的评价形式有一定的依据，但是不够全面，反映的问题单一，考试成绩反映出来的问题和实际情况之间存在的差距较大，使得教师不能更有针对性地进行教学活动的调整。读史使人明智，学生在高中历史学习中，并不仅仅是为了追求高分数，还要拓展知识、开阔视野，培养自己的文化素养。成绩作为较直观的评价方式，虽然能够反映出一定的问题，但教师不能仅仅采用这种方式，而是要结合学生活动和教师活动，将多种评价方式相结合，建立规范的、全面的评价体系。

再次，课堂教学评价的主体固化。教学过程是学生和教师相互配合完成的，教师和学生的配合程度直接影响到课堂教学的质量。以往提到教学质量，我们的第一反应往往是教师教的水平和质量，对于课堂教学的评价也潜意识地认为是对教师教学的评价。对于课堂教学评价的角度更多是倾向于对教师的评价，这种认知偏差也会影响历史教学的改革。课堂教学评价要不断摆脱这种误区，对教师的教学活动和学生的学习活动进行综合评价。

最后，课堂教学评价的标准不明确。课堂教学评价顺利开展的前提是要规范课堂教学评价标准。在实际教学过程中，很多教师和学生对课堂教学评价的标准认识模糊，只是潜意识里对课堂好坏进行评价。他们对于标准的不明确使得课堂教学评价活动的开展受到局限。教师应该根据不同的课堂特点制定恰当的课堂教学评价标准，如学生在课堂上的积极程度和对知识的掌握程度、教学环节设计、课堂氛围等。

### 2. 高中历史课堂评价的作用

对于以上高中历史教学评价过程中存在的问题，设计贯穿课堂教学过程的评价工具，进行高质量的历史课堂教学评价就显得尤为重要。

首先，高质量的历史课堂教学评价更有针对性和实效性，能及时帮助教师发现问题并解决问题。教师在教学过程中关注的重点经常是教学内容，很容易忽略在教学过程中存在的问题，这样就不利于教师提高教学质量。通过教学评价环节，教师可以发现自己在教学过程中存在的问题和不足，也能对教学活动中自身没有关注到的点进行反思和总结，对于学生的课堂表现也能有更好的把握。

在课堂教学过程中，教师可以根据教学任务设计学生活动，如在历史教学活动中增加学生讨论、学生展讲等环节。丰富的教学活动可以活跃课堂氛围，锻炼学生能力。这些教学环节在实践中可能会出现一些问题，这个时候课堂评价的开展就可以辅助教师对课堂教学进行全局把握。发现教学过程中的问题是进行教学改革创新的重要一步，通过教学评价环节，教师可以对自己在教学过程中的存在的问题进行整体把握，推动自己对教学过程的反思和总结。

其次，高质量的历史课堂教学评价能提高历史教学效果。在高中历史课堂教学中，适当开展教学评价活动能够帮助教师把握课堂环节中需要改善的环节，还有利于在教学评价过程中向别的教师学习教学方法。没有教学评价会使教师局限在重复的教学活动中，缺乏对课堂教学的思考。在教学评价过程中解决问题，可以提升学生在课堂上的学习效率，通过对教学过程的反思和总结，在课堂教学中融入更多的元素，也可以使学生对于高中历史的学习有更多的兴趣，有利于课堂教学的开展。教学评价不仅仅是发现问题，更是通过反思和总结解决问题，在今后取得更好的课堂效果。

最后，教师在面对教学活动中的很多重复性课程内容时，怎样取得更高的课堂效率是比较难也是很重要的问题。课堂教学评价可以帮助教师走出教学的瓶颈期，帮助教师和学生共同成长。课堂的展示形式和课堂中学生与教师的互动对课堂效果有很大的影响。课堂教学评价从学生的学和教师的教两方面出发，有助于教师及时发现课堂中存在的问题和影响课堂效率的因素，有效把握提高课堂效率的环节，这些都能在一定程度上提升课堂教学效果。

## 二、解决策略

在教、学、评一体化的背景下，评价要精准服务教学，课堂评价应该以学生的学习为中心，明确评价原则，制订核心素养导向的评价目标，进而根据不同的目标选择相应的评价方法并设计评价活动，制定评价量规，最后针对评价结果进行反思和运用，有效服务教学，服务教师和学生的共同成长。

### （一）明确评价原则

#### 1. 明确学为中心的评价原则

教师要改变传统的教学模式，在历史教学课堂中通过创设情境、设计问题，引导学生在任务驱动下结合史料开展自主探究与合作探究，最终达成教学目标。明确学生在课堂中的主体地位，引导学生在教学活动中自主进行信息加工、知识建构，提升核心素养。因此，教师要明确"学为中心"的基本原则，以课程标准为依据，以学生的学习活动为中心来制定评价标准、开展评价活动，使评价和教学都聚焦于学生的学习过程和效果，推动教、学、评一体化，使评价目标更具导向性，评价结果更有时效性。有效关注学生当前的知识掌握情况、能力素养水平和与课程标准要求之间的差距，有效改进教与学。

#### 2. 明确动态机制的评价原则

动态化评价有两层含义：一是跨越多个时间点观察评估学生的进步与改变情形，了解学生动态认知历程与认知能力变化的特点和潜能。二是评价者与被评价者之间产生大量的互动，强调评价与教学结合，实施个体化的诊断评价与教学补救。[①]采用适合学生学习程度的动态评价，使学生能够充分展示自己的能力，了解自己具备哪些能力，就能激发学生学习历史的热情，为实现高效的历史课堂提供可能。评价方式动态化运用到历史日常教学中，具有兼重学习结果与学习历程、兼重认知潜能与学习迁移能力、兼重教学与评价、兼重师生双向沟通与互动关系等特点，能从多角度多维度关注学生

---

① 周云华. 基于核心素养的初中历史课堂优化策略［J］. 中小学教师培训，2019（6）：65-70.

的发展变化。

### (二) 制订评价目标

#### 1. 依据课程标准制订评价目标

课程标准是教学实施和学业评价的依据。它不仅划定了学习的领域和疆界，还给出学到何种程度的描述。[①] 课程标准通过课程目标、课程内容要求、学业质量水平等，对基于核心素养的学业评价的性质、内容范围、认知要求、评价维度等进行了规定。只有依据课程标准确定评价目标，才能既保证课堂评价的效度，才能与教学形成合力，实现教、学、评一体化，最终促进课程目标的实现。所以，在制订评价目标时要坚持一致性原则。评价目标与课程标准具有一致性，充分体现了课程标准提出的素养要求和课程目标要求，有助于实现教学目标和评价目标的有机统一。只有保持评价目标与课程标准的一致性，才能落实教、学、评一体化，充分发挥课堂评价的核心作用。

#### 2. 依据核心素养制订评价目标

促进人的全面发展是基础教育课程改革的总目标，为实现这一目标，国家提出了中国学生发展核心素养。历史学科核心素养的凝练是高中历史课程标准最突出的特点。历史课堂教学评价理当立足于学生发展，从历史学科本质出发，重点评价有利于学生未来发展的具有历史学科特征的正确价值观、必备品格和关键能力。新版课程标准在阐明历史学科五大核心素养的基础上，进一步将每个核心素养划分为四个水平层次，这对评价目标的制订有较强的参考意义。教师需将其与特定的课堂内容相结合，制订出具体的课时评价目标。所以，在制订评价目标时要坚持层次性原则。素养导向下的评价目标可以有与新版课程标准要求一致的四个水平层次，且各水平层次的目标要求要具有一定的梯度，难度随着水平层次的提升而逐渐提升。

### (三) 选择评价方法

#### 1. 优化传统的评价方法

在高中历史教学中，课堂提问、课后作业、结课考试是三种传统的评价方法，为创新高中历史课堂教学，提升教学效果，教师要对这些传统的教学评价方式进行优化。

第一，优化课堂提问形式。在高中历史教学中，对学生学习效果的考查与评价，最直接的方式就是课堂提问。所以，为了增强评价效果，要注意优化和丰富课堂提问方式。为了巩固学生所学的历史知识，深化他们对所学历史知识的认识与理解，教师可以结合高中历史学科教学目标，科学地选择或归纳一些具有判断性的题目来培养他们的思维。同时，要结合多样化的课堂提问方式来获取更多的评价反馈信息，增强评价效果。例如，对于基础比较好的学生，可以尽量少提问教材上直接获取的内容，而多提问可以启迪学生思考的比较类、分析类题目。甚至可以让学生自己生成问题，相互之间进行提问和解答，教师及时做好补充和评价。

第二，优化作业形式。作为提高学习有效性的一种重要方式，布置课后作业的重要性不言而喻。但是，如果单纯采用书面作业这种单一的评价方式，不仅会降低学生

---

[①] 崔允漷，夏雪梅. 试论基于课程标准的学生学业成就评价 [J]. 课程·教材·教法，2007 (1)：13-18.

的学习兴趣，也会影响课后作业评价的效果。因此要力求打破书面作业模式的束缚，积极运用多样化的课后作业形式以及相应的评价方法，促使学生积极参与到高中历史学科学习活动中。例如，在讲解"商鞅变法与秦的强盛"一课时，可以让学生以小组学习的形式，提前搜集历史上不同政治家、改革家对商鞅变法的评价。思考：他们观点是否一致？为什么会有这些不同？我们又如何评价商鞅变法呢？如何评价历史事件或历史人物呢？等等。在各个学习小组展示了各组的记录成果后，教师可以鼓励小组成员自评学习成果，思考是否还有优化以及提升的空间。在汇报结束后，教师可以从旁观视角给予看法与意见，引导各个学习小组开展相互评价。如此一来，通过丰富的作业评价方式，借助自评或互评等方式，教师可以提升教学的有效性，达到更好的教学效果，有效锻炼学生能力。

第三，优化考试形式。在传统的高中历史教学过程中，由于受到高考等因素的影响，有些高中历史教师在教学中往往更在乎学生的考试成绩，并将考试成绩作为评价学生历史学习效果的唯一指标。这种单一的评价手段无法对学生的综合学习能力进行客观评价，导致评价效果不理想。当前的高中历史考试主要以闭卷考试为主，试题主要包含客观题和主观题两种类型，通过试题和分数考查学生各项知识和能力的掌握情况，方式较为单一、枯燥。为了创新历史课堂教学，提升历史课堂教学效率，高中历史教师要优化这种单一的教学评价方式，激发学生学习历史知识的积极性。除了传统的考试形式的评价外，还可以开展一些关于历史知识测评的自主性活动，如趣味知识竞赛、历史知识专题海报、研究性学习报告等。教师在对各个学生活动或作品进行点评的过程中，应及时肯定他们的付出和取得的成绩。这种评价方式可以更好地激发学生学习历史知识的积极性，提高历史教学效果。

### 2. 构建多元的评价方法

首先，科学且公正地进行历史教学评价，需要我们探索、优化、开拓多样的动态评价方式和方法。评价可用提问、作业、测验、调查、演讲、观察、面谈、制作课件答辩等方式进行。力求做到单项评价与综合评价相结合，自评与他评相结合，静态评价与动态评价相结合等。例如，教师在课堂教学中对学生在课堂环节（如讨论环节和学生发言环节）中的具体表现情况进行评价，同时重视学生回答问题的逻辑性和全面性。此外，在教学环节中教师和学生的互动也是很重要的评价标准。评价方式要有创新，不局限于以考试的形式对学生的学习情况进行反馈，也不能仅仅关注结果，还要注重评价教学活动中学生对于历史的认识和把握程度。

其次，教学评价方法的选择要与评价目标相匹配，要充分考虑方法与目标的适应性，依据不同水平层次的评价目标及学生的学习表现选择具有针对性的评价方法，以便准确有效地检测学生的核心素养是否如评价目标预期变化，使评价方法发挥的效能达到最大。评价方法需要依据评价目标的类型与水平层次进行选择，且可以对若干方法进行综合运用以提高评价结果的全面性和准确性。

### （四）设计评价活动

评价活动既是检测评价目标达成情况的工具，也是课堂教学的有机组成部分。教学评价活动要符合学生的身心发展特点、知识水平和思维能力。学生通过参与并完成评价活动，能够提升自己的历史学科核心素养。

### 1. 评价活动贯穿课堂教学过程

首先，课前学情评估。要了解学生通过课堂学习后与教学目标间的差距，就要在相关学习发生前对学生的学习起点进行评估。课前学情评估要有明确的目标意识。评估要着眼于学生学科核心素养的发展，围绕预设的课堂评价目标展开。主要评估学生对相关知识的结构化认知程度、历史学科思维的现有水平以及历史学习方法的掌握情况，而不仅仅是相关知识的记忆状况。

其次，课中评价活动。在课堂上的导入环节、讲授新课环节和小结环节，都可以设置相应的评价活动。例如在讲授新课环节可以多设计一些具有趣味性和探究性的活动（如角色体验、讨论、辩论、谈认识等）。在课堂教学过程中，教师可以针对学生的表现进行"即时评价"，也可以鼓励学生之间进行互相评价等。设置多样的课中评价活动不仅能增强课堂的趣味性，更能锻炼学生的思维能力，提升学生的素养水平。

最后，课后评价活动。课堂教学结束并不意味着这一相关课程的结束，课后的学习总结和反馈对于促进学生成长也相当重要。传统的课后评价方式有作业、考试等，有助于检测学生掌握知识的情况。但也可以进行创新，如通过手抄报制作、历史小论文、主题探究、历史资料整理等活动进行评价。通过对课后评价与课前学情评估的结果进行比较，掌握学生的进步和发展情况，使对学生的评价活动有始有终，贯穿整个教学过程。

### 2. 设计评价活动坚持可行性与探究性原则

评价活动的设计与实施旨在检测教学目标的达成情况，故评价活动的设计要紧扣评价目标，依据不同水平层级的评价目标及其学习表现设计具有针对性的评价活动，以检测通过教学活动学生的历史学科核心素养是否发生了如评价目标预期的变化。课堂评价的主要内容是学生的学习过程与结果，因此评价活动首先要符合学生的身心发展特点、知识水平和思维能力。其次，评价活动的设计要根据教学内容分析提炼出体现核心素养的可观测表现，做到任务明确、便于观测、可操作性强，不能让评价活动可行性差或流于形式。评价活动既是检测评价目标达成情况的工具，也是课堂教学的有机组成部分，教师要搭建平台引导学生展开探究学习，让学生通过探究活动真正锻炼历史思维，并在现有水平的基础上有所提升。

## （五）制作评价量规

评价量规是一个表现性评价工具，它是对学生的作品、成果或者表现进行评价或者等级评定的一套标准。评价量规也是一个有效的教学工具，起到了很好的沟通教学与评价的桥梁作用。[1] 评价量规能够使评价标准便于操作，让学生明确努力方向，便于学生自我评价来减少教师评价的单一性，同时也便于沟通分享，有利于更多主体参与评价。所以说，制定评价量规是进行课堂评价的一个很重要很有效的手段。

---

[1] 马晓丽. 高中历史新课程有效学业评价[M]. 天津：天津教育出版社, 2013：33.

制定评价量规要考虑到的因素有很多，在高中历史教学中，一个较为完整的评价量规应该包括活动主题、评价内容、权重设置、程度描述、评价标准、评价主体、评价方法和评语建议等内容。教师可以根据不同的课程目标进行相应的增减。

首先，制定合理的评价标准。评价标准的制定不是一蹴而就的，需要在实践和学生的反馈中不断修正和完善。同时依据课程标准确定教学目标、学业标准，进而确定量规的评价内容。课程标准是确定评价内容和评价标准的依据，最终的评价量规应与课程标准保持一致。

其次，确定可行的评价内容。用具体的、有可操作性的描述语言清楚地说明评价量规中的每一部分，确定每个评价指标各等级的评价标准，注意用尽可能具体清晰可操作的语言来描述对学业质量的要求，先描述最好的和最差的一级，然后描述中间的级别，再设计表格，表格内容包括评价指标和评价标准等。总之，清晰、明确的评价标准有助于学生更好地理解课程标准，基于课程标准而学习，更好地开展自评与互评。

最后，选择不同的量规类型。按照不同的分类方式，评价量规可以分为通用型评价量规和特定型评价量规、贯穿式评价量规和片段式评价量规。通用型评价量规可以在一些相似的任务中通用，能够非常方便快捷地判断出学生的能力；特定型评价量规只适用于一种评价任务，针对性强，对评价标准的描述全面、清晰，能够更好地评价学生所展现的能力；贯穿式评价量规贯穿教学全过程，包括课前、课中和课后，能够对学生进行全方位的评价；片段式评价量规是指单独针对课堂教学中的某一个教学任务设计教学活动，制定评价量规。

## 三、实践案例

本部分将举例说明几种评价量规的形式（表 2-16-1 ~ 表 2-16-4），并说明每种评价量规的适用情况。

表 2-16-1　通用型量规

| 评价等级 | 评价标准 |
| --- | --- |
| 优秀 | 能从多角度（3个及以上）区分几则史料之间的不同，并且对其价值有完整、准确、辩证的分析；能从理论层次上总结出如何运用史料研究历史事件的方法 |
| 良好 | 能从不同角度区分几则史料之间的不同，并对其价值分析准确、完整，但未能在理论层次上总结出如何运用史料研究历史事件的方法 |
| 合格 | 能从单一角度指出几则史料的不同，能准确对其价值和不足之处进行评析 |
| 不合格 | 未能明确区分几则史料的不同，但对个别史料的价值分析准确 |
| 学生自评 |  |
| 教师评价 |  |

适用于辨析史料价值。

表 2-16-2　特定型量规[1]

| 评价项目 | | 优秀 | 良好 | 一般 | 自评 | 组评 | 师评 |
|---|---|---|---|---|---|---|---|
| 内容 | 立论（20分） | 论点有独到的见解、具有创新性。能够反映历史唯物主义的观点 | 论点见解一般，但比较有新意。在一定程度上反映历史唯物主义的观点 | 没有任何创新之处，观点平淡无奇 | | | |
| | 论据（20分） | 选择至少三个以上历史阶段的儒家思想地位变化为论据，多渠道搜集史料，论据丰富 | 选择两个历史阶段的儒家思想地位变化为论据，通过两种渠道搜集史料，论据单薄 | 选择一个历史阶段儒家思想的地位变化为论据，只通过一种渠道简单地搜集史料 | | | |
| | 论证（20分） | 论证方法准确，能深入分析问题，做到论从史出，史论结合 | 论证方法一般，有些观点没有做到史论结合，缺乏说服力 | 缺乏合理的论证方法，论证过程较粗糙、勉强 | | | |
| 行文 | 语言（10分） | 语言流畅、运用得当 | 语言比较流畅，运用比较得当 | 语言不流畅，缺乏得当运用 | | | |
| | 条理（10分） | 条理清晰、逻辑性强 | 条理一般，较为感性 | 缺乏条理，表述随意 | | | |
| | 格式（10分） | 没有行文语法错误 | 有2~3处行文语法错误 | 有3处以上行文语法错误 | | | |
| 认识 | 态度（5分） | 认真完成小论文写作，态度积极 | 完成小论文写作，态度较为积极 | 态度敷衍，作品有抄袭痕迹 | | | |
| | 情感（5分） | 认识到儒家思想的社会地位，了解儒家思想对当今社会的积极影响 | 对儒家思想的积极影响有一定认识 | 对儒家思想没有正确的认识和积极的情感体验 | | | |
| 评价方法 | | 自评、组评、师评各占30%、20%、50% | | | | | |

适用于评价撰写历史小论文，如中国儒家思想地位演变的根源。

---

[1] 马晓丽. 高中历史学科表现性评价量规的设计 [J]. 中国考试, 2014 (11): 22-27.

表 2-16-3　贯穿式量规

| 评价等级 | 评价内容 课前 | 评价内容 课中 | 评价内容 课后 | 自评 | 师评 |
|---|---|---|---|---|---|
| 优秀 | 积极预习，完成预习任务，提出相关问题 | 上课积极回答问题，学生活动表现突出 | 高质量完成课后学生活动 | | |
| 合格 | 进行预习，但是没有完成相关预习任务 | 上课听讲认真，参与学生活动，但是不积极 | 完成课后学生活动，但是质量不高 | | |
| 不合格 | 没有进行预习 | 不认真听讲，不参加学生活动 | 未完成课后学生活动 | | |

适用于课堂全过程，需针对不同课堂进行内容细化。

表 2-16-4　片段式量规

| 评价内容 | 评价等级及标准 水平1 | 评价等级及标准 水平2 | 评价等级及标准 水平3 | 自我反思 | 教师评价 |
|---|---|---|---|---|---|
| 提取信息 | 能够提取表现包拯为官历程的信息 | 能够局部概括包拯的为官历程 | 能够简练、准确、有层次地概括包拯的为官历程 | | |
| 联系因果 | 没有建立因果联系 | 能够联系北宋的集权措施解读包拯的为官历程 | 能够多角度地联系北宋的集权措施解读包拯的为官历程 | | |
| 总结提升 | 没有归纳总结 | 通过包拯的为官历程，能够认识北宋的集权措施 | 通过包拯的为官历程，能够从多角度对北宋的集权措施得出实质性认识 | | |

适用于评价教学活动，如依据材料并结合所学，解读包拯的为官历程。

科学有效的课堂教学评价能够使高中历史教学更有针对性和实效性，有助于教师及时发现并解决问题，提升教学效果，锻炼学生能力，培养学生素养。在教、学、评一体化背景下，课堂教学评价应该以学生的学习为中心，明确评价原则，制订核心素养导向的评价目标，进而根据不同的目标选择相应的评价方法，设计评价活动，制定评价量规，使教学评价更有指导性和操作性，最后对评价结果进行反思和运用，有效服务高中历史教学，促进教师和学生共同成长。

## 教学关键问题 2-17　如何通过多维度学习评价优化课堂学习

2019年教育部印发的《教育部关于加强和改进新时代基础教育教研工作的意见》指出，要加强对课程、教学、作业和考试评价等育人关键环节研究，推动建立以发展素质教育为导向的科学评价体系。新版课程标准指出，在高中历史课程实施上，进一步改进教学方式、学习方式和评价机制，将教、学、评有机结合，促进学生的自主学习、合作学习和探究学习，提高实践能力，培养创新精神。可见，教、学、评有机结合是促进学生学习的重要环节，多维度学习评价能指向有效学习，有利于优化学生课堂学习。历史教师应该树立科学的教学观和评价观，将评价贯穿于课堂教和学的全过程，促进教、学、评一体化建设，利用多维度学习评价准确反馈教师教和学生学的效果，以评促教、以评促学，引领课堂学习的高效发展。

### 一、问题分析

#### （一）课堂学习评价

课堂学习评价是教师在日常教学情境中对学生学习的评价，它以学生学习为对象，对学生学习的结果进行评价，其实质在于收集学生的学习信息。[1] 在课堂学习中，教师应关注学生的课堂学习情况，对学生的课堂学习过程和结果进行评价。教师在课堂教学活动中用以收集学生学习信息的所有活动都可以纳入评价的范畴，包括教师实施的日常课堂观察、课堂提问、课堂小测及课堂作业等。教师可以通过以上活动收集学生的学习信息，为教学决策和学生的学习决策提供依据。

##### 1. 课堂学习评价的依据及着眼点

高中历史学习的评价应以发展学生历史学科核心素养为纲，应以课程目标为依据，以学生历史学科核心素养的整体发展为着眼点。可见，学科核心素养的养成是历史多维度学习评价的出发点和落脚点。课堂学习评价也要针对学生在运用所学历史知识与技能解决具体问题时体现出的学科核心素养水平。在评价过程中自始至终要以历史学科核心素养为核心，以历史学科核心素养的层次要求为依据，无论是评价的主体、评价的内容，还是评价的方法和手段都必须围绕历史学科核心素养来进行，这样才能真正用评价促进教学，促进学生发展。[2] 这就要求教师在实施课堂学习评价过程中要准确判断学生在课堂上对本课时涉及的学科核心素养的达成度，要随时发现课时学习目标、学习内容、学习方法以及创设问题情境、解决问题等方面出现的不足，及时加以改进，

---

[1]　王少非，等. 促进学习的课堂评价 [M]. 上海：华东师范大学出版社，2018.
[2]　徐蓝，朱汉国. 普通高中历史课程标准（2017年版2020年修订）解读 [M]. 北京：高等教育出版社，2020.

保障以发展学生学科核心素养为纲的历史课程有效实施。在历史学科的课堂教学中，教师要以培养和提高学生的历史学科核心素养为目标来开展教学，要以发展学生的历史学科核心素养为目的来促进学生学习，还要以历史学科核心素养为标准来评价教与学，并通过评价不断促进教与学的优化。

### 2. 课堂学习评价的目标

高中历史多维度学习评价的目标应是符合学业质量要求的评价目标。评价目标的确定必须以课程内容、历史学科核心素养水平为依据，符合学业质量要求。学业质量是学生在完成高中历史课程学习后的学业成就表现。学业质量标准划分并描述了整合各个学科核心素养后分水平呈现的可检测的学习结果，它指向学生通过历史课程学习所发生的行为变化，是历史学习的内容要求和质量要求的有机结合，增强了评价和教学的指导性作用。单课时的课堂学习评价要与学段、模块或主题、单元的整体学习和评价目标结合起来进行整体规划和设计，要注重对学生历史学科核心素养五个方面在课堂上的发展状况进行综合评价。

### 3. 课堂学习评价的方式

随着人们对学习评价关注的增多，有关学习评价的研究越来深入，评价角度越来越多元。新版课程标准明确提出要多维度开展学习评价。所谓评价的多维度，即评价不应只采取一种方法，评价方式是多元的。

教师在采用多维度课堂学习评价方式时，可以在课前利用问卷调查、试卷测试、学生访谈等方式进行前置性评价，对学生的知识储备、学习兴趣、基本能力等情况进行调研诊断；可以通过课堂提问、小组讨论等方式，在课堂学习过程中进行形成性评价，关注学生的课堂学习过程；还可以运用课堂开放性作业、课堂小测等方式来实施终结性评价，关注学生课堂学习的效果。教师在评价过程中要关注课堂学习中评价主体和方式的多元化，在课堂提问、小组讨论、课堂小测中将教师评价、学生自评、生生互评等有机结合，以提升学生的课堂学习效果，进而促进学生历史学科核心素养的发展。

## （二）多维度学习评价对优化学生课堂学习的作用

历史课堂是学生开展历史学习的主阵地，开展多维度学习评价对课堂上教师的教和学生的学都会起到积极作用。

### 1. 检测、诊断

在课堂学习过程中通过教师提问、课堂小测等方式开展学习评价，一方面有利于学生对学习效果进行自我检测，发现自己学习的漏洞和问题，从而为接下来的学习提供参考和改进方向；另一方面有利于教师检测诊断自己的教学内容和教学进度，准确判断学生历史学科核心素养的达成度，根据学生的反馈及时进行调整，在评价中完善教学，使课堂教学具有更明确的指向性。

### 2. 激励、引导

在课堂教学中通过课堂提问、小组讨论、课堂小测等学习评价方式，可以激发学生的学习兴趣，促进学生学习。通过评价量规，可以规范引导学生的学习行为，激发学生的内驱力，增强学生的自信心和进取心，使学生体验成功并产生快乐，从而激励其获得更大的发展。

### 3. 改进、提升

评价最重要的意图不是为了证明，而是为了改进。[①] 评价的真正意图是改进和提高。多维度课堂学习评价可以帮助学生反思和改进自己的课堂学习行为和学习效果，优化课堂学习，提高学习能力，促进学生个体价值的提升。同时在这一过程中，教师也可以通过对课堂学习任务、评价标准、评价量表的设计和构建，提升自身对本学科的整体认知和研究能力以及课程执行力。

总之，多维度课堂学习评价可以成为学生自我认识、自我激励、自我管理的一种手段，可以使教学、学习、评价三者成为一个相互协调统一的整体。

## 二、解决策略

历史课堂是学生开展历史学习的主阵地。教师在课堂教学中组织实施多维度学习评价，以优化学生课堂学习的策略如下：

### （一）实施课前评价，提高课堂学习目标的针对性

在课堂学习发生前，教师先利用问卷调查、试卷测试、学生访谈等方式进行前置性评价，对学生的知识储备、学习兴趣、基本能力等情况进行调研诊断。然后通过分析课前诊断结果，对教学目标、内容、学生活动等进行有针对性的规划与设计，确定与学生的知识储备、技能经验等发展状况相适应的课堂教学方法和教学手段，设计课堂探究活动。学生根据课前诊断结果，明确自己学习的障碍点，进而在课堂学习中开展有目的的学习。这有利于提升学习效果，提高课堂学习效率。

### （二）注重形成性评价，关注学生课堂学习过程

学生的成长、发展是一个连续不断的过程，学生历史学科核心素养的形成是一个动态过程。关注学生的学习过程表现，在学习过程中适度干预，可以提升学习的最终效果。

#### 1. 开展课堂观察，关注学生在课堂提问、小组讨论中的学习行为表现，及时诊断

课堂提问、小组讨论有助于学生参与课堂学习，形成师生、生生之间的互动。在这一过程中，学生可以及时自查、自纠，发现自己知识和学习方法的漏洞，从而进行反思和改进。这种评价会影响学生的学习目标定向，有助于学生学习目标的有效达成。同时在这一过程中，教师开展课堂观察，可以及时准确地了解学生的学习状态、兴趣关注点，对课堂教学的效果做出准确判定，及时修改和调整教学策略，提升教学活动的有效性。

#### 2. 制定课堂探究活动评价量规，引导、规范学生的学习行为，提高课堂学习的有效性

在课堂学习过程中，教师可以设计学生课堂学习活动表现的评价量规，从学习

---

① 黄光扬. 教育测量与评价 [M]. 上海：华东师范大学出版社，2002：6.

态度、沟通交流、参与课堂讨论、倾听他人意见、语言表达、逻辑思维等维度规范和引导学生的学习行为。学生依据量规，规范自己的学习行为，将评价量规变成加强自我管理的一种手段，从而增强学习效果。同时，教师通过对评价量规的设计，提升研究能力和专业素养。教师专业素养的提升在一定程度上会促进其教学能力的提升，这种提升不仅指向课堂教学，还会作用于学生的学习，对学生的学习产生积极影响。

### 3. 注重评价主体的多元化

教师、学生都应成为评价的主体，充分开展学生自评、学生互评、教师评价等方式的学习评价。学习评价不要一味以教师和管理者的评价作为唯一方式，要关注评价主体的互动和多元参与，让学生也作为评价的参与者。评价时尊重学生的主体性，重视学生的自我评价，使评价成为学生认识自我、激励自我和管理自我的一种手段，增强其自信心和进取心，多方面呈现学生历史学科核心素养的发展水平。

### 4. 实施结果性评价，利用开放性作业，引导学生进行课堂小结，提升学习效果

结构化的知识比零散的知识更利于理解和掌握，建立知识之间联系和逻辑比单纯识记知识更重要。教师可以将课堂最后五分钟留给学生，让他们自己梳理知识、归纳课堂结构、绘制思维导图，实施结果性评价，同时引导学生进行课堂小结和建立知识联系，建构认知逻辑，形成学科思维体系结构。

## （三）注重对评价数据的分析，及时反馈以指导课堂学习

评价反馈是评价的重要组成部分。教师要关注学生的课堂表现，适时进行课堂小测验，对学生课堂学习成果进行判断分析，检测学生在课堂学习完成后所达到的历史学科核心素养水平，并针对学生具体情况调整、修改下一阶段的教学策略。同时，要及时将反馈结果告知学生，引导学生寻求改善学习情况的方式方法，并为学生提出有针对性的学习建议。要建立师生对话、交流的有效沟通途径，与学生共同解读和分析评价结果信息，以发挥评价反馈的最大效用。

## 三、实践案例

以"中国共产党在新民主主义革命时期的奋斗历程"一课为例，这是一节专题复习课，主要探索中国共产党从1921年成立到1949年取得新民主主义革命胜利的历程，时间跨度较长，涉及史实众多，综合性强，学生学习起来有一定的困难，评价实施也存在一定的问题。为了更好地运用多维度学习评价来提升学生的课堂学习，教师进行了以下实践：

2-17 中国共产党的探索

### （一）开展前置性评价，实施课前调研

课前设计以下问题，并组织课前调研：

（1）梳理中国共产党新民主主义革命时期的重要史事，写出你认为学习中最困难的地方。

(2) 请对新民主主义革命时期划分阶段，并说明划分依据。
(3) 对于本课的学习，你最感兴趣的问题是什么？
(4) 对于本课的学习，你最希望教师在课堂上重点讲授的是什么？
(5) 如果请你根据本课的内容设计几个问题，你会提出哪些问题？

基于调研，确定学生课堂学习的目标：通过"云游"博物馆（纪念馆），回顾中国共产党在新民主主义革命时期的奋斗历史，提取史料信息，辨别史料类型，提升获取信息和区分史料类型能力，培养史料实证素养；通过绘制时间轴梳理中国共产党在新民主主义革命时期的奋斗史实，结合主要矛盾变化，概括中国共产党不同时期的探索成就，提升概括、分析历史事物的能力，提升时空观念、唯物史观、历史解释素养，并理解中国共产党为实现民族独立和人民解放所做的努力；通过本课的学习，提升家国情怀素养，认识到没有共产党就没有新中国，树立起为实现中华民族伟大复兴的中国梦而奋斗的理想信念。

## （二）课程实施中注重过程性评价

设计探究问题，引导学生充分参与探究活动，利用学生活动评价量表规范引导学生学习。

基于调研，规划并实施以下学生课堂学习环节和探究活动，以课堂探究活动贯穿知识学习、能力提升、认识深化的过程：

**环节一**：寻访党史遗迹。先以模拟参观博物馆的形式，通过走访中共一大会址纪念馆、嘉兴南湖红船、中共二大会址纪念馆、中共三大会址纪念馆、中国国民党一大旧址、黄埔军校、井冈山革命博物馆、遵义会议纪念馆、延安革命纪念馆、中共七大会址、西柏坡纪念馆等历史遗迹，接触中共一大党章、国民党一大纲领、《井冈山的斗争》、《论持久战》、中共七大党章等文献史料，以及"井冈山会师"主题的油画、《人民解放军进入北平》、《解放军进入总统府》等图像史料，感知历史，感知中国共产党在新民主主义革命时期的重要史事。在此基础上，学生按照文献史料、实物史料、口述史料等类型对史料进行分类，还可以按照史料反映的不同历史时期或反映的政治、经济、文化等不同内容进行分类。学生在分类过程中，提升史料实证素养。

**环节二**：回顾奋斗历程。在这一环节中，学生联系教材知识，结合所学，绘制中国共产党在新民主主义革命时期的重要史事时间轴，全面梳理中国共产党在新民主主义革命时期的奋斗历程。随后，学生依据时间轴，结合奋斗历程中的重要事件概括中国共产党在各个时期的探索成就。让学生充分参与，引导学生从各个阶段的时代背景出发，理解中国共产党为实现民族独立和人民解放所做的努力，提升概括、分析历史事物的能力，提升时空观念、唯物史观、历史解释素养。

**环节三**：深化党史认识。在这一环节中，学生依据时间轴，谈谈对中国共产党奋斗历史的认识。从奋斗历程看，中国共产党经历了艰难曲折的斗争，始终把实现民族独立和人民解放作为自己的奋斗目标；从奋斗背景看，中国共产党不断结合主要矛盾的变化，不断调整在不同时期的革命任务，不断推进马克思主义中国化，探索符合中国国情的革命道路；从自身建设和发展看，中国共产党不断加强和改进自身建设，由弱变强，不断壮大；从结果看，中国共产党领导人民斗争，历经28年艰苦斗争，最终取得新民主主义革命的胜利，建立了新中国。新中国的建立使中国人民真正成为国家和社会的主人，实现了中国从几千年封建专制政治向人民民主的伟大飞跃，中华民族走上了实现伟大复兴的壮阔道路。引导学生认识中国共产党史的基本线索，培养学生评价历史事物的能力，深化学生对没有共产党就没有新中国的历史认识，并树立起为实现中华民族伟大复兴的中国梦而奋斗的理想信念，培养学生的家国情怀素养。

在学生完成以上环节后，组织学生开展探究活动：你认为博物馆（纪念馆）在今天应该如何更好地传承和发扬革命精神？请任选一座在课上参观的博物馆（纪念馆），对其功能开发提出建议。

基于这一探究问题，开展以下课堂学习及评价活动：

**环节一**：教师制定并出示评价量表

| 评价维度 | 评价标准 | 评价等级 A | B | C |
|---|---|---|---|---|
| 内容 | 结合博物馆所展现的历史事件的意义 | 很好 | 较好 | 一般 |
| 内容 | 创造性地提出建议，发挥博物馆的教育功能 | 很好 | 较好 | 一般 |
| 表述 | 结构清晰，表达清楚 | 很好 | 较好 | 一般 |
| 反思 |  |  |  |  |

**环节二**：教师出示答题示范

【示例】以中共一大会址纪念馆为例

开发建议：中共一大的召开标志着中国共产党的诞生，使中国革命的面貌焕然一新，是中国历史上开天辟地的大事件。因此，应利用网络介绍馆内珍藏的文物，展现一大前后中国革命面貌的变化，使更多的人理解中共一大召开的意义。

**环节三**：学生结合评价量表和解题示例，开展分组讨论，提出自己的建议

在这一过程中注重多元评价，结合学生互评、教师点评反思完善，引导学生运用所学知识，思考认识历史和现实的联系。

### （三）实施结果性评价，进行课堂检测及开放性作业

教师设计如下课堂检测问题和开放性作业。

课堂检测问题：请利用五分钟时间归纳本课知识结构图。

开放性作业：在中国共产党的奋斗历程中，中国共产党人在各个重要关头孕育出的许多伟大精神，如井冈山精神、长征精神、延安精神、西柏坡精神等，共同构成了我们党在前进道路上战胜各种困难和风险、不断夺取新胜利的强大精神力量和宝贵精神财富。请从以上红色精神中任选其一，结合中国共产党新民主主义革命时期的相关史实，对其进行阐释。

综上，多维度学习评价包含课前调研的前置性评价、课堂学习过程中的动态形成性评价、课堂总结小测的结果性评价等多种形式。开展多维度学习评价是帮助学生在课堂学习中更好地认识自我、激励自我，实现对学习的自我优化管理，进而优化课堂学习的重要方式。

# 单元 3　高考改革方向把握

## 教学关键问题 3-1　如何理解和把握新高考改革发展方向

随着新一轮高中历史课程改革的全面推进，核心素养、新版课程标准、教学改革、教学评价、课程整合……再一次进入一线教师和研究者的视野，并重新引起研究热潮。其实在这些话题的背后都有一个共同的焦点——高考。因为考试是教育教学过程中的一个重要环节，是评价教育教学质量的有效手段，所以一线教师就有必要关注、理解并把握新高考改革发展方向，即考查范围（考什么）、命题方式和命题思路（怎么考）以及考到什么程度等相关问题。当然这也是基于其对高考命题、教育教学及教学改革具有一定的导向作用的认识。

### 一、问题分析

#### （一）重新认识普通高中历史学科学业水平等级性考试

新版课程标准中对历史学科学业水平考试类型做了充分的说明，普通高中历史学科学业水平考试分为合格性考试和等级性考试，即我们通常所说的会考和高考。基于本单元的立意，我们把关注的焦点放在高考，即所谓的等级性考试。

等级性考试由学生自主选择，以等级赋分的成绩计入考生总成绩，这也是"等级性考试"名称由来的重要因素。目前各省市执行的选课模式并不统一，大致有"3+1+2"①和"3+3"②两种模式，从中可知取消文理分科是新高考的核心内容之一。以北京市为例，等级赋分要求如表 3-1-1 所示。

按照新版课程标准要求，等级性考试以必修课程"中外历史纲要（上、下）"和选择性必修课程"国家制度与社会治理""经济与社会生活""文化交流与社会传播"三个模块为考试内容，并以学业质量水平 4 为命题的基本参照进行检测。学业质量水平 4 是学生在学习完必修课程"中外历史纲要（上、下）"的基础上学习选择性必修课程应该达到的水平，当然也是等级性考试要求的水平（试卷基本难度）。因此，把握学业质量水平便成为把握新高考改革发展方向的关键。

---

① "3"是指统一高考的语文、数学、外语 3 门科目，每科满分均为 150 分，总分 450 分，各科均以原始成绩计入考生总成绩；"1"是指在普通高中学业水平选择性考试中，考生在物理或历史中选择的 1 门科目，满分为 100 分，以原始成绩计入考生总成绩；"2"是指在思想政治、地理、化学、生物学 4 门科目中选择的 2 门科目，每科满分均为 100 分，以等级赋分成绩计入考生总成绩。

② "3"是指统一高考的语文、数学、外语 3 门科目，每科满分均为 150 分，总分 450 分，各科均以原始成绩计入考生总成绩；"3"是指在物理、化学、生物学、历史、思想政治、地理 6 门科目中选择的 3 门科目，每科满分均为 100 分，以等级赋分成绩计入考生总成绩。

表 3-1-1　等级赋分对照表

| 等 | A | | | | | B | | | | | C | | | | | D | | | | | E |
|---|---|---|---|---|---|---|---|---|---|---|---|---|---|---|---|---|---|---|---|---|---|
| 比例 | 15% | | | | | 40% | | | | | 30% | | | | | 14% | | | | | 1% |
| 级 | A1 | A2 | A3 | A4 | A5 | B1 | B2 | B3 | B4 | B5 | C1 | C2 | C3 | C4 | C5 | D1 | D2 | D3 | D4 | D5 | E |
| 比例 | 1% | 2% | 3% | 4% | 5% | 7% | 8% | 9% | 8% | 8% | 7% | 6% | 6% | 6% | 5% | 4% | 4% | 3% | 2% | 1% | 1% |
| 等级分 | 100 | 97 | 94 | 91 | 88 | 85 | 82 | 79 | 76 | 73 | 70 | 67 | 64 | 61 | 58 | 55 | 52 | 49 | 46 | 43 | 40 |

## （二）把握新高考改革发展方向

把握新高考改革发展方向的关键是全面、准确理解学业质量水平要求。历史学科学业质量水平从学科核心素养的五个方面入手分为 4 个等级，其中等级 4 便是等级性考试应达到的学业质量水平，也规定了考试命题的具体要求（表 3-1-2）。

表 3-1-2　学业质量水平 4[①]

| 核心素养 | 质量水平（水平 4） |
|---|---|
| 唯物史观 | 4—1 能够从生产力与生产关系、经济基础与上层建筑的辩证关系来理解历史上的发展变化和社会形态的演变过程，理解阶级斗争是推动阶级社会发展的直接动力；理解人民群众在历史发展中的重要作用；能够史论结合、实事求是地论述历史与现实问题 |
| 时空观念 | 4—2 在对历史和现实问题进行独立探究的过程中，能够将其置于具体的时空框架下；能够选择恰当的时空尺度对其进行分析、综合、比较，在此基础上作出合理的论述；能够根据需要并运用相关材料和正确方法，独立绘制相关图表，并加以说明 |
| 史料实证 | 4—3 能够比较、分析不同来源、不同观点的史料；能够在辨别史料作者意图的基础上利用史料；在评述历史时，能够对材料进行适当的取舍；在对历史和现实问题进行探究的过程中，能够恰当地运用史料对所探究问题进行论述；能够符合规范地引用史料 |
| 历史解释 | 4—4 能够在独立探究历史问题时，在尽可能占有史料的基础上，尝试验证以往的假说或提出新的解释；能够在正确的历史观和方法论的指导下，全面、客观地论述历史和现实问题 |
| 家国情怀 | 4—5 能够把握中华民族多元一体的发展趋势，以及世界历史发展的进步历程，形成正确的世界观、人生观、价值观和历史观；能够表现出对历史的反思，从历史中汲取经验教训，更全面、客观地认识历史和现实社会问题；能够将历史学习所得与家乡、民族和国家的繁荣结合起来，立志为新时代中国特色社会主义建设、中华民族伟大复兴作出自己的贡献 |

---

① 中华人民共和国教育部. 普通高中课程方案：2017 年版 2020 年修订 [M]. 北京：人民教育出版社，2020：43-44.

除此之外,等级性考试的学业质量水平4还体现在作为校本课程的历史选修课程"史学入门"和"史料研读"中,将作为学业水平等级性考试后高等院校相关专业录取时的参考。

以上便是等级性考试应达到的学业质量水平的基本要求。把握了这一要求,某种程度上就把握了高考的难易度,也就把握了教学所要求的具体程度。因为新版课程标准是历史学科学业水平考试重要的命题依据。与此同时,我们还需要有一个基本的认知,那就是历史学科核心素养的重要性不言而喻。

### (三) 理解和把握新高考改革发展方向

#### 1. 以历史课程标准为依据

在取消了《考试说明》之后,课程标准将成为教学与考试的唯一依据与指导。因此在以后的教学中新版教材和课程标准将成为一种要求与常态。与此同时,我们对于新版课程标准的重视程度与认识深度均应有所提升。这在一定程度上促进了由考什么教什么到教什么考什么的转变。这种转变更容易体现学科价值的本身,而在这种转变的背后有着共同的导向——核心素养。这也是新高考改革发展的方向之一。

#### 2. 以考查历史学科核心素养的具备程度为目的

在这一要求之下,还要注意六点问题:① 选取对评价历史学科核心素养具有重要意义的内容;② 既要注重对历史学科某一方面核心素养的评价,更要注意对历史学科核心素养的综合评价;③ 测试梯度能反映学业质量水平的不同层次;④ 要考虑试卷结构中内容分布、历史学科核心素养水平、分值分配之间的关系;⑤ 试题在立意、设问、答案和评分标准等方面要做到科学、合理、可操作;⑥ 题型设置和题型比例要满足考查学科核心素养的要求。其实通过这六点可以发现,从原有的三维目标到新高考下的学科核心素养,教学目标变得越来越具有可测性,如学生在某区期末统考当中的数据分析如表3-1-3。

表3-1-3 期末统考数据分析

| 按学科核心素养板块统计 ||||||||||
|---|---|---|---|---|---|---|---|---|---|
| 5.1 唯物史观 (14) | 唯物史观得分率 (%) | 5.2 时空观念 (19) | 时空观念得分率 (%) | 5.3 史料实证 (18) | 史料实证得分率 (%) | 5.4 历史解释 (30) | 历史解释得分率 (%) | 5.5 家国情怀 (19) | 家国情怀得分率 (%) |
| 14 | 100 | 14 | 73.68 | 13 | 72.22 | 25 | 83.33 | 16 | 84.21 |
| 13 | 92.86 | 16 | 84.21 | 9 | 50 | 25 | 83.33 | 17 | 89.47 |
| 11 | 78.57 | 11 | 57.89 | 11 | 61.11 | 25 | 83.33 | 17 | 89.47 |
| 13 | 92.86 | 12 | 63.16 | 9 | 50 | 25 | 83.33 | 19 | 100 |
| 10 | 71.43 | 14 | 73.68 | 8 | 44.44 | 26 | 86.67 | 13 | 68.42 |
| 13 | 92.86 | 14 | 73.68 | 11 | 61.11 | 19 | 63.33 | 19 | 100 |
| 11 | 78.57 | 15 | 78.95 | 11 | 61.11 | 24 | 80 | 17 | 89.47 |

续表

| 按学科核心素养板块统计 ||||||||||
|---|---|---|---|---|---|---|---|---|---|
| 5.1 唯物史观 (14) | 唯物史观得分率 (%) | 5.2 时空观念 (19) | 时空观念得分率 (%) | 5.3 史料实证 (18) | 史料实证得分率 (%) | 5.4 历史解释 (30) | 历史解释得分率 (%) | 5.5 家国情怀 (19) | 家国情怀得分率 (%) |
| 12 | 85.71 | 15 | 78.95 | 12 | 66.67 | 25 | 83.33 | 11 | 57.89 |
| 8 | 57.14 | 7 | 36.84 | 11 | 61.11 | 12 | 40 | 11 | 57.89 |
| 10 | 71.43 | 12 | 63.16 | 10 | 55.56 | 21 | 70 | 15 | 78.95 |

这也就提醒我们，历史学科核心素养的落实在日常教学中要一以贯之；要将所学知识变为提升能力和素养。

### 3. 以新情境下的问题解决为重心

这种情境包括学习情境、生活情境、社会情境、学术情境等类型，意在新高考改革之下试题的命制将朝着情境化的方向发展，即将知识的运用、检测以情境为依托进行。这也就意味着在教学过程中以往那种问答式的课堂模式、填鸭式的教学方式以及检测方法都将难以应对新高考下的情境化考查。但这种考查方式变革的实质依然是对学生历史学科核心素养的检测与评价。

在学科之外，对整个高考形成重要指导作用的还有教育部考试中心制定的《中国高考评价体系》及《中国高考评价体系说明》。这两本"厚重"的小册子在某种程度上甚至可以说决定了未来新高考改革的发展方向。

《中国高考评价体系说明》一书开宗明义地回答了"为什么考"、"考什么"和"怎么考"等考试问题。

首先，"为什么考"即考试的目的在于立德树人、服务选才、引导教学。立德树人是高考的根本任务，这就意味着要把立德树人融入思想道德教育、文化知识教育、社会实践教育的各环节、各个领域，当然也要融入考试环节。服务选才是高考的基本功能，即高考要满足不同类型高校选拔出符合要求的新生，而这种选拔不仅关系到高等教育的质量甚至直接关系到国家创新人才的培养质量。引导教学是基础教育对高考的现实要求，其意在改变原有的"考什么、教什么、学什么"的不良局面，并要形成"教考"和谐的局面，引导学生（包括教师）从关注"做题"转向关注（学生的）"做人做事"，从关注"解题"到关注"解决问题"的能力（培养）。最终这三者构成结构严谨的整套系统，并凸显出高考在教育全局中的核心地位和关键作用。这三者也将是新高考改革发展方向。[①]

其次，"考什么"即考试的内容为核心价值、学科素养、关键能力、必备知识。教育部考试中心党委书记、主任姜钢在《落实立德树人根本任务，进一步深化高考内容改革》一文中明确提出要立足全面发展育人目标，构建科学的考查内容体系，即要优

---

① 教育部考试中心. 中国高考评价体系说明 [M]. 北京：人民教育出版社，2019：10-18.

化考试内容。在高考命题中，要依据高中课程标准和高校人才选拔要求，突出核心价值、学科素养、关键能力、必备知识的考查内容，强化基础性、综合性、应用性、创新性的考查要求。要加强对学生的理想信念、爱国主义、品德修养、中华优秀传统文化、奋斗精神等方面的考查，引导学生培育和践行社会主义核心价值观，扭转高中教学中重视智育、忽视德育的问题。要加强独立思考、逻辑推理、信息加工、阅读理解和应用写作能力等方面的考查，提升学生的综合能力和创新能力。要加强审美情趣、健康意识、劳动体验等方面的考查和引导，加强社会实践能力的考查，引导教学夯实学生全面成长的基础。通过构建符合德智体美劳全面发展要求的考试内容体系，确保考试内容符合立德树人的要求，实现学生成长、国家选才、社会公平的有机统一。

最后，"怎么考"即考试的方式侧重于基础性、综合性、应用性、创新性。国务院办公厅发布的《关于新时代推进普通高中育人方式改革的指导意见》明确提出要深化考试命题改革，即无论是学业水平选择性考试还是高等学校招生全国统一考试的命题都要以普通高中课程标准和高校人才选拔要求为依据，实施普通高中新课程的省份不再制定考试大纲。优化考试内容，突出立德树人导向，重点考查学生运用所学知识分析问题和解决问题的能力。创新试题形式，加强情境设计，注重联系社会生活实际，增加综合性、开放性、应用性、探究性试题。除此之外，在明确核心价值、学科素养、关键能力和必备知识的具体内容时，既要具有达标意识，依据高中课程标准，对接其内容，符合其要求；又要具有前瞻意识，依据高校选才需求，充分考虑高校人才培养的方向和要求。这是学生经过基础教育阶段的学习后应当具备的素质，也是学生进入高等学校学习需要达到的素质。通过这些考查内容，要使高考实现基础教育和高等教育的良好衔接。

"立德树人、服务选才、引导教学""核心价值、学科素养、关键能力、必备知识""基础性、综合性、应用性、创新性"，这些合称为"一核四层四翼"的内容共同构建了高考评价体系，它不仅回答了"为什么考"、"考什么"和"怎么考"的问题，也为一线教师破解了"为谁教"、"教什么"和"怎么教"的困惑，当然也指明了新高考改革发展方向。

## 二、解决策略

通过以上分析我们基本明确了新高考改革发展的方向。现在结合北京市 2020 年普通高中学业水平等级性考试历史试卷，来观察新高考下试卷的命制特点以及应对策略。

### （一）试卷"长度"增加

这是最明显的特点与变化。在以往的历史高考中，以 2019 年北京市高考的文综试卷为例，经过粗略统计历史试题部分需阅读字数为 2980 字（历史考试时长以 60 分钟计算），而在 2020 年新高考下的北京市学业水平等级性考试的历史试卷中需阅读字数为4794字（考试时长90分钟）。显然，阅读量略有增长（即便以整份文综试卷约8610字，180分钟计算，新高考下历史试卷的阅读量依然在递增）。而且就史料而言，单题的史料长度也明显增加（如第二部分的第17题，材料加上设问与要求将近八百字的阅读量）。这就要求我们在日常的教学中要进一步提升学生的史料阅读量以及阅读速度，而且还要适当提升材料的难度。当然这种阅读量并不包括对图片的识读，因为在2019年的文综试卷中历史试题部分仅有一幅图片，而在2020年学业水平等级性考试的历史试卷中有八幅之多，这在无形中又进一步增加了阅读量。

（二）突出历史学科核心素养的考查，增强学科核心素养的可测性

以该试卷为例，历史学科的五个核心素养均有涉及，而且是多题交叉涉及。

1. 唯物史观（理论保证）

第18题考查了唯物史观中个人与历史进步的相互关系，生产力的发展问题以及历史人物的评价问题。本质上是对"人民群众是历史的创造者"这一观念的凸显。

2. 时空观念（学科本质的体现）

第3、7、11、15题侧重考查学生的时序意识；第4题、20题突出考查学生的空间观念；第20题考查学生从大时空背景之下思考历史上的中外经济文化交流。

3. 史料实证（必要途径）

除了第16题明确以司马光修史的相关史实考查了史料实证这一核心素养之外，可以说"史料实证"这一核心素养悄无声息地贯穿了整张试卷和历史考试的整个过程。

4. 历史解释（能力要求）

第2题借助一个具体的历史文化现象，考查学生历史解释能力，让学生能阐释出这是文化、民族之间的交融与互动。同时也让学生感知到中华民族、中华文化"多元一体"的特性。

第12题通过将史实与结论对应，考查学生是否能对相关史实做出合理化的解释，当然也是对学科思维能力的一种考查。

第17题直接以"结合上述材料及所学，对此做出历史解释"进行提问，引导学生对材料当中出现的相关问题进行历史解释。

5. 家国情怀（价值追求）

最为明显的是第17题从"战歌到国歌"的发展历程为依托，浓缩了中国近代革命历史的发展历程，本质上是新民主主义的一个缩影，渗透着浓浓的家国情怀，即便走上了考场，也依然可以进行并接受爱国主义教育，体现了高考"立德树人"的核心功能与命题原则。

除此之外，第7、8、9、10题等相关题目也通过个人与国家、与时代的相互关系不同程度地渗透了家国情怀，体现出了爱国爱党。

当然通过第五点家国情怀素养的分析，我们也会发现，除了核心素养变得可测之外，核心价值也变得可感可测。总体而言，通过整份试卷能让学生、教师明显地感知

到对社会主义核心价值观、依法治国理念、中华优秀传统文化、革命文化和社会主义先进文化的考查，从而呈现出另外一个特点——主流价值观的引导性、教育性，这也是新高考下试卷命制的一大特点与发展方向。

这也就提醒一线教师在教育教学过程中必须坚持立德树人，必须贯彻学科素养，必须立足核心价值，必须以新情境为依托训练关键能力，传授必备知识，并且要将以上内容渗透到各个环节，贯穿到各个领域，体现在每堂课上。因为这是新高考的评价指标，也必然会成为新高考改革发展的方向；现在的高考命题理念已经从"知识立意""能力立意"逐步向"价值引领、素养导向、能力为重、知识为基"的方向转变。

### （三）试题的情境化创设进一步明显，史料运用进一步多样化

通观试卷，除选择题第 15 题无材料切入直接对时间以及流派特征进行考查，第 3 题无明显切入，也是对历史时序的考查，其他试题均有情境创设且均将试题答案的获取依托于对材料的解析，不再是填充式的问答且要进一步优化情境设计，理解历史的关键在于理解历史环境，也充分体现出了情境是高考评价体系的考查载体。[①] 而在这些情境创设的背后则蕴藏着史料的多样化，有文字（史书、诗词、文集、档案等）、图片（地图、漫画等）、考古材料等，且相关材料的选择也体现出明显的学科特色。

### （四）注重知识考查的全面性与综合性

试卷具有思维的广度与深度，体现大历史观。试卷中的第 19 题，尤其是第 20 题，能明显让人感知到中外互动、古今对照的一种大历史观以及一种正确的"世界史"观。当然这也映照了《中国高考评价体系》对考查所提出的基本要求——基础性、综合性、应用性、创新性。投射到教学领域，即要求我们必须扎实基础、融会贯通、学以致用并且要具备创新意识与创新思维。

### （五）注重考查方式的灵活性、开放性、选择性

通观试卷能明显察觉到设问明确但具有很强的开放性，留给学生充分发挥的余地，尤其是历史解释的相关题型。例如，第 17 题的设问要求考生"从材料三对国歌歌词的五个要求中任选其三"，所谓的"五选三"，体现了试题的选择性；第 18 题要求考生"从'时代与个人'关系的角度，解读阿克莱特的成功之路"（虽然提供了视角，但内容具有很强的开放性）；第 19 题要求考生"评析十三行的兴衰"。这些题目都给考生提供了充分的发挥空间，由此可以看出命题者本身也在期待学生给出"创新性、创造性"的回答。

【案例】阅读材料，完成下列要求。[②]

**材料：** 人民订立契约建立国家，他们是国家的主人。人民主权不可转让，也不可代表，议员不能是人民的代表，只能充当人民的"办事员"。英国人"只有在选

---

[①] 教育部考试中心. 中国高考评价体系说明 [M]. 北京：人民教育出版社，2019：35.
[②] 徐蓝，朱汉国. 普通高中历史课程标准（2017 年版 2020 年修订）解读 [M]. 北京：高等教育出版社，2020：208.

举国会议员的期间，才是自由的；议员一旦选出之后，他们就是奴隶，他们就等于零了"。人民主权不可分割，否则主权者将被"弄成是一个支离破碎拼凑起来的怪物"。

——摘编自卢梭《社会契约论》

结合材料与所学世界史的相关知识，围绕"制度构想与实践"自行拟定一个具体的论题，并就所拟论题进行简要阐述。要求：明确写出所拟论题，阐述须有史实依据。

评分标准一：论题 4 分，人民主权 4 分，启蒙思想 4 分。按 0、4、8、12 分四档赋分。无论题，只有论述 0 分。

评分标准二：

一等（12~10 分）：概念解析准确，要素分解全面、科学，解析充分，逻辑严密，表述清楚。

二等（9~5 分）：能够结合其他相关解析对象；解析较完整，表述清楚。

三等（4~0 分）：偏离概念解析对象，观点不明确；解析概念欠缺说服力，表述不清楚。

说明：本题紧扣创新这一时代热点，突出考查理论创新与制度创新的关系，涉及史料实证、历史解释等学科核心素养。试题立意很好，设问具有开放性，评分混合了踩点给分与按思维层次评分的分类评价法，做到了科学、合理、可操作。

这将是新高考下历史命题与考查的必然趋势，旨在要求我们要减少死记硬背和"机械刷题"的现象。

(六)"迎合"热点，体现社会关注，凸显历史学的现实价值与学科功用

在第 5 题中，王安石提出希望培育农民自身抵御自然灾害的能力，反映其救荒思想；第 10 题则更明确地提出改革开放以来在应对自然灾害、公共卫生和社会安全等突发事件时，着力于相关法制体系的建立健全；第 20 题以"茶"字发音的传播史为切入，考查丝绸之路、新航路开辟等相关历史知识。在这些试题的背后便是当年的时事热点——中国政府和人民成功应对突发的公共卫生事件、中国大力且成功地推进"一带一路"建设等。这就要求我们在日常教学中一定要贴近时代、贴近社会、贴近生活，充分体现出历史学科的学科价值及其实用性（"四翼"当中的"应用性"），发挥"以史为鉴"的功用，培养学生的历史思维，实现"以史为鉴，知古鉴今，善于运用历史眼光认识发展规律、把握前进方向、指导现实工作（的能力）"[1]，而不是仅仅把知识停留在书本上。

总体来说，首次新高考历史试题呈现出了运用新材料、创设新情境、覆盖主干知识、考核关键能力、引导主流价值等特点。在实现"一核"（立德树人，服务选拔，引导教学）这一高考核心功能的同时，也体现出新高考的改革发展方向。一线教师只有掌握了新高考的改革发展方向，才能进一步提升自己的教育教学水平，才能进一步确

---

[1] 赵凡，卜宪群，张太原，等. 不断提高历史思维能力：在鉴古知今中更好走向未来 [N]. 光明日报，2019-07-10 (6).

知要"教什么、怎样教、为谁教",即进一步明确"培养什么人、怎样培养人、为谁培养人"这一教育的根本问题,这也是新高考评价体系下"引导教学"核心功能的题中之义。期望教学与考试相互之间最终能真正走向以考促教、以教助考、教考协同的理性状态。

## 教学关键问题 3-2　如何基于高中历史学业质量标准开展教、学、评一体化设计

新版课程标准有两大创新之处,一是凝练了高中历史学科核心素养,二是结合历史学科核心素养与课程内容制定了高中历史学业质量标准。课程标准将高中历史学业质量划分为不同水平,并描述了不同水平学习结果的具体表现和要求。徐蓝教授指出,历史学科学业质量代表着历史教育质量的国家要求,是连接核心素养与课程标准、考试、评价的桥梁,对历史教学、评价及考试命题具有重要的指导意义。[①] 深刻理解学业质量标准的内涵为教师把握学生要达到的学习程度要求、教学的深度和广度以及考试评价的难度提供了较为明确的依据和参照,对实现教、学、评一体化设计和一致性目标,提升学生核心素养,实现立德树人具有重要意义。

### 一、问题分析

#### (一) 什么是高中历史学业质量标准

学业质量标准是以学科核心素养及其表现水平为主要维度,结合课程内容,对学生学业成就表现的总体刻画,是对学生在高中阶段历史课程学习中所应达到的核心素养水平的外在表现预期。核心素养的外在表现形式是多样的,且有些素养无法用显性的标准来衡量,因此,高中历史学业质量标准针对的是历史学科核心素养中的关键表现。这些关键表现包括学生在认知、技能、情感等方面表现的变化与发展状态,包括学生掌握学科基本知识、技能、原理、思想方法等的程度,也包括学生学习后行为发生的变化,即学生通过学习后综合运用知识、技能、方法、理论解决问题水平的提升。

高中历史学业质量标准是一种基本标准。依据不同学业水平成就表现的关键特征,课程标准将高中历史学业质量划分为四个水平,并对每一水平提出了明确的质量标准要求。例如,新版课程标准要求高一年级学生在学习《中外历史纲要(上)》之后要达到历史学科学业质量水平 2 的要求。这只是一种基本标准,事实上,部分学生通过这一阶段的学习可以达到水平 3 甚至水平 4 的水平。

高中历史学业质量标准采用了历史学科核心素养为显性表达框架,以历史学科基本学习内容为隐性的二级表达框架。这种表述方式适应了当前课程改革强调学科核心素养的现状,有利于引导课程实施各个环节关注学生学科核心素养的培养。但学业质量标准只有和具体学科内容结合起来才更有价值,故历史课程标准在每个模块的内容要求之后还设置了"学业要求",用以描述在该模块或学段内容的学习中学科核心素养

---

① 徐蓝,朱汉国. 普通高中历史课程标准(2017 年版 2020 年修订)解读 [M]. 北京:高等教育出版社,2020:169.

水平的具体表现标准。学业质量标准和各模块的学业要求结合起来共同构成了高中历史学业质量标准体系。

### (二) 为什么要制定高中历史学业质量标准

#### 1. 高中历史学业质量标准为观察和测量学生学业表现提供有效工具

在分析和理解学业质量标准地位与价值时，要将其置于整个高中历史课程体系中。课程标准提出了几个重要概念：历史学科核心素养、历史学科核心素养水平、高中历史学业质量水平、模块学业要求和课程内容要求。这些概念共同构成了新课程核心概念体系（图3-2-1）。

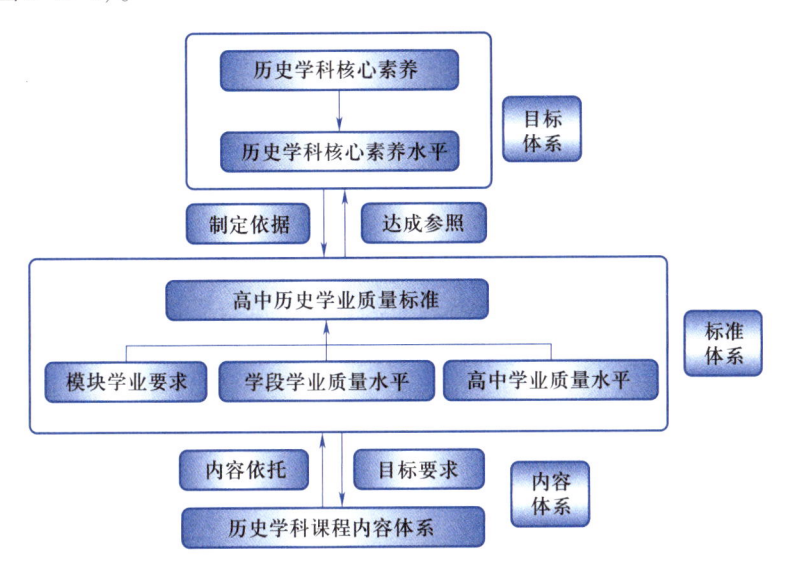

图 3-2-1　新课程核心概念体系

在上述结构图中，历史学科核心素养是学科育人价值的集中体现。历史学科核心素养水平是对历史学科核心素养的具体化和等级化，是历史学科核心素养的外在表现。两者共同构成了高中历史课程目标体系。学业质量标准是根据核心素养体系，明确学生完成不同学段、不同年级、不同学科学习内容后应该达到的程度要求，指导教师准确把握教学的深度和广度，使考试评价更加准确反映人才培养要求。学业质量标准包括模块学业要求、必修和选择性必修阶段学业质量标准、高中阶段整体学业质量标准三个层次。模块学业要求是建构在具体模块课程内容基础上达到的不同学业质量水平，是具体课程内容与具体学科核心素养培养的结合，学业质量水平1、2是高一年级学习《中外历史纲要》（上、下）之后应达到的学科核心素养水平要求，水平3、4是学生学完选择性必修内容后应达到的学科核心素养水平。以上三者共同建构了高中历史学科核心素养目标达成的标准体系和参照体系，为观察、评价学生的学业表现提供了有效工具，从而在历史课程内容与历史学科核心素养目标之间建立了联系，保证了历史学科核心素养目标培养的落地。

#### 2. 高中历史学业质量标准有利于实现教、学、评一体化

学业质量标准为以评促学、以评促教提供依据和参照。历史学业质量标准在纵向

上阐明了每一个学科核心素养不同水平的关键表现，横向上界定了不同质量水平在各个学科核心素养上的具体表现，为准确测量学生学业表现提供了科学的工具。通过学业质量标准，教师可以全面了解学生在整体学科核心素养发展以及单一学科核心素养达成水平上的状况，从而有针对性地开展教学活动。

课程标准要求高中历史学习的评价以学生历史学科核心素养的整体发展为着眼点，将评价贯穿于历史学习的整体过程，主要评价学生将所学历史知识和技能运用于解决具体问题时表现出的学科核心素养水平，从而将评价目标和教学目标统整起来。

课程标准明确提出学业质量水平2是高中学业水平合格考试的标准，学业质量水平4是高中历史学业水平等级考试的标准。这为考试评价确立了明确标准，从而实现了教、学、评（考）目标的一致性。

3. 高中历史学业质量标准促使课程标准从内容和学科为本转向学生和质量为本

以往的课程标准主要对以历史学科知识体系为基础的高中各学段教学内容做规定和阐述，并没有基于学生学业表现制定标准。这导致教师在教学中难以准确把握教学深度，更难以把握学生学习应达到的程度，从而过分强调学科内容和知识传授，忽视学生的获得与学科素养的培育。新课程改革将内容标准与质量标准融合起来，在课程顶层设计上关注课程内容的同时更强调学业质量标准的评价，从强调教学内容到强调学生实际获得，体现了教育人本主义的回归。

## 二、解决策略

### （一）如何全面理解高中历史学业质量标准的内涵

在理解学业质量标准的内涵时，可以从三个角度进行把握：一是要理解每个学科核心素养水平标准的关键要点，二是要纵向理解学科核心素养每个方面不同水平之间的区别与递进，三是要横向把握学科核心素养同一水平不同方面之间的相互联系。

1. 理解每个学科核心素养水平要求的关键要点

把握该关键要点即理清每一级水平中每一学科核心素养各方面要求的关键特征。学业质量标准每个水平等级都包含着对五个核心素养外在表现的具体要求。在把握关键要点时，要关注每一个水平标准的描述结构和维度。核心素养是学生在面对复杂、陌生的历史与现实情境时，综合运用历史学科知识与技能、思想与方法，在分析情境、应对挑战、发现问题、确认问题、思考问题、解决问题的过程中，表现出来的正确价值观、必备品格和关键能力。我们可以从基本知识、正确价值观、必备品格、关键能力等维度把握关键要点。

以唯物史观素养水平标准为例，唯物史观素养水平4的标准为：能够从生产力与生产关系、经济基础与上层建筑的辩证关系来理解历史上的发展变化和社会形态的演变过程，理解阶级斗争是推动阶级社会发展的直接动力；理解人民群众在历史发展中的重要作用；能够史论结合、实事求是地论述历史与现实问题。以上描述中，在基本知识维度，要能深刻理解唯物史观中社会意识、生产力与生产关系、经济基础与上层建筑等概念的内在要素与结构，准确熟练表述它们之间的内在联系；能够简明扼要地概述唯物史观关于人类社会形态演变和阶级斗争历史作用、人民群众与英雄人物历史作用的主要观点。在关键能力维度，要能够在教材和学习以外的复杂历史与现实情境中合理运用唯物史观基本观点对长时段的历史变化和发展趋势进行分析和解释；能够合理运用所学知识对相关社会发展观点进行评价和论述。在正确价值观和必备品格维度，能够认识到人类社会发展的统一性与多样性，尊重不同时期不同文明曾对人类文明发展做出的贡献，对各种文明做出客观的、全面的评价与分析。

在理解学业质量标准时，要将质量标准相对模糊、笼统的水平描述细化为具体的行为表现描述。可测量、可参照、可比较、可操作应成为学业质量标准重要的特征和原则。其中，可测量是学业质量标准最关键特征。在理解学业质量标准时可以将知道、了解、理解、认识、运用等认知性目标转化为行为表现指标，如指出、表述、概括、简述、分析、探究、推断、论述、评析等。

### 2. 纵向把握每个核心素养不同水平之间的区别与递进

在理解不同水平之间的区别与递进时，除了从基本知识、正确价值观、必备品格和关键能力等维度进行区分外，还可以从以下三个角度进行把握：

一是情境的复杂程度与新颖程度。情境概指完成某件事情的背景化信息。学业评价实际上就是要求评价者通过精心、巧妙、科学地设置复杂程度和新颖程度不等、难度不等的任务情境以诱导出能够充分指向某个核心素养及其发展水平的行为表现群。[①] 课程标准列举了历史情境的类型，包括学习情境、生活情境、社会情境和学术情境，但并未对情境进行分层。教师可以从情境的复杂度和陌生度不同对情境进行进一步分层。复杂度是指情境的要点、维度和层次、开放度。新颖度是指情境与课堂教学、教材内容、教学活动和学习经验的联系度，包括内容新颖、角度新颖、观点新颖、结构新颖等。

根据情境复杂程度和新颖程度，可以将情境划分为四个结构层级：简单情境、一般情境、复杂情境和具有挑战性的复杂情境。简单情境为单一的具体学科情境，一般情境为系列史事构成的学科情境，复杂情境为不同层次、不同类型要素构成的有一定开放性的情境，具有挑战性的复杂情境是跨学科、完全陌生、多元开放的历史与现实情境。

二是问题解决的难度。不同学业质量水平所对应的问题解决难度是不同的。例如，在历史解释素养的不同水平表现中，水平1表述为：能够有条理地讲述历史上的事情，概述历史发展的基本进程；能够说出重要历史事件的经过及结果、重要人物的事略、重要历史现象的基本状况。其要点为能够简明概括或表述具体人物、事件、现象的基本史实，这实质上属于具体现象层面的解释。水平2表述为：能够分析有关历史结论；能够区分历史叙述中的史实与解释；在叙述历史事物中把握历史发展的各种联系……能够尝试从历史的角度解释现实问题。其实质为对事物的内外联系进行更深入的解释。

---

① 陈友芳. 基于学科核心素养的学业质量评价与水平划分 [J]. 思想政治课教学，2016（2）：4-7.

水平3表述为：能够分辨不同的历史解释，说明导致这些不同解释的原因并加以评析，能够选择、组织和运用相关材料并使用相关历史术语，在正确的历史观和方法论的指导下，对系列史事做出解释。在该水平要求中，"分辨不同的历史解释"的实质是要抽绎不同解释的本质，"在正确的历史观和方法论的指导下，对系列史事做出解释"的实质是要能够运用唯物史观观察和分析历史事物发展的历史进程，从而发现其发展演变趋势与规律。因此这一水平的要点可以确定为对事物进行本质性、规律性的解释。水平4表述为：在独立探究历史问题时，在尽可能占有史料的基础上，尝试验证以往的说法或提出新的解释，能够在正确的历史观和方法论的指导下，全面客观地论述历史和现实问题。这里有两个要点：第一，要进行批判性解释，也就是要能够对以往的解释进行评析；第二，要进行综合性解释，即能够独立自主地运用学科知识和思想方法对事物现象、内涵、本质、联系、规律等进行合理的完整的解释。

三是解决问题的质量要求。不同学业水平对解决问题的质量要求不同，对学生认知水平和行为水平的要求不同。从基本知识角度看，从知道具体史事，到知道系列史事，到能够建立系列史事之间的纵横联系，再到能够运用唯物史观阐释史事，反映了学生历史知识结构化水平的差异；从只能够准确表述史学理论、原理，到能用恰当事例加以阐释，对历史理论、原理成立的条件进行分析，再到能够用不同角度提出对概念、原理、理论的评析，体现了学生对史学思想方法的理解和运用水平不同。从只能够正确运用一个知识，到能够正确运用多个知识、综合运用知识，再到能够最优地或创造性地运用知识，体现了对知识运用能力的不同；从关键能力角度看，从只能用典型事例进行例证，到能够用唯物史观原理加以逻辑推论，选择合适的证据加以论证，再到对历史解释进行解释评价等，反映了历史学科关键能力的综合化程度不同。从只能够设计出一项或多项合理可行的方案，到不仅能够设计多项合理可行的方案，并对不同方案进行评析鉴别，再到能够根据实际情形从多个方案中选择出最佳方案等，反映了开放性思维的不同。总之，从只能用常见的一个维度进行思考，到能够用常见的多个维度进行思考，再到能够用新的维度进行思考，再到能够根据任务要求恰当选择合适的维度，无疑体现着学科核心素养水平的不同。[①]

综上，高中历史学业质量标准的水平差异是可观察、可测量、可言说的。当然，除了认知和行为差异外，各级水平的差异还体现在态度和意识层面、学习结果成品品质层面等。

### 3. 横向理解同一水平下不同学科核心素养表现之间的整体联系

历史学科核心素养的五个方面是一个整体，反映了不同的学科学习要求。唯物史观是学习和探究历史的核心理论和指导思想，时空观念是建构历史的基础，史料实证是理解和解释历史的关键，历史解释是历史学科核心素养的核心，家国情怀是学习历史后生成的思想观念、情感态度方面的重要体现。通过高中历史课程的学习，学生要学会在唯物史观指导下，综合运用多种学科思想方法对复杂的历史事物进行抽象认识，

---

① 陈友芳. 基于学科核心素养的学业质量评价与水平划分 [J]. 思想政治课教学，2016（2）：4-7.

总结发展趋势和规律。

## （二）如何基于高中历史学业质量标准开展教、学、评一体化设计

课程标准要求教师在教学实践中完整把握历史核心素养的内涵及外在表现，要依据学科核心素养培养要求，一体化地考虑教、学、评设计与实施，通过将评价嵌入教、学过程，将教学与评价有机结合起来，最终实现教、学、评一致性。学业质量标准是教、学、评共同指向的核心目标和标准，是教、学、评设计实施的共同依据和目标。

### 1. 基于高中学业质量标准设计分层教学目标和评价目标

课程标准要求教师从整体上设计模块的教学目标，将课时目标、单元目标和模块目标相结合。在设计目标时，教师要以问题解决水平程度作为教学目标的核心内容，要结合学生的实际水平和教学内容，使教学目标具有可操作性、可检测性。要实现以上要求，教师在设计目标时要从学习情境复杂度、问题难度和完成任务质量要求三个维度设计多元化、层次化的问题体系。

课程标准要求教师在制定教学目标的同时制定评价目标。评价目标的确定，必须以课程内容、历史学科核心素养水平为依据，符合学业质量要求。对学段、模块或主题、单元和课的评价目标进行整体规划和设计，注重对学生历史学科核心素养五个方面的发展状况进行综合评价。教师要根据学生实际，结合具体内容，制定等级化、个性化的评价目标。注重评价目标与教学目标的一致性，尽可能使教学和评价围绕学生学习这一中心展开，使教、学、评相互促进，共同服务于学生历史学科核心素养的发展。下面以一位老师针对高三复习课"北宋中央集权的加强"设计的目标为例（表3-2-1）。

3-2 北宋中央集权的加强

表3-2-1 "北宋中央集权的加强"教学目标和评价目标

| 目标描述 | 情境维度 | 问题难度 | 任务要求 | 学业水平 |
| --- | --- | --- | --- | --- |
| 1. 概括北宋加强中央集权的主要措施，对措施进行分类并概括其特征 | 具体、熟悉、简单情境 | 现象解释 | 概括、归纳 | 水平1 |
| 2. 通过时间轴，对比秦、汉、唐三朝，明确北宋集权与分权的特点。<br>3. 在不同时空框架下分析北宋加强中央集权措施的原因和影响，认识其在中国古代政治文明进程中的地位和作用 | 系列史事构成一般情境 | 联系性解释 | 比较、概括 | 水平2 |
| 4. 解读包拯为官历程 | 具有一定开放性的陌生情境 | 本质性、规律性解释 | 分析、阐释 | 水平3 |
| 5. 评析北宋加强中央集权的不同观点 | 复杂开放的陌生情境 | 探究性解释、批判性解释、综合性解释 | 综合运用所学知识和思想方法 | 水平4 |

在以上目标设计中，目标1、2显然是水平2的要求，目标3是水平3的要求，目标4则是水平4的要求。

### 2. 基于学业质量标准设计教学活动

在设计教学活动时，可以遵循建构知识、加工知识和运用知识的逻辑设计一体化的教学活动，通过解决有梯度的问题引领学生的学习不断走向深入。在"北宋加强中央集权"一节课中，教师设计了以下系列活动：

（1）教师展示相关史料，学生结合史料和所学，概括北宋加强中央集权的主要措施，对措施进行分类并概括其特征。

（2）通过时间轴，对比秦、汉、唐三朝，明确北宋集权与分权的特点。

（3）在不同时空框架下分析北宋加强中央集权措施的原因和影响，认识其在中国古代政治文明进程中的地位和作用。

上述活动指向学业质量水平1、2，由于高三复习阶段要以学业质量水平4为标准，教师在上述教学活动完成后又设计了综合探究活动。

**综合探究活动1：**

包拯，字希仁，庐州合肥人也。始举进士，……。历三司户部判官，出为京东转运使，改尚书工部员外郎、直集贤院，除龙图阁直学士，后迁刑部郎中，从知江宁府迁右司郎中、权知开封府。

拯立朝刚毅，贵戚宦官为之敛手，闻者皆惮之。人以包拯笑比黄河清。童稚妇女，亦知其名。京师为之语曰："关节不到，有阎罗包老。"

除天章阁待制、知谏院。数论斥权幸大臣，请罢一切内除曲恩。……包拯乞对，大陈其不可，反复数百言，音吐愤激，唾溅帝面，帝卒为罢之。

——摘编自《宋史·包拯传》《续资治通鉴》

问题：依据材料并结合所学，对包拯为官历程进行历史解释。（要求：观点明确，史论结合，逻辑严密，表述清晰。）

**综合探究活动2：**

三代以来，治平之世，未有若今之盛也。

——司马光（宋代政治家）

宋代对外之积弱不振，宋室内部之积贫难疗。

——钱穆（民国历史学家）

宋朝面临着来自内部与周边的诸多新问题、新挑战，并非国势强劲的时期在制度上的独到建树，它对于人类文明发展的贡献，使其无愧为历史上文明昌盛的辉煌阶段。

——邓小南（当代历史学家）

问题：上述不同观点出现的原因有哪些？你如何看待北宋加强中央集权的措施？

在上述综合探究活动中，教师创设了具有一定挑战性的复杂情境——包拯的为官经历，要求学生结合所学知识对其进行解读。要解决这一问题，首先，学生要提取信息，对包拯为官经历的特点进行概括，如科举出身、担任过的官职非常多、刚正不阿甚至"唾溅帝面"等。其次，学生要综合运用本课所学的知识对以上现象进行解读，最后形成整体认识。这显然符合学业质量水平 3 "在正确的历史观和方法论指导下对系列史事做出解释"的标准。

而在综合探究活动 2 中，学生在有挑战性的陌生复杂情境中，在充分理解北宋加强中央集权措施的基础上验证或提出新的说法或解释，这属于学业质量 4 的水平表现。

### 3. 基于高中历史学业质量标准设计教学评价方案和工具

评价是教学设计的重要组成部分。课程标准要求高中历史学习的评价应以课程目标为依据，以学生历史学科核心素养的整体发展为着眼点，将评价贯穿于历史学习的整个过程。为保证评价的有效性，教师应当在单元教学和课时教学设计中进行一体化评价设计，要把教学目标分解成更为具体的评价目标，根据评价目标选择和开发评价工具，实施教学评价。[①] 在教、学、评一体化视阈下，评价主要针对学生将所学历史知识与技能运用于解决具体问题时体现出的学科核心素养水平的达成度，即学业质量水平。教师要准确把握学业质量不同水平所描述的表现特征，围绕学生学习设计整体性评价方案、开发多样化评价工具（一般有量规评价、档案袋评价、调查问卷评价、访谈评价、观察评价、作业与测验评价等），使教、学、评相互促进。在"北宋加强中央集权"一节课中，教师设计了教、学、评一体化方案，如表 3-2-2 所示。

表 3-2-2 教、学、评一体化方案

| 教学环节 | 教 | 学 | 评 |
| --- | --- | --- | --- |
| 任务一：概括北宋加强中央集权措施的实质 | | | 观察评价：北宋加强中央集权措施的主要内容及实质 |
| 任务二：比较北宋加强中央集权措施的特点 | | | 试题：汉、唐、宋中央集权措施异同比较 |
| 任务三：解释北宋加强中央集权的因果 | | | 课堂作业：通过时间轴建立措施与前后知识的联系 |
| 任务四：综合探究活动——解读包拯的为官经历 | | | 评价量规：依据材料和所学知识对包拯的为官历程进行历史解释 |

在上述教、学、评一体化方案中，教师依据学业质量标准对课程标准要求进行分解，设计了四个学习难度不断上升的学习任务，并对每个任务中教、学、评的任务与表现进行了界定，尤其是针对每个环节检测学生学业的达成度设计了观察评价、试题评价、作业评价等不同的评价工具，从而使评价真正嵌入教学过程中，确保教、学、

---

[①] 郑林. 统编版高中历史教材分析与教学设计思路：以选择性必修 2 第 1 单元"食物生产与社会生活"为例[J]. 历史教学（上半月刊），2020（8）：30-37.

评的一致性。尤其是在最后一个任务中，教师设计了评价量规（表 3-2-3）。

表 3-2-3 评价量规

| 评价内容 | 评价等级及标准 ||| 自我反思 |
| --- | --- | --- | --- | --- |
|  | 水平 1 | 水平 2 | 水平 3 |  |
| 提取信息 | 能够提取部分信息 | 能够列出包拯的为官历程信息 | 能够简练、准确、有层次地概括包拯的为官历程 |  |
| 联系因果 | 没有建立因果联系 | 能够将包拯为官的特点和北宋加强中央集权措施部分联系 | 能够多角度联系北宋集权措施解读包拯为官的历程 |  |
| 总结提升 | 简单归纳总结 | 通过包拯为官历程，能够对北宋集权措施做出部分认识 | 通过包拯的为官历程，能够从多角度全面认识北宋集权措施 |  |
| 小组评价 |  |  |  |  |
| 教师评价 |  |  |  |  |

该量规将学生自我评价、小组评价与教师评价结合起来，提出了不同等级的具体表现。一方面，学生可以运用该量规进行学习效果评价；另一方面，教师提前将量规展示出来，让学生结合量规要求设计自己的答案，从而实现评价对学习的引导作用，促进教学效果的提高。

其实，学业质量标准不仅能够为教、学、评提供明确的引导和规约，还能够有效引导命题设计。课程标准明确要求，达到学业质量水平 2 是高中历史学业水平合格性考试的标准，达到水平 4 是高中历史学业水平等级性考试的标准。

综上，高中历史学业质量标准对改善教学和学习有促进作用。学业质量标准依据学科核心素养而定，又通过引导和规范教学目标、教学过程、教学评价、考试命题等来落实学科核心素养。学业质量标准是连接核心素养与课程标准、考试、评价的桥梁，通过引导教学，更加关注育人目的，更加注重培养学生的核心素养，更加强调提高学生综合运用知识解决实际问题的能力，帮助教师和学生把握教与学的深度和广度，为阶段性评价、学业水平合格性考试和等级性考试命题提供重要依据，促进教、学、评有机衔接，形成育人合力。

### 教学关键问题 3-3　如何依据高考改革精神和学业水平要求命制试题

高考作为学生高中学习阶段的终结性评价，对诊断和评定学生在知识学习、能力发展、素养水平和价值观念等方面是否达到课程标准设定的相关要求，以及达到了何等水平的要求起着重要作用，也为高等院校选拔人才提供重要参考。高考试题和测量结果对中学教师的教学改进有着重要的指导作用。对于一线教师来说，理解高考改革精神和学业水平要求不仅是指导学生完成学业水平等级考试的必须要求，也是教师平时教学中精选、改编和原创试题的必须要求。

## 一、问题分析

### （一）高考改革视阈下的试题分析

《中国高考评价体系》指出，高考评价体系主要由"一核""四层""四翼"三部分内容组成。其中"一核"为核心功能，即"立德树人、服务选材、引导教学"，是对素质教育中高考核心功能的概括，回答"为什么考"的问题；"四层"为考查内容，即"核心价值、学科素养、关键能力、必备知识"，是素质教育目标在高考中的提炼，回答"考什么"的问题；"四翼"为考查要求，即"基础性、综合性、应用性、创新性"，是素质教育的评价维度在高考中的体现，回答"怎么考"的问题。同时，高考评价体系还规定了高考的考查载体——情境，以此呈现考查内容，实现考查要求。[①]"一核四层四翼"是试题命制的理论基础和实践指南。

近几年来，强调立德树人在各地的高考试题中得到了充分体现。无论是试题的情境选择还是试题的设问指向上，都体现着对青少年世界观、人生观、价值观的引导。而立德树人的价值追求突出体现在试题紧扣"四层""四翼"的改革要求上。

#### 1. "四层"在高考试题中的体现

"四层"是高考对学生应达到的素质教育目标的提炼，是高考考查的内容。例如，2020 年高考历史北京卷第 19 题，要求学生在阅读相关材料后，结合所学，评析"十三行"的兴衰。其考查的核心知识为"清代及近代中国的对外贸易"，学生需要具备清代闭关锁国一口通商、鸦片战争后五口通商的必备知识；学生通过阅读材料概括清朝经历了从闭关到一口通商再到五口通商的过程，并能提取每个阶段原因信息若干，进而调动所学的古代史和近代史的知识对每个阶段的历史现象进行更充

---

[①] 教育部考试中心. 中国高考评价体系 [M]. 北京：人民教育出版社，2019：6-7.

分和全面的解释，此时学生需要具备提取信息、运用所学知识进行历史解释等关键能力；回答本题时学生需要综合古代史和近代史的学习内容，在"十三行"的复杂情境下评析"十三行"的兴衰，明确"十三行"作为闭关锁国的产物，其兴，即中国与世界市场交流有限，其衰，即外商与中国商人可以自由贸易。其衰落伴随着中国被迫打开国门，被迫卷入世界资本主义市场，沦为半殖民地半封建社会的客观历史。本题要求学生能够在正确的价值观下描述"十三行"的兴衰，分析其兴衰原因，认识近代中国与世界接轨的代价。学生完成这样任务需要具备更高阶的学科素养。同时，从"十三行"兴衰的历史中汲取闭关自守与世界隔绝无法获得发展，应该持开放态度，积极主动地应对联系日益密切的世界的认识则是本题给予学生的价值引领。

### 2. "四翼"在高考命题中的体现

"四翼"是高考的考查要求，是素质教育的评价维度在高考中的体现。例如，2020年高考历史北京卷第17题"解释《义勇军进行曲》为何被新中国选定为国歌"。此题一方面考查学生的基础知识、基本能力、基本学科方法和基本学习生活经验，另一方面考查学生综合运用学科相关知识、思想方法进行论述的能力，同时还考查学生在陌生情境下主动思考，得出新结论的能力和水平。历史学科创新性典型题目为开放性试题，在当今各地区历史高考试卷中已然是必备题目。

综上，高考改革在"一核四层四翼"的体系下实现着评价功能的扩展、评价理念和评价模式的转变。具体表现为：在评价功能上，高考不仅服务于高校的人才选拔，更是立德树人的重要载体和引导素质教育的关键环节；在评价理念上，由传统的知识能力立意评价向价值引领、素养导向、能力为主、知识为基评价转变；在评价模式上，高考由基于考查内容的一维评价向考查内容、考查要求、考查载体"三位一体"的评价转变。[1]

## (二) 学业质量水平视阈下的试题分析

学业质量水平要求是立足于新高考改革和普通高中课程改革的新形势，对高中生和完成高中历史课程学习后的学业质量表现的具体要求。黄牧航和张庆海将学业质量标准转化为命题测评质量标准，并将核心素养的分类分层测评标准与具体的试题联系起来，对于开展核心素养视域下的命题实践有着重要的指导意义。以历史解释素养为例，文章认为历史解释可以从思维的开阔性（能够探索多个历史现象之间的联系）和深刻性（能否探讨历史现象的本质和规律）作为分层的考量标准，将历史素养分为五个测评层次（表3-3-1）。[2]

---

[1] 关丹丹，韩宁，章建石. 立足"四个评价"、服务"五类主体"进一步深化高考评价改革[J]. 中国考试，2021（3）：1-8.

[2] 黄牧航，张庆海. 历史学科核心素养分类分层测评标准例析[J]. 历史教学（上半月刊），2019（8）：3-12.

表 3-3-1　历史素养的五个测评层次

| 层次 | 内容 |
| --- | --- |
| 第一层：现象性解释 | 用准确、简明的文字叙述某历史事物的基本史实 |
| 第二层：内涵性解释 | 叙述该历史事物出现的背景、原因、条件、内容和结果（影响） |
| 第三层：本质性解释 | 指出该历史事物的表象与其内在属性之间的关系 |
| 第四层：联系性解释 | 指出与该历史事物相关的其他历史事物，并叙述他们之间的关系 |
| 第五层：规律性解释 | 运用历史唯物史观分析该历史事物的发展演变规律 |

通过将学业质量水平转化为测评标准水平，我们能够更清晰准确地发现高考试题考查的学业水平功能。例如，2020年高考历史北京卷第20题"茶字发音的传播史"。试题通过图文形式提供了两则材料并提出两个问题，其中第二问为"不同发音系统的形成与茶叶贸易路线有密切关系。结合所学分析不同发音系统形成的历史原因"。学生解答该问题需要联系古丝绸之路、新航路开辟等相关的历史事物，这个问题实质上属于联系性解释，符合表3-3-1第四层的标准，也符合学业质量水平3中"能够选择、组织和运用相关材料并使用相关历史术语，在正确的历史观和方法论的指导下，对系列史事作出解释"的要求。与此相比，2020年高考历史全国Ⅰ卷第41题则要求学生"根据材料并结合所学知识，简析20世纪70年代以来中德关系发展的历史启示"。学生需要在分析中德关系演变的基础上，能够在正确的历史观和方法论的指导下，全面、客观地论述历史和现实问题，这就达到了学业水平4的要求。

通过以上分析可以看到，作为高中历史课程的一部分，学业水平考试正在随着新课程标准的实施而发生深刻变化，认真研究国家级考试命题与学科核心素养的关系对我们在日常教学中命制或选择试题有着重要的指导意义。

## 二、解决策略

### （一）理解和把握高考改革精神与学业质量水平的命题价值分析

高考改革精神为命题提供了宏观理论引领，学业质量标准则为命题提供了明确要求和操作规范。学业质量标准从形式上分层分类，从内容上强调综合。教师在命题实践中，从试题情境的设置、设问方式的选择到参考答案的制作，都应针对不同的学习阶段和考试目的进行合理的设计，只有这样才能使命制的试题有效反映学生的学业成就，才能有效反馈教学现状，才能使课程标准要求扎实落地。

将学业质量水平转化为测评标准体系，我们在命题时就能够更清晰地对试题的难度进行量化分析，从而命制出更符合学生水平和课程标准要求的试题，进而推动命题测试从常模参照向标准参照转变。常模参照考试的本质是将考生与考生进行比较，而标准参照考试的本质是将考生与课程标准的表现水平要求进行比较。标准参照考试中衡量考生水平的标准是不变的，无论其他考生如何，因此这个参照标准又称为绝对标准。

从命题的角度来说，深刻准确地理解与把握高考改革精神和学业质量标准可以有效提高试题的科学性、针对性与有效性。试题命制的科学性指试题整体及其结构要素所涉及的情境素材、概念原理和推理论证等准确可靠，不能有科学性错误或者歧义。科学性是试题命制的底线标准，也是测试有效性、专业性和权威性的首要前提。[1] 在命制试题过程中，教师首先要整体考虑试题考查目标的科学性，即要适合学生学习层次，准确反映课程标准对不同阶段学习水平的要求。此外，要关注命题立意的结构性，全面考查学生知识、能力、素养、价值观。一套试题要有不同类型的试题，我们既要注重对核心素养不同方面的考查，也要注重对学科核心素养的综合考查。

### （二）依据高考改革精神和学业水平要求命制试题

试题命制是一个系统工作，包括从试卷整体蓝图的设计（涉及考查内容，考查能力和考查方式，情境素材选择，试题的难度和区分度预设等若干内容），到试题的命制与反复研磨，到评标的制定，再到试题的试做与调整等若干环节。一线教师很难凭一己之力完成一整套试卷的原创工作，这需要备课组的协作。大部分教师会选择选用或改编试题。无论是自己原创一套试卷，还是选编一套试题，都需要教师准确理解高考改革精神与学业水平要求。由于篇幅有限，下面只从四个方面简述。

#### 1. 坚持立德树人的试题导向

试题不仅是考查学生的素养水平的测量工具，也要体现学科立德树人的核心功能，考查学生是否具有正确的价值判断。因此，在命制或选择试题情境时，务必注重选择能够兼备价值观考查和学科能力考查的试题素材，试题的参考答案也需要注意其价值引导的作用。

2021年海淀区高三期中历史第18题可以作为一个例子。该题提供两则材料，第一则材料呈现史学界关于西方的发展模式是否普遍适用的观念的演变，第二则材料则呈现四位学者关于18世纪工业革命为何发生在西欧而不是中国的分析。本题请学生概括两则材料的中心议题，指出材料二中哪两位学者的言论不支持"西欧中心论"，并评述他们的观点。本题的完成需要学生阅读第一则材料并对关键信息进行提炼，在考场现场了解何为西欧中心论，然后利用在考场新获得的认识分析材料二中四位学者的著作内容，判断哪两位作者在其著作中突破了西方中心论并评述。从能力上看，这道题考查了学生的概括和评价能力。回答此题时，学生在评述学者观点前其内心应已经树立了对本民族文化和历史的自信，否则就无法认识到西欧中心论是伴随着近代西欧崛起而产生的一种文化自满——西欧将自己视为先进的、文明的，其他国家是野蛮的、落后的，任何国家要想发展必须要走欧洲的道路。如果缺乏正确价值观，学生就无法对两个学者的观点进行正确评述。本题的作答没有贴标签喊口号，但是考查了学生的世界观和价值观，考查了学生对本民族历史和文化的自信。

#### 2. 创设相对陌生的试题情境

高中历史课程标准指出，学生能否应对和解决陌生的、复杂的、开放的、真实问

---

[1] 张会杰. 试题命制的科学性：结构要素及其技术规范 [J]. 考试研究，2019（1）：59-64.

题情境，是检验其核心素养水平的重要方面。可见，创设情境是检验学生核心素养达成水平的重要载体，只有在陌生的情境下，才能更好地避免学生依靠死记硬背应答的情况，才能更好地检测出学生研读材料，独立思考，灵活运用所学知识分析问题、解决问题的实际能力。当前各地的历史高考可以说是无材料不成题，创设情境的素材包含文字、图片、历史地图、文物、数据、历史故事等多种形式。试题创设的情境可以是完全陌生的，但不能和学生所学知识无关，而应以教材的知识内容做依托。学生在经历了历史课程学习后，会对不同时期、不同阶段的历史的整体特征有所把握。试题的情境可以选择反映特定历史时期、历史阶段、历史特征的素材，考查学生能否将试题情境中的历史现象、人物、观点导入特定的历史背景，调动所学知识，运用学科的思想方法，解决问题。在2021年度第一学期海淀区高三期末历史试题第24题中，试题设置了以下情境：

马尔克斯的小说《百年孤独》通过讲述南美地区一个家族的故事，折射了19世纪拉丁美洲独立运动以来的历史。

布恩迪亚家族的祖辈在16世纪从西班牙迁居美洲。19世纪初，在加勒比海的海边建立村镇马孔多，开启了《百年孤独》的传奇故事。

家族第二代的奥雷良诺目睹了国家独立后，政府官员选举舞弊和滥杀无辜，于是加入了反政府的自由党，当了上校。他一生遭遇过14次暗杀，73次埋伏和1次枪决，均幸免于难。他的理想是推翻拉美各国的独裁政权，建立自由的社会。

家族第四代的阿卡迪奥在美国人开办的香蕉公司里工作。马孔多自从有了美国的香蕉公司，地方官员便被发号施令的美国人代替了，从前的警察也都由手持大刀的打手们代替了。为了向美国运送香蕉公司的产品，美国人还修筑了铁路，但铁路并不能为当地人所使用。面对这种情况，阿卡迪奥鼓动并带领三千多工人罢工，但遭到军警的镇压。

——编自罗兰秋，刘伟《魔幻现实主义的杰作〈百年孤独〉导读》

结合19世纪拉丁美洲的历史，概述并分析以上小说情节所反映的历史现象。

该题情境来自文学作品，属于相对复杂陌生的情境。所谓复杂，是情境的维度较多，涉及拉美政治、经济、文化、社会生活的信息，还涉及民族独立、美国对拉美的控制和干涉等，信息量大，具有一定开放性。所谓陌生，是指素材来源于文学作品，与教材内容以及学生生活有一定距离。学生在回答该题时，需要对材料信息进行提取、加工，并调动和运用所学知识进行阐释，在这一过程中，学生的知识、能力、素养、价值观较全面地展示出来，从而较好地实现试题检测目的。

### 3. 题目设计有梯度，聚焦关键知识和必备能力

重视素养不能否定知识学习的重要性，知识是培养素养的基础。高考评价体系明确了"基础性、综合性、应用性、创新性"四个方面的考查要求，为考试命题指明了方向。基础性考查，意指考查内容围绕学科的主干内容，加强学生对历史的基本概念和基本学科思想方法的考查。对历史概念的考查，如"专制主义中央集权制度"，这是中国古代史学习必然要了解的重要内容，是古代史考试高频考查的内容。聚焦关键知

识不是意味着简单考查概念的复现、知识点的识记或者名词解释，而是在不同的历史情境下考查学生对中国专制主义中央集权的理解。除关键知识外，也要注意考查学生的基本学科方法，如史料实证，学业质量水平4要求学生能够做到分辨史料类型、判断史料价值、从史料提取有效价值，以及规范运用史料探究历史问题，要求学生在史料运用前，还要会史料价值判断等"实证"方法。新版课程标准颁布以来，各地区的试题都在史料"实证"环节加大了关注，改变以往考查中只重视史料运用的问题。此外，历史唯物主义也是历史学科基础性考查的重要内容，2021年高考历史北京卷第18题"'从时代与个人'关系角度，解读阿卡莱特的成功之路"，考查了历史唯物主义中"个人在历史上的作用"的理解，即历史人物的产生离不开一定的社会历史条件，并在一定的社会历史条件下活动，创造着历史性的业绩，成为历史性人物。历史人物是历史任务的发起者。成熟了的历史人物总是由少数历史人物首先发起和提出来的……历史人物的发起作用是很大的，它促使社会发展的客观需要转变为人们的主观努力，把历史的可能变成历史的现实。[①] 例如，以"法国近代的民主历程"为主题命制如下试题：

**材料一**：1789年《人权宣言》通过后，制宪议会就"国王的否决权"问题展开激烈争论。以下为8月27日—9月11日的主要观点节录：

穆尼埃：为了保证行政权力不受立法权力的任何侵犯，应规定议员们的决议成为法律之前，必须经过国王批准。

西耶斯：任何否决权，不论是绝对否决权还是暂时否决权，在我看来将变成一种专制制度，一种为反对全体国民而发出的密札。

罗伯斯庇尔：法律是公意的表现。谁要认为一个人可以反对法律，谁就确信个人的意志高于全体的意志。那么，就可以得出这样的结论——人民什么也不是，个人就是一切。

米拉波：危险并不是来自国王，而是来自议员们。而借助国王将能拥有一种牵制他们的手段。国王是人民反对僭权的议员们的天然盟友。

拉法耶特：借鉴美国的模式，美国宪法赋予总统暂停执行某项法令的否决权，可以给国王暂时的否决权。

在9月11日的表决中，议会通过了国王否决权的有效期为两届议会的决定。

**材料二**：1875年宪法的内容反映了共和派与君主派相互斗争以及与各种政治力量的平衡。以下为其内容节选：

总统任期七年，可连选连任。

共和国总统的每项命令须经由各部部长一人之副署。

共和国总统，征得参议院同意后，有权解散法定任期尚未届满的众议院。

总统任命全体文武官员。各部部长，关于政府的一般政策对两院负连带责任。

（1）依据材料一，指出制宪议会就"国王的否决权"有哪几种观点？归纳其理由。

---

[①] 萧前，李秀林，汪永祥. 历史唯物主义原理 [M]. 3版. 北京：北京师范大学出版社，2012：264-265.

（2）依据材料二，概括1875年宪法对总统权力的制约。综合以上材料，结合法国共和制确立的过程，谈谈你的认识。

该题在关键知识方面考查了学生对法国大革命特点以及1875年宪法精神的理解。在学科能力方面，第一问考查学生阅读、理解、提取信息并在此基础上对信息进行归纳加工的能力，第二问则考查了学生综合运用所学知识对1875年宪法特点进行阐释的能力。

### 4. 注重高阶能力，鼓励学生创新

高考考试内容的选取应与高等教育对人才培养的知识结构和能力结构需求相契合……关注对实践能力、创新精神等综合素养的体现，助力高等教育创新型、复合型、应用性人才的培养，从而实现高考所承载的选拔功能与政治使命，助推高等教育发展。社会对创新人才的要求在考试评价中也要求出现考查学生创新思维的试题。SOLO（Structure of the Observed Learning Outcome，SOLO）试题的出现将考试试题评价的赋分从关注得分知识点到关注学生的思维层次，不良结构试题的考查则大大增强了试题的开放性，打破了相对固化的试题形式，也扭转了教学中指导学生死记硬背、机械化重复训练、套用以不变应万变的"答题模板"等的传统教学行为。

绝大部分学生经过学习都能够对结构良好的问题给予解答，这类问题的特点是问题指向明确，解答步骤明确，答案唯一，如依据材料概括观点、比较异同、分析原因影响等。不良结构问题没有明确的解决方法，需要解决者以新颖的方法进行思考，并且思考的方法不能从问题的表征方式中显而易见地看出来。这类题目可能有多种答案和解答途径，因此往往能够考查出学生的思维水平，将具有创新思维的学生区分出来。例如，2019年高考历史全国Ⅰ卷第42题，以1940年钱穆在《国史大纲》导言中所述的读书信念为特定情境，请学生"评析材料中的观点（任意一点或整体），得出结论"。不同的学生在选择哪一种材料的观点上会有多种可能，学生还需要将所选择的观点结合具体的历史背景去进行评析，能否评析全面、准确又能看出学生思考的宽度和深度，最后要看学生能否史论结合、逻辑清晰地形成完整的表述。这种不良结构试题答案内容开放，学生能够明确观点，持论有据，论证充分，表达清晰，就可以获得较好的得分；再则，其组织答案的思维角度和结构也是开放的，学生可以从不同的角度来回答问题。这类题目最终不是关注学生重现了哪些知识内容，而是关注学生在回答问题时搭构了什么样的问题解答框架，所运用的知识是否在这个框架内自洽，表述是否符合逻辑等。因为答案开放，所以这类题目成为培养学生创新精神和展示学生创造精神的重要载体。下面是以"西欧城市的衰落与兴起"为主题命制的试题。

**材料一：** 在奴隶制大农庄的繁荣时期，使用大批奴隶经营的农业曾有较高的商品率，大农庄生产的产品在城市市场上销售，促成了城市的繁荣。3世纪时，由于奴隶劳动缺乏和价格的昂贵，以奴隶劳动为基础的大地产经济走向衰落。大奴隶主开始把农庄分成小块，租给佃农或隶农，农庄主征收实物地租，就地消费，减少了农产品对城市市场的供应。城市中原有的手工业，也因奴隶劳动生产率低下而衰落下来。罗马帝国崩溃后，代表古典文明的城市普遍衰落，城市大大萎缩，大部分地区变成了牧场或

农场，有些城市甚至退化至村庄规模。

——编自于贵信《古代罗马史》等

**材料二**：公元10世纪左右，中世纪的大垦荒以及轮作制的发展大大提高了农业产量，有了更多可供在市场交换的农产品。11世纪西欧人掀起十字军东征运动，打通了于东方和非洲的贸易通道。在12—13世纪，蒙古人建立了一个横跨亚欧大陆的大帝国，一条连接意大利到中国的贸易通道建立起来了。西欧工商业和城市得到发展，国王、教会、教堂、修道院等也支持兴建了很多城市，他们为居民提供保护，以收取租金和工商业税。到13、14世纪之交时，西欧城镇总数大约达到1万个左右。

——编自王挺之《欧洲文艺复兴史：城市与社会生活卷》

阅读材料，结合所学，评析西欧城市的衰落和复兴。

评析属于历史学科高阶能力的一种。所谓高阶能力，实质上是基本能力和方法的综合。在该试题中，学生要评析欧洲城市的衰落和复兴，首先需要在提取信息基础上概括城市衰落和复兴的史实；其次要结合具体时空要素分析衰落和复兴的原因，这需要运用学科推断、分析等能力与方法，是成因判断的过程；最后对城市衰落和复兴进行价值判断，这是一个辩证、历史评价的过程。总之，学生在应对高阶能力试题时，需要综合运用多种学科基本能力，需要调动结构化的知识，这一过程非常有利于学科思维尤其是创新思维的发展。

综上，高中历史学业质量标准的根本价值是改善教学和学习。学业质量标准依据学科核心素养而定，又通过引导和规范教学目标、教学过程、教学评价、考试命题等来落实核心素养。学业质量标准是连接核心素养与课程标准、考试、评价的桥梁，通过引导教学更加关注育人目的，更加注重培养学生的核心素养，更加强调提高学生综合运用知识解决实际问题的能力，帮助教师和学生把握教与学的深度和广度，为阶段性评价、学业水平考试和升学考试命题提供重要依据，促进教、学、评（考）有机衔接，形成育人合力。

## 郑重声明

高等教育出版社依法对本书享有专有出版权。任何未经许可的复制、销售行为均违反《中华人民共和国著作权法》,其行为人将承担相应的民事责任和行政责任;构成犯罪的,将被依法追究刑事责任。为了维护市场秩序,保护读者的合法权益,避免读者误用盗版书造成不良后果,我社将配合行政执法部门和司法机关对违法犯罪的单位和个人进行严厉打击。社会各界人士如发现上述侵权行为,希望及时举报,我社将奖励举报有功人员。

反盗版举报电话　（010)58581999　58582371
反盗版举报邮箱　dd@hep.com.cn
通信地址　北京市西城区德外大街 4 号　高等教育出版社法律事务部
邮政编码　100120

## 读者意见反馈

为收集对教材的意见建议,进一步完善教材编写并做好服务工作,读者可将对本教材的意见建议通过如下渠道反馈至我社。

咨询电话　400-810-0598
反馈邮箱　gjdzfwb@pub.hep.cn
通信地址　北京市朝阳区惠新东街 4 号富盛大厦 1 座　高等教育出版社总编辑办公室
邮政编码　100029